Rafael Seligmann *Lauf, Ludwig, lauf!*

Ludwig Seligmann

Rafael Seligmann

Lauf, Ludwig, lauf!

Eine Jugend zwischen Synagoge und Fußball

Roman

LangenMüller

Ludwig Seligmann, seine Eltern Klara und Isaak Raphael sowie die Geschwister Heinrich, Thea und Kurt haben das Beschriebene erlebt. Die Rabbiner Aron Cohn und Emanuel Neuwirth, Hauptlehrer Isaak Brader sowie Ludwigs Freunde Siegfried Herrligkoffer und Karl Seiff waren reale Personen. Alle übrigen Protagonisten sind Fiktion.

2. Auflage 2019
© 2019 LangenMüller in der
F. A. Herbig Verlagsbuchhandlung GmbH, Stuttgart
Alle Rechte vorbehalten.
Umschlaggestaltung: STUDIO LZ, Stuttgart
Umschlagmotiv: Football in Street, © Haywood Magee, gettyimages
Lektorat: Boris Heczko
Satz: Satzwerk Huber, Germering
Druck und Binden: CPI books GmbH, Leck
Printed in Germany
ISBN 978-3-7844-3466-7

www.langen-mueller-verlag.de

*Für meinen Vater Ludwig
und dessen Urenkel Hannah,
Eviatar und Zadok*

Inhalt

Glück   *9*

Synagoge   *11*

Lüge   *18*

Krieg   *20*

Gymnasium   *30*

Revolution   *43*

Heimkehr   *46*

Fußball   *59*

Bar Mizwa   *68*

Lehre   *94*

Inflation   *132*

Elternhaus   *154*

Kaufmann   *157*

Lauf, Ludwig, lauf!   *172*

Heilige Gesellschaft   *176*

Verliebt   *181*

Aufbruch   *185*

Zions-Sänger   *195*

Erbarmen   *203*

Leidenschaft   *211*

Geschäfte   *218*

Berlin   *226*

Heimat *235*

Zeitenwende *246*

Geborgenheit *254*

Bankrott *275*

Misshandlung *280*

Ohnmacht *289*

Jom Kippur *297*

Hitler *307*

Flucht *321*

Epilog *327*

Glossar *332*

Danksagung *334*

Glück

Frisch gekämmt und neu eingekleidet stand ich mit meinem Bruder Heinrich auf dem Perron des Günzburger Bahnhofs. Wir warteten an Mutters Seite auf Vater. Er hatte Mama per Feldpostkarte wissen lassen, dass er eine Woche Fronturlaub erhalten habe.

Endlich stampfte der Zug in den zweigleisigen Bahnhof. Als die Lokomotive fauchend zum Stehen kam, lief Heiner zum Halteabschnitt der Sergeanten. Denn die Militärzüge waren in Wagen für Mannschaften, Unteroffiziere und Offiziere unterteilt.

Uniformierte stiegen aus. Heinrich umkreiste sie. Die Unteroffiziere gingen zu ihren wartenden Frauen und Kindern. Vater erschien nicht. Mutter erstarrte. Was war passiert?

Da sah ich aus dem Waggon hinter der Lokomotive, der am weitesten von uns entfernt war, einen groß gewachsenen breitschultrigen Mann mit einem kleinen Tornister auf dem Rücken die Stufen herabsteigen. Mit weit ausholenden Schritten ging er auf uns zu, während der Säbel an seiner Seite schwang. Mein Herz schlug bis zum Hals.

»Vater!«, rief ich. »Lauf zu ihm, Ludl!«, erlaubte mir Mutter. Ich sauste los. Da entdeckte auch Heiner Papa und rannte in dessen Richtung. Doch ich war schneller, obgleich ich kleiner war als mein Bruder.

Vater erschien mir in seinem offenen grauen Militärmantel, dem straffen Uniformrock und seinen groben Schaftstiefeln riesig. Seine Augen hinter den runden Brillengläsern sahen uns liebevoll an, als er Heinrich und mir seine Hände auf die Schultern legte: »Gott sei Dank, Kinder.«

9

Nun lenkte Papa seine Schritte zu Mutter, die noch immer wie angewurzelt dastand. Er machte vor ihr halt, legte sein Gepäck ab. Wortlos blickten die beiden einander an. Schließlich nahm Vater die Hand meiner Mutter, die einen Kopf kleiner war als er. Er sprach leise, doch so deutlich zu ihr, dass ich es hören konnte: »Baruch ha Schem, Gesegnet sei der Ewige!«

Heinrich ergriff den am Boden liegenden Ranzen und stemmte ihn hoch. »Das ist ja ein Offizierstornister, Vater!«. Seine Stimme überschlug sich. »Du bist aus dem Offiziersabteil ausgestiegen … Bist du jetzt Offizier?«

»Ja. Ich bin Feldwebelleutnant«, lautete die ruhige Antwort.

Als wir die Bahnhofshalle durchquerten, salutierten alle Soldaten vor ihm, dem einzigen Offizier. Vater erwiderte die Ehrbezeugung knapp.

Auf dem Bahnhofsvorplatz wartete unser Hausknecht Maximilian Lechner. Sobald er uns sah, stieg der ältere Mann so rasch er konnte vom Kutschbock der halb geschlossenen Chaise und kam uns entgegen. »Grüß Gott, Herr Seligmann, äh … Herr Leutnant …« Papa ergriff die Hand seines Knechts. »Danke, Max.«

Nachdem Herr Lechner meinem Bruder den Tornister abgenommen hatte, half Vater Mutter auf die Rückbank. Heinrich und ich kletterten auf den Kutschbock, wo auch Maximilian Lechner Platz nahm. Er ergriff die Zügel. »Hüah!« Sogleich zog unser Gaul Fritz an und fiel bald in raschen Trab. Der kalte Fahrtwind schlug mir ins Gesicht.

Vater! Mein Vater war der oberste Soldat. Ein Held, dem alle die Ehre erwiesen! Und er war endlich aus dem Krieg zu uns gekommen.

Ich war unendlich stolz. Es war der schönste Augenblick meines Lebens. Das Glück flog dahin wie unsere Kutsche auf dem Weg nach Ichenhausen zu unserem Heim im Dezember 1914.

Synagoge

Am Abend gingen wir an der Seite unserer Eltern zum Chanuk-ka-Gottesdienst. Vater wollte sich, wie stets, wenn er das Gotteshaus besuchte, in seinen dreiteiligen Anzug samt Zylinder kleiden. Doch Heinrich und ich bettelten so lange, bis er stattdessen seine Uniform anlegte. Den Säbel jedoch ließ er trotz unseres inständigen Drängens zu Hause. »Kriegsgerät hat im Gotteshaus nichts zu suchen. Es dient dazu, Menschen zu töten.«
Unsere Familie zog durch die kalte Dunkelheit zur Synagoge. Auf dem kurzen Weg dorthin kamen uns mehrere Fronturlauber entgegen, die Vater – auch ohne Säbel – zackig grüßten. Heiner strahlte.
Nach wenigen Minuten erreichten wir unsere Synagoge. Mir war damals noch nicht bekannt, dass der Barockbau 1781 nach Plänen des Kirchenbaumeisters Joseph Dossenberger errichtet worden war. Aber ich wusste ebenso wie mein Bruder, wie meine Eltern, wie jeder Jude bei uns in Ichenhausen, dass wir die schönste Synagoge der Welt hatten.
Wir traten durch die zweiflügelige Tür. Darüber prangte in weißen hebräischen Lettern auf blauem Feld der Spruch: »Dies ist das Tor, durch das die Gerechten einziehen werden.«
Die Synagoge erstrahlte in goldgelbem Licht. Zahllose Kerzen aller Größe und Form brannten und strahlten Wärme aus. Zudem war die elektrische Beleuchtung eingeschaltet. Während Mutter die Holztreppe zur Frauengalerie hinaufstieg, gingen Heiner und ich in unseren guten Anzügen dicht hinter Vater inmitten des den Männern vorbehaltenen Parketts über den roten Teppich auf dem hölzernem Boden des breiten Mittelgangs, vorbei an der Bima, der Bühne, auf der aus der Thora gelesen wurde.
In der zweiten Reihe wies ein kleines schwarzes Schild mit silberner Frakturschrift und hebräischen Buchstaben darauf hin,

dass dies der Platz von »Isaak Raphael Seligmann« war. Vater legte seine Gebetstasche aus blauem Samt, auf die ein gelber Davidstern gestickt war, am Pult ab und zog seinen Gebetsschal, den Tallit, hervor. Danach ergriff er sein dickes deutsch-hebräisches Gebetbuch und reichte Heiner und mir unsere kleinen Kinderbände, die wir neben Vaters Kompendium legten.

Ich konnte bereits einige Gebete lesen, vor allem das »Höre Israel«. Denn seit Anbeginn lernten wir in der siebenklassigen Israelitischen Schule auch Hebräisch lesen und schreiben. Ich war schon sieben Jahre alt und besuchte die zweite Klasse, Heiner die vierte. Mein Lieblingsgebet aber kannte ich bereits, ehe ich zur Schule durfte. Vater hatte Heiner und mir das Nachtgebet für Kinder beigebracht: »Beschützender Engel, der mich vor allem Bösen bewahrt, segne die Knaben und bewahre meinen Namen sowie jenen unserer Väter Abraham und Isaak, auf dass wir uns mehren.«

Ich hatte mir die Worte sogleich eingeprägt. Heiner hingegen waren sie verflogen, sodass Vater sie ihm am folgenden Abend noch einmal vorsagen musste. Streng ermahnte er seinen Erstgeborenen, sich den Text des Gebets zu merken. Mein zwei Jahre älterer Bruder besuchte damals bereits die Schule, ich aber hatte den Wortlaut des Segens behalten.

Sobald wir allein waren, verabreichte mir Heiner eine Kopfnuss. Dass ich ihm von Vater als Vorbild vorgehalten wurde, war meinem Bruder unerträglich. Er übte so lange, bis auch er das Gebet hersagen konnte. Danach haute er mich kräftig durch. Abends brannte Heiner darauf, Vater zu zeigen, dass er seine Erwartung erfüllte.

In der Synagoge standen wir einträchtig an Papas Seite. Auch andere Männer trugen Uniformen. Als sich die Beter vollständig versammelt hatten, begab sich Rabbiner Dr. Cohn in Begleitung von Kantor Abraham Loew, gefolgt vom Synagogen-

diener Moritz Meinfelder, zur Bima, wo der mächtige neun-
armige Chanukka-Leuchter aufgestellt war.

Vater mochte Moritz Meinfelder gern. Sobald er den Schammes sah, erhellte ein Lächeln seine gesammelte Miene. Meinfelder war Mitte siebzig, sein gepflegter Bart schlohweiß. Doch
der Synagogendiener hielt sich aufrecht, und seine Gesichtszü-
ge waren fröhlich. Von Vater wusste ich, dass Meinfelder schon
seit mehr als vierzig Jahren Synagogendiener in Ichenhausen
war. Nach der Trauung meiner Eltern hatte der Schammes das
Paar unter der von vier Männern getragenen Chuppa, dem
Hochzeitsbaldachin, durch das Städtchen geführt. Dabei spielte er auf seiner Klarinette religiöse Weisen, die der Gesangsverein Zion begleitete. Zu den Klängen von »Kol sason u kol sim-
cha, kol chatan u kol kala« – Alles Glück und alle Freude jedem
Hochzeiter und jeder Braut – bewegte sich der Zug durch die
Gassen.

Angeführt von unserer Mischpoche folgten die singenden Sy-
nagogenbesucher. Die christlichen Ichenhauser hatten Teil an
der Freude. Sie riefen »Hoch die Brautleut'! Viel Glück und viel
Segen auf all euren Wegen!« Ichenhausen hatte meine Eltern ge-
feiert. Jedes Mal, wenn Vater davon erzählte, leuchtete sein Gesicht auf.

Nachdem der Kantor den Segensspruch zum Lichterfest gesungen hatte, bat der Rabbiner die Fronturlauber zu sich auf
die Bühne. Vater hatte wie alle verheirateten Männer den weißen, an den Enden schwarz gestreiften Tallit um die Schultern
gelegt. Anstelle ihrer Uniformmützen trugen die Herren eine
schwarze Kippa.

Als die Handvoll Soldaten ihn umstanden, legte Dr. Cohn
nacheinander jedem segnend die Hand auf die Stirn. Er dankte den Eingezogenen, dass sie ihre Pflicht erfüllten wie jeder
Soldat des Reiches. »Damit wir wieder in Frieden mit allen
Völkern leben können.«

13

Der Rabbiner besah die Männer. Mit einem Mal richtete er seinen Blick zu den Frauen auf der Galerie, was er nie zuvor getan hatte. »Liebe Brüder, liebe Schwestern! Der eine oder andere von euch mag sich gefragt haben, warum ich im Krieg über den Frieden spreche.« Der Rabbiner legte eine Pause ein. »Weil Krieg nicht nur aus Schlachten und Siegen besteht. Krieg bedeutet auch Opfer. So wollen wir denn heute unserer Brüder Isaak und Max Gerstle gedenken, die im Dienste unseres Vaterlandes ihr Leben ließen. Möge der Ewige ihren Seelen gnädig sein.« Der Rabbiner rief die Männer zum Kaddisch-Totengebet auf. Gemeinsam sprachen sie die Worte der Preisung Gottes.

Unser Hauptlehrer Isaak Brader hatte uns den Tod der Soldaten verheimlicht. Als er erfuhr, dass Max Kochmann dennoch davon erzählte, hatte ihn der Schulleiter aus der Klasse geholt. Später war Max verweint zurückgekommen. Er wollte nicht mehr darüber sprechen.

Am Abend hatten Heiner und ich Mutter gefragt. Sie mahnte uns, diese schlimme Sache schnell zu vergessen. Aber jetzt hatte der Rabbiner die traurige Nachricht bestätigt: Männer aus Ichenhausen, die mit uns in der Synagoge gebetet hatten, waren tot. Mir kamen die Tränen, und auch in Heinrichs Augen glänzte es. Selbst erwachsene Männer senkten die Köpfe, damit man sie nicht weinen sah.

Dr. Cohn war in ein langes dunkles Gewand gekleidet. Er sprach zu den Betern über die Bedeutung von Chanukka als Fest des Lichts und der Freiheit, die von den Makkabäern einst für die Juden erkämpft worden war. »So wie jetzt unsere deutschen Grenadiere für unser Land und seine Freiheit fechten, das sich einer Welt von Feinden erwehren muss.« Danach reichte der Rabbiner Vater die Diener-Kerze, damit er das erste Chanukka-Licht entzünde. Papa sprach den Segen, und die übrigen Soldaten fielen in seine Worte ein.

Nach dem Gebet kehrten die Männer an ihre Plätze zurück. Wie immer, wenn er sich verlegen fühlte, rückte Vater seinen Tallit zurecht. Isaak Raphael Seligmann war trotz seiner kräftigen Statur ein scheuer Mann. Er floh jegliche Aufmerksamkeit. Ich dagegen war gar nicht schüchtern. Nur ganz selten, wie jetzt, als der Rabbiner von den toten Männern sprach, war ich traurig. Ansonsten erwachte ich jeden Morgen mit froher Laune, und dabei blieb es. Ich liebte meine Mutter und meinen Vater, Heiner und meine einjährige Schwester Thea. Ich mochte Menschen gern und hatte Zutrauen zu ihnen. Nur den strengen Hauptlehrer Brader konnte ich nicht leiden.

Während Vater und die Gemeinde die Gebete sprachen, sah ich nach oben zur Frauengalerie. Papa hatte Heiner und mich wiederholt ermahnt, »in der Synagoge nur zu Gott zu beten. Nicht zu träumen, zu schwätzen oder die Frauen anzugaffen«. Während des Gottesdienstes blickte Vater nie nach oben – nicht einmal zu seiner Frau.

Ich aber konnte mich nicht satt sehen an den schönen Ichenhausener Damen, die ihre eleganten Kleider, Mäntel und Hüte mit dem wippenden Federschmuck vorführten. Die Schönste war natürlich Mutter. Anders als viele jüdische Frauen hatte sie keine dicken schwarzen Haare, dunkle Augen und volle Lippen. Mama war rötlich-blond, ihre Haut hell. Wie stets las sie aufmerksam in ihrem Gebetbuch. Ihr Ernst strahlte eine Kraft aus, die sie zum Mittelpunkt der Frauen auf der Galerie machte. Manche von ihnen schwatzten und blickten zu den Männern hinunter.

Mutter spürte wie immer, dass ich sie ansah. Ein zartes Lächeln legte sich auf ihre Lippen, und sie hob kaum merklich ihre großen blauen Augen – dann vertiefte sie sich wieder in ihr Gebet. Ich sah weiter zu ihr, ehe mein Blick zum Himmel strebte. Himmel! Die Decke der Synagoge war als blaues Firmament voller gelber Sterne gestaltet. Das Himmelszelt und die Sterne leuchteten zu jeder Tageszeit in anderen Farben. Im Sommer schimmerte der Synagogenhimmel am Schabbatvormittag so hell, dass die Sterne verblassten – wie im Freien. An regnerischen Tagen dagegen nahm er die grünliche Farbe unserer Günz an.

Jetzt am Abend war die Decke ins Zwielicht getaucht. Die Helle der Kerzen und des elektrischen Lichts ließen das blaue Zelt dunkel erscheinen, während die Deckensterne blinkten. Der Zauber unseres Synagogenhimmels blieb mein Leben lang ungebrochen.

Nach dem Gottesdienst gingen mein Bruder und ich mit unseren Eltern zügig heim. Der Duft der von unserer Köchin Margreth frisch gebackenen Chanukka-Krapfen zog durch das Haus. Auf dem Salontisch wartete das süße Gebäck in einer blau-weißen Porzellanschüssel darauf, von uns genossen zu werden. Neben den Leckereien stand Vaters großer Chanukka-Leuchter aus massivem Silber. Wenn man ihn drehte, wurde eine Spieluhr aufgezogen, und die Chanukka-Weise »Maos Zur«, Fels meiner Zuversicht, ertönte.

Nachdem Heiner und ich gemeinsam die erste Kerze unseres Kinderleuchters entzündet und mit den Eltern die Liedstrophen gesungen hatten, durften wir endlich die Krapfen verspeisen. Dann reichte Mutter Heiner und mir unsere Dreidel, die sie das Jahr über in ihrem Zimmer aufbewahrte. Vater sah zu, wie wir die bunten Holzkreisel wirbeln ließen. Er hatte seine Uniform abgelegt und trug nun seinen schlichten grauen Hausanzug mit Krawatte.

Mit der Militärkleidung war die Anspannung von Vater abgefallen. Er hockte sich zu uns auf den Boden, was er lange nicht mehr getan hatte. Dann ließ er sich Heiners Dreidel geben und betrachtete den vierseitigen Kreisel. Wie so oft kehrte sich sein Blick nach innen. Erinnerte er sich an seine eigenen Kindertage?

Doch dann wandte Vater sich wieder Heiner und mir zu. »Was haben die hebräischen Buchstaben zu bedeuten?«, fragte er. »Pe. Nun. Schin. Gimmel«, ratterte Heiner herunter. Ständig lauerte er darauf, sich vor Vater auszuzeichnen. Der nickte. »Ja. So heißen die Lettern. Doch wisst ihr auch, warum sie auf den Kreiseln stehen?«

Hauptlehrer Brader hatte es letzte Woche mit seiner Löwenstimme verkündet. Doch Heiner schwieg. Wahrscheinlich hatte er dem Lehrer nicht zugehört. Wenn ich es jetzt erzählte, würde mein Bruder wütig werden. Natürlich würde er nicht wagen, mich vor den Eltern zu hauen. Erst danach. Ich würde es ihm zurückgeben. Aber nun konnte ich Mutter zeigen, wie gut ich lernte.

Papa musterte uns mit stummem Tadel und erklärte: »Weil die griechischen Besatzer den Juden verboten hatten, ihre Sprache zu lehren, malten die Rabbiner auf das Spielzeug der Kinder das hebräische Alef, Bet. Auf diese Weise lernten die Buben unsere Sprache spielend.«

Warum hatte ich mich nicht getraut zu antworten? Nicht nur wegen Heiner. Gegenüber Vater empfand ich immer eine gewisse Scheu, weil ich nur der Zweitgeborene war. Er sprach dies nie aus, aber ich wusste es.

Mutter hielt unsere kleine Schwester Thea auf dem Schoß. »Ludl, Heiner, ihr seid sicher müd' nach diesem gesegneten Tag … Jetzt sollt ihr zu Bett.« Ich gab Mutter einen Kuss, obgleich mir nicht gefiel, was sie verlangte. Heinrich reichte Vater die Hand. Unser Kindermädchen Lieserl nahm Thea auf den Arm, und wir folgten ihr zur Wendeltreppe, die zu unserem Bubenzimmer im zweiten Stock führte.

Die Aufregung hielt Heiner und mich noch lange wach. Statt zu spielen oder zu raufen, schmiedeten wir Pläne, wie wir Vater dazu bringen konnten, in voller Uniform mit Säbel im Ort aufzutreten. Schließlich schlief Heiner ein. Ich lag im Dunkeln und durchlebte in Gedanken noch einmal jede Minute dieses wunderbaren Tages.

Lüge

Ich liebte meinen Vater, doch zugleich fürchtete ich ihn. Papa ließ uns keine Zweideutigkeit durchgehen. Auf Unehrlichkeit reagierte er gnadenlos streng.

Das bekam ich noch während meines ersten Schuljahres zu spüren. Seit jeher liebe ich Süßes, vor allem Schokolade und Kuchen. Sobald ich an der Auslage der »Konditorei Werner« vorbeikam und dort die frisch gebackenen Kuchen und Torten erblickte, lief mir das Wasser im Munde zusammen. Wenn ich Taschengeld bekam, gab ich alles innerhalb von zwei Tagen beim Kuchenbäcker aus. Doch die Woche hat sieben Tage. Mit jedem wuchs mein Heißhunger. Am ärgsten wurde es am Freitag. Dem im Schaufenster präsentierten Zwetschgendatschi konnte ich nicht widerstehen. Wegen des bevorstehenden Schabbats hatte es nur ein knappes Mittagbrot und zwei Äpfel gegeben. Beim Gedanken an das opulente abendliche Mahl und die süßen Nachspeisen packte mich die Gier. Ich musste ein Stück Kuchen haben – jetzt gleich!

Also ging ich zu Vater, der eben von einer Geschäftsfahrt mit Max heimgekehrt war und sich, nach dem Entzünden einer Zigarre, in seinem Kontor daran machte, die Wochenzeitung »Der Israelit« zu lesen. Ich wartete, bis er aufblickte, und erbat ein paar Pfennige. Papa wollte wissen, wofür ich das Geld bräuchte. »Für Brezn am Wochenmarkt«, erwiderte ich nach kurzem Zögern. Vater legte Wert darauf, dass wir nie hungrig waren. Er fischte in seiner Geldbörse nach Kupfermünzen und übergab sie mir. Ich bedankte mich und lief schnurstracks zum Konditor Werner.

Mit dem Auspacken des Kuchens wollte ich bis daheim warten und ihn dann allein in unserem Zimmer genussvoll verspeisen. Doch der Duft des Datschi berauschte mich, sobald ich die Tüte in Händen hielt. Noch im Laden riss ich das Wachspapier auf, zupfte mir ein Stück Mürbteig ab und steckte es zwischen die Lippen. Der Geschmack überwältigte meine Sinne. Ich wusste, das Beste kam noch, die gesüßten Pflaumen. Doch ich beherrschte mich, bis ich auf der Straße war. Ich setzte mich auf die Steinstufen des Stadtbrunnens und aß einen ersten Zwetschgenbissen. Meine Augen schlossen sich. Es gab nichts auf der Welt, das so gut schmeckte.

»Ludwig!« Vaters Stimme platzte in meinen Sinnesrausch. Ich riss die Augen auf. Papa näherte sich von unserem Haus. Mit dem Kuchen in Händen stand ich auf.

»Komm her!«

Ich trat zu ihm.

»Was tust du?«

Ich musste mich zwingen, ihm zu sagen, was er ohnehin sah.

»Woher hast du das Geld für den Kuchen?«

»Du hast es mir gegeben, Vater.«

»Nein! Du hast um Geld für Brezn gefragt. Aber du hast dafür Kuchen gekauft. Du hast gelogen!« Seine Stimme schnitt mir in die Seele. »Lügen ist Sünde! Als dein Vater habe ich die Pflicht, dich zu bestrafen, damit du nie wieder die Unwahrheit sagst.«

Mir schossen die Tränen in die Augen. Vater wies mich an, ihm ins Haus zu folgen. Dort musste ich zunächst den Kuchen, der mit einem Mal seinen Duft eingebüßt hatte, in der Küche abstellen. »Komm in mein Kontor, Ludwig.« Vater setzte sich vor seinen Schreibtisch. Er befahl mir, ihm sein schweres Holzlineal zu reichen. Ich musste mich über sein Knie legen. Vater atmete hörbar zwischen seinen Worten: »Ich will keinen Laut von dir hören! Niemand soll Zeuge deiner Schande sein. Hast du verstanden?«

»Ja, Vater.«

Da sauste bereits der erste Hieb auf mein Gesäß. Weitere folgten. Ich biss die Zähne zusammen.

Endlich hielt Vater inne. Er hieß mich aufstehen und erhob sich ebenfalls. Durch meine vertränten Augen sah ich sein gerötetes Gesicht. Vater wies mich an, so lange in seinem Kontor zu verharren, bis ich mich »wieder in der Gewalt« hätte. Ehe er den Raum verließ, erneuerte Vater seine Mahnung, niemandem von meiner Untat zu erzählen.

Ich folgte seiner Weisung und bin mein Lebtag bei der Wahrheit geblieben. Das brachte zunächst manchen Nachteil mit sich. Doch als ehrlicher Mann fühlte ich mich frei.

Das Geheimnis meiner Lüge und Vaters Züchtigung habe ich länger als ein halbes Jahrhundert für mich behalten, ehe ich es meinem Sohn anvertraute. Der mochte keine Süßigkeiten. Stattdessen übte er sich in anderen Sünden – die meiner Bestrafung harrten.

Krieg

Ich lag in meinem Bett neben meinem schlafenden Bruder und musste an die toten Brüder Gerstle denken. Jetzt verstand ich Mutters Aufregung im Sommer, als der Krieg begonnen hatte. Vater hatte sich freiwillig als Soldat an die Front gemeldet. Obwohl Mama ihn anflehte: »Wenn dir im Feld etwas zustößt, bin ich mit den Kindern allein.«

Papa mühte sich, die Beherrschung zu bewahren. Aber ich hörte seine Stimme beben, als er Mutter entgegnete: »Wenn das Vaterland in Gefahr ist und uns ruft, dann muss jeder Mann es verteidigen. Besonders wir Juden. Gerade jetzt, wo wir in Deutschlands Krieg endlich genauso viel zählen wie unsere christlichen Kameraden.«

Mutter verstummte. Für gewöhnlich wies sie Lieserl an, uns Kinder auf unser Zimmer zu bringen. Denn sie wollte nicht, dass wir Zank oder auch nur laute Worte unserer Eltern mitbekamen. Doch an diesem warmen Abend war nichts wie sonst. Es brauchte eine Weile, ehe Mutter die Sprache wiederfand. »Ja, Isaak. Wir müssen unsere Pflicht für das Vaterland erfüllen genau wie alle. Unsere Männer ziehen ins Feld. Jeder bis vierzig. Aber du bist schon 41 Jahre alt. Du trägst auch Verantwortung für deine Familie. Du musst für das Geschäft sorgen, für unser Haus und die Menschen, die bei uns arbeiten. Wir brauchen dich! Du musst hier deine Pflicht erfüllen, während die anderen im Feld die ihre tun.« Ich sah, dass Mutter die Hände ineinanderpresste, dass die Finger weiß wurden.

Vater blickte seine Frau eindringlich an. »Ich bin nach meiner Einjährigen Reife zu den Ulanen gegangen – obwohl ich am liebsten weitergelernt und studiert hätte. Mein Vater selig hat es anders gewollt. Zuerst haben sie sich im Militär über mich lustig gemacht. ›Ein Jud' und ein Brillenträger obendrein …‹ Aber ich war kräftig, stärker als die meisten, und konnte gut reiten. So haben sie mich bald anerkannt und zum Wachtmeister befördert. Später habe ich alle Reserveübungen mitgemacht. ›Der Seligmann ist ein guter Soldat, obwohl er nur ein Jud' ist‹.« Ein Lächeln huschte über Vaters Züge, ehe er fortfuhr »›Der springt mit seinem Gaul glatt über die Bundeslade.‹« Vater ahmte den schnarrenden Ton des Feldwebels nach. »Seit knapp zwei Dutzend Jahren bin ich Reservist. Jetzt muss und will ich tun, wofür ich ausgebildet wurde.«

Mutter schwieg. Sie verstand, dass es sinnlos war, ihrem Mann zu widersprechen. Da wurde sie gewahr, dass wir Kinder immer noch im Zimmer waren. Sie fuhr uns flüchtig übers Haar. Anders als sonst waren ihre Hände heute kalt.

Eine Woche später war Vater mit den anderen Männern Ichenhausens in die Armee eingerückt. Einträchtig zogen Christen und Juden durch die Hauptstraße, vorbei an unserem Haus in der Marktstraße 302 zum Bahnhof. Dort spielte die Feuerwehrkapelle den Bayerischen Defiliermarsch. Prälat Sinsheimer betete für die katholischen Soldaten. Die jüdischen Grenadiere wurden von Rabbiner Dr. Cohn gesegnet: »Möge der Herr euch erleuchten und beschützen auf all euren Wegen und bei all euren Taten. Es ist die Glaubenspflicht jedes Juden, seinem Vaterland und dessen Herrscher treu zu dienen.« Danach marschierten die Männer wiederum mit Musikbegleitung zum Zug und kletterten unter Jubelrufen in die grünen Waggons. Kurz darauf setzte sich die Dampflokomotive mit lautem Pfeifen in Bewegung. Vater rückte zu seinem Landsturmbataillon ein, das zum Ulanen-Regiment in Dillingen gehörte.

Unser Haus schien uns nunmehr verödet, und wir fühlten uns verlassen. Beim Abendbrot fiel mein Blick auf das Gedeck meines Vaters, das Mutter auch in seiner Abwesenheit auflegen ließ. Mir stiegen die Tränen in die Augen. Nach dem Essen schlich ich mich in Mutters Salon. Wir Kinder durften das Zimmer nicht ohne ihre Erlaubnis betreten. Der Raum mit den zarten Biedermeiermöbeln ihrer Aussteuer war Mamas Reich. Dort führte sie ihre Haushaltsbücher, las und pflegte die Korrespondenz mit Freundinnen aus ihrer Zeit im Institut für Hauswirtschaft in Nürnberg. Nur Vater und besondere Gäste waren in Mutters Refugium willkommen – und ganz selten Heiner und ich.

Als ich zaghaft an die Tür klopfte, antwortete Mutter sogleich: »Komm herein!« Sie saß an ihrem aufgeklappten hellbraunen Sekretär. Als ich zu ihr trat, leuchtete ihr Gesicht auf. Bei Mutter ging es mir so gut wie nirgends – nicht bei Vater, der ebenso wie Heiner am 1. Mai Geburtstag hatte und ihm zudem seine dunkelbraunen Augen vererbt hatte, nicht in der Synagoge, nicht einmal beim Fußball. »Ludl, mein Sohn. Du bist mein Gottesgeschenk! ... Heiner und Thea natürlich auch ...«, beeilte sie sich hinzuzufügen. Doch sie und ich wussten, dass ich ihr liebstes Kind war.

Mutter wies zum aufgeschlagenen Gebetsbuch auf dem Sekretär. »Ich habe gerade auf den freien Seiten eingetragen, dass Vater heute ins Feld gezogen ist, und den lieben Gott gebeten, dass er Isaak Raphael allzeit beschützen und beschirmen soll.«

»Amen!«, entschlüpfte es mir.

»Du weißt immer das richtige Wort, mein Ludl.« Mutter drückte mir einen Kuss auf die Stirn.

Während seines Urlaubs im Dezember des ersten Kriegsjahres vermied Vater eine »Salutierparade«. Selbst wir Buben spürten, dass er sich danach sehnte, im Kreis seiner Familie, besonders bei seiner Frau, zu verweilen. Er ging lediglich in die Synagoge. Allabendlich versammelte er sich dort mit den anderen Gemeindemitgliedern, um die weiteren Chanukka-Lichter zu entzünden.

Im Schabbatgottesdienst erfuhren die Soldaten die größte Ehre. Sie wurden von Kantor Loew zur Thora aufgerufen und sprachen im Angesicht der Heiligen Schrift ihren Segen. Nach dem abschließenden Achtzehner-Gebet versammelten sich die Gottesdienstbesucher im Gemeindesaal zu einem Kiddusch. Bei dem feierlichen Beisammensein saßen Männer und Frauen getrennt, während wir Kinder uns frei bewegen durften. Der Rabbiner, der in der Mitte der Tafel Platz genommen hatte, erhob sich und erklärte, die Gemeinde flehe Gott an, die Krieger weiterhin zu beschirmen, bis wieder Frieden herrsche. Der Geistliche hob seinen silbernen Becher und rief »Le Chaim! Diese Bitte um Leben drückt besser als lange Reden unser aller Gebete und Gefühle aus.« Er führte das Gefäß an seine Lippen. Die Anwesenden folgten seinem Beispiel. Die Männer wiederholten das »Le Chaim!« des Rabbiners. Die Frauen nippten an ihren Likörgläsern. Wir Kinder bekamen Limonade.

Sodann wurden Kuchen und Süßigkeiten gereicht. Heiner und ich ließen es uns schmecken.

Auf dem Heimweg begleiteten uns zwei Männer. Vater hatte die Angewohnheit, ärmere Menschen nach der Synagoge zum Mittagessen bei uns einzuladen. Es wurde Tscholent serviert. Das Rindfleisch, die Kartoffeln, Bohnen und Graupen waren bereits am Freitagmittag, also vor Beginn des Schabbats, von Margreth in unserer Küche aufgesetzt und dann von Lieserl zum Bäcker gebracht worden, wo der Topf in der verlöschenden Glut des riesigen Ofens garte, bis er am Samstagmittag wieder nach Hause geschafft wurde.

Nachdem Vater den Segen über die Challah, den mit Mohn bestreuten Hefezopf, gesprochen hatte, wurde endlich in einer weißen Terrine der dampfende Tscholent aufgetragen. Die zarten Fleischwürfel inmitten der weich gekochten Gemüse zergingen auf der Zunge. Der Tscholent schmeckte köstlich und vertraut, derweil der große Kachelofen im Speisezimmer gleichmäßige Wärme ausstrahlte. Alle aßen mit großem Appetit. Mir war damals nicht bewusst, wie sehr insbesondere Vater das gute Essen genoss. Ich ahnte nicht, dass er mit seinen Kameraden seit Monaten in engen Schützengräben und feuchten Unterständen hauste. Die Soldaten waren froh, wenn sie eine warme Mahlzeit am Tag zu sich nehmen konnten. Da Vater auch im Krieg die koscheren Speisegebote beachtete, um die sich die Feldküche nicht scherte, war er gezwungen, sich von Brot und koscherer Wurst zu ernähren, die ihm von den Schwiegereltern aus dem fränkischen Markt Berolzheim ins Feld geschickt wurde.

Anders als sonst verzichtete Mutter heute darauf, Heiner und mich nach dem Essen zur Mittagsruhe zu schicken. Erst als sich unsere Gäste dankend verabschiedeten und Vater aufstand, um sie zur Haustüre zu begleiten, sagte Mutter uns, wir sollten jetzt auf unser Zimmer gehen. Als ich an ihr vorbeilief, streichelte sie kurz meine Wange.

Heiner und ich waren bedrückt. Der Schabbat erinnerte uns daran, dass Vater nur eine Woche bei uns bleiben durfte. Nächsten Schabbat würde er wieder im Krieg sein.

Papa wollte uns nicht erzählen, was an der Front geschah. Aber Heinrich hatte mitbekommen wie er zu Mutter gesagt hatte: »Der Krieg hat nur einen Zweck: Menschen zu töten. Wer mehr umbringt, hat gewonnen.«

Das war etwas ganz anderes als die Soldatenspiele, die Herr Moritz Frank, in Zivil Lebensmittelgeschäftsmann und Erster Tenor des Gesangsvereins Zion und des Synagogenchors, mit uns Kindern in den Wäldern rings um Ichenhausen an Sonntagvormittagen vor dem Fußballspiel veranstaltete.

Ich legte mich auf mein Bett und tat, als ob ich schliefe. Bald hörte ich meinen Bruder leise schluchzen. Ich traute mich nicht, ihn zu trösten.

Zwei Tage später musste Vater wieder ins Feld. Er bestand darauf, sich zu Hause von uns Kindern zu verabschieden. Nur Mutter durfte ihn nach Günzburg begleiten.

Jetzt musste auch ich weinen. Ich erinnerte mich an den jubelnden Auszug der Soldaten im Sommer. Und an das Versprechen des Hauptlehrers Brader, dass der Krieg ganz schnell mit einem Sieg der deutschen Fahnen enden würde.

Nach gut einem Vierteljahr Krieg aber verzichtete Herr Brader darauf, den Grenadieren Münzen mitzugeben, die sie nach dem Sieg an Bedürftige in Frankreich verteilen sollten. Glaubte er nicht mehr an einen Sieg in diesem Jahr? Kein Schüler traute sich, Isaak Brader diese Frage zu stellen, die uns allen auf dem Herzen lag.

Der Hauptlehrer galt in der jüdischen Gemeinde als Autorität in weltlichen Dingen. Wie unumschränkt seine Gewalt war, hatte ich schon in der ersten Klasse erfahren müssen. Der Herrscher des jüdischen Lehrhauses hatte mir von Anbeginn den Namen »Galgenkasper« verpasst. Als ich wagte zu fragen, warum er mich so nannte, brüllte der Lehrer: »Die Antwort bekommst du auf der Stelle. Und zwar so kräftig, dass du nie wieder wagen wirst, solch' freche Fragen zu stellen.«

Isaak Brader rief mich zum Katheder. Er wählte sorgfältig eine seiner Weidenruten, in Bayern Tatzenstecken gerufen, aus dem Wassergefäß, in dem sie eingeweicht wurden, und haute mein Gesäß mit der Rute hart durch. Mir liefen die Tränen herunter, ich beherrschte mich mit aller Kraft, um nicht vor Schmerz zu schreien. Auch nicht später, als ich mich wieder setzen durfte oder eher musste.

Unterdessen tauchte Brader den Stock wieder ins Wasser und erklärte grimmig: »Wer sonst noch unverfrorene Fragen stellen will, wird nicht weniger leiden als der Galgenkasper Seligmann!« Er sah sich im Klassenzimmer um. Dann blitzten seine grünen Augen auf. »Und die jungen Damen sollen sich ja nicht einbilden, dass sie ungestraft davonkommen, wenn sie ungezogen sind. Meine Tatzenstecken tanzen auch gern auf Fingerspitzen. Das ist nicht minder schmerzhaft wie die rückwärtige Bestrafung der Herren!«

Als ich abends Vater aufgebracht vom Verhalten Isaak Braders berichtete, nickte er. »Ich war selbst Schüler beim Hauptlehrer. Er war sehr streng und ist es wohl geblieben. Ich habe mich manches Mal ungerecht behandelt gefühlt. Aber heute weiß ich, Herr Brader ist ein ausgezeichneter Lehrer. Manchmal ist er hart, aber ich glaube, seine Strenge hat dazu beigetragen, dass alle seine Schüler rechtschaffene Menschen geworden sind. Dass es in unserer jüdischen Gemeinde keine Lumpen und Tunichtgute gibt, haben wir auch unserer Erziehung durch Herrn Brader zu verdanken.« Vater hielt kurz inne, ehe er fortfuhr. »Die Regierung hat im Jahr deiner Geburt Herrn Brader

zum Hauptlehrer befördert. Das ist eine Ehre, die nur wenige Pädagogen erfahren. Erst recht unter Juden.«
Dennoch konnte ich den hauenden Lehrer nicht leiden. Und mit dem kurzen Krieg hatte er sich geirrt.

Mutter war zunehmend bedrückt. Denn Vaters Kriegsrente war ungenügend. So musste sie die Familie weitgehend von unseren Ersparnissen ernähren. Unser Essen wurde eintönig – wie bei den meisten Familien in Ichenhausen. Mutters Brüder in Markt Berolzheim hatten als Viehhändler mit Metzgern zu tun. Doch jetzt waren sie wie Vater Soldaten. Daher kamen kaum mehr Fleischsendungen zu uns.
Sehnsüchtig erwarteten wir Vaters nächsten Heimataufenthalt. Inzwischen waren andere Männer zu höheren Offizieren befördert worden, während Vater Feldwebelleutnant blieb. Heinrich und ich wagten nicht zu fragen, warum. Erst nach dem Krieg erfuhren wir, dass Juden nur in Ausnahmefällen weiter aufsteigen konnten.
Vater verlor darüber kein Wort. Doch während seines Fronturlaubs 1916 war er aufgebracht. Nachdem Rabbiner Dr. Cohn in seiner Schabbatansprache den Mut und die Vaterlandsliebe unserer Krieger hervorgehoben hatte, die sich in nichts von jener ihrer christlichen Kameraden unterschieden, wurde bekannt, dass im Heer eine »Judenzählung« stattgefunden hatte. Mit ihrer Hilfe sollte festgestellt werden, dass sich unsere Leute vor dem Frontdienst drückten. Selbst wir Kinder bekamen mit, dass Vater und seine jüdischen Kameraden deshalb tief verletzt waren.
Als Papas Freund Moritz Levy uns am Schabbatnachmittag besuchte, gab es für die beiden Männer nur dieses Gesprächsthema. Vater blieb zunächst ruhig, doch bald verlor er die Beherrschung. »Ich bin gut genug, unsere Kompanie zu führen und Tag und Nacht für mein Vaterland an der Front zu kämpfen«,

brüllte er. »Nach zwei Jahren befehlen mir nichtsnutzige Kriegsbürokraten in Berlin, die nie die Front gesehen oder einen Schuss abgefeuert haben, zu rapportieren, was ich als jüdischer Soldat leiste. Ob ich mich, anders als die Gojim, vor der Front drücke! Nur wir Juden! Kein Katholik, kein Protestant wird so erniedrigt.«

Es war das einzige Mal, dass Vater den Ausdruck Goj gebrauchte. Bis dahin hatte er sich wie alle Juden Ichenhausens als Bayer und Deutscher gefühlt. Nun hatte ihm die Armee gezeigt, dass er als Jude weniger zählte als die christlichen Soldaten.

Nach einer Woche musste Vater wieder an die Front. Immer mehr Männer aus Ichenhausen fielen. Wir Kinder spürten, dass Mutter von Furcht geplagt wurde. Anders als vor dem Krieg besuchte sie nun auch jeden Freitagabend die Synagoge, um für die Unversehrtheit ihres Mannes zu beten.

Die Angst vor Mutters Traurigkeit brachte Heiner und mich dazu, ihren Anweisungen ohne Murren zu folgen. Ich versuchte ihr jeden Wunsch von den Augen abzulesen.

Wir Buben glaubten, dass Gott unseren Vater besonders gut schützen würde, wenn wir ihn und Mutter ehrten, wie es das Vierte Gebot forderte. Gott erhörte unsere Gebete. Vater blieb unversehrt, obgleich er seit Kriegsbeginn mit seinem Bataillon an der Front stand.

In der vierten Klasse nahm mich Hauptlehrer Brader öfter dran als andere Schüler. Er blieb streng mit mir und zögerte nicht, mir eine Kopfnuss zu verpassen, wenn ich mich nicht auf seinen Unterricht konzentrierte. Doch wenn ich wieder einmal als Erster die Rechenaufgabe gelöst hatte, nahm er mein kariertes Heft, schob seine Brille hoch, studierte die Zahlen und rief: »Richtig! Nehmt euch alle ein Beispiel an Ludwig. Er rechnet schnell und richtig! Wie es sich für einen Juden gehört. Und ihr Deppen zählt zusammen wie die Blindschleichen.

Langsam und ohne Hirn!« Ich beherrschte mich, um nicht zu loszulachen, und vermied es, Heiner anzusehen.

Unvermittelt hob der Hauptlehrer wieder seine Stimme. »Aber bilde dir nichts darauf ein, kleiner Seligmann. Übe lieber Diktate. Denn bci der Rechtschreibung bist du ein flüchtiger Galgenkasper.«

Ich dachte nicht daran, nach der Schule Rechtschreiben zu üben. Sobald wir zu Hause angelangt waren, warfen Heiner und ich unsere Ranzen in die Ecke, schlangen den grässlichen Zuckerrübenbrei hinunter und liefen zum Fußballplatz. Unser Trainer, Herr Korbinian Sauter, lobte meine schnellen Beine und mein Ballgefühl. »Aber du musst trainieren, Wiggerl, dass du beides zusammenbekommst. Wenn du fix den Ball führen lernst, wirst du ein richtig Guter.«

Anders als in der Schule konnte ich beim Kicken nie genug üben. Wenn das Wetter es erlaubte, trainierte ich bis zur Dunkelheit. Es bereitete mir Freude, mit dem Ball am Fuß von Torlinie zu Torlinie zu laufen. Ich wurde nie müde. Und je besser ich den Ball beherrschte, desto mehr Spaß hatte ich dabei.

»Als Nächstes musst du an deiner Schusstechnik feilen«, wies mich Herr Sauter an. Er versprach, mich ab Herbst als Stürmer in die erste Jugendmannschaft aufzunehmen, wenn ich bis dahin gut ins Tor treffen konnte.

Ab sofort übte ich unentwegt, den Ball aus allen Lagen im Tor zu versenken. Und zwar nicht nur mit dem rechten Fuß, sondern auch mit der Stirn. Was anfangs schwierig war, weil ich unwillkürlich die Augen zukniff.

Doch nach einigen Tagen war ich so weit, im richtigen Moment hochzuspringen und sehenden Auges die Lederkugel in den Kasten zu drücken.

Gymnasium

Als ich eines Abends heimkehrte, forderte mich Mutter auf, nach dem Waschen zu ihr zu kommen. Da sie sah, dass mich ihre Worte beunruhigten, lächelte sie. »Hab' keine Angst, Ludl! Freu' dich.«

In ihrem Salon offerierte mir Mutter ein Glas Tee wie einem Erwachsenen. »Ich bin stolz auf dich, mein Sohn.« Ihre Augen leuchteten. »Heute Nachmittag war Herr Hauptlehrer Brader bei mir. Er hat mir gesagt, was ich sowieso schon weiß: dass du ein gescheiter Bub bist.«

Der Lehrer war mir wurscht, aber dass Mutter so über mich sprach, gab mir ein herrliches Gefühl. Während ich mich in ihrer Liebe und Anerkennung sonnte, erläuterte sie mir, der Hauptlehrer habe verlangt, dass ich im kommenden Jahr auf das Oberrealgymnasium nach Günzburg wechselte. Er habe darauf gedrängt, obgleich er wusste, wie schwer uns zusätzliche Ausgaben im Krieg fielen.

»Ich will gerne dem Rat von Hauptlehrer Brader folgen. Weil mein Ludl mich nicht enttäuschen wird. Du darfst weiter Fußball spielen. Aber ich erwarte, dass du genauso fleißig für das Gymnasium lernst.« Sie wusste, dass ich tun würde, was sie von mir erwartete.

Unvermittelt wurden Mutters Züge ernst. »Auch Heinrich ist ein kluger Junge. Ich hätte ihn ebenfalls gern aufs Gymnasium geschickt. Doch das ist wegen der Kriegsnot nicht möglich. Ich weiß, wie sehr ihr beide aneinander hängt, auch wenn ihr euch gelegentlich tratzt, wie es sich für Buben gehört. Du musst jetzt recht gut zu deinem Bruder sein, damit er nicht traurig ist.«

Mutter wollte immer das Beste für mich und Heinrich. Aber ich wusste genau, dass mein Bruder nicht nur traurig sein würde, wenn ich zur Oberschule durfte, während er weiter von Brader mit dem Tatzenstecken durchgehauen wurde. Er würde furchtbar zornig auf mich werden, weil er nicht so gescheit war wie ich. Darum wollte der Herr Hauptlehrer, dass ich und nicht Heiner aufs Gymnasium ging. Mein Bruder würde sich vor Vater schämen und mich verhauen – egal, ob ich gut zu ihm war oder nicht.

Ich hatte wenig geschlafen. Seit es hell war, wälzte ich mich in meinem Bett. Leise. Denn ich wollte Heinrich nicht wecken. Als Lieserl endlich die Tür unseres Bubenzimmers öffnete, packte ich meine Sachen und lief in den Waschraum. Draußen lagen mein frisch gebügeltes Hemd, mein Anzug und die auf Hochglanz gewichsten Schuhe. Mutter wartete schon am Frühstückstisch.

Heute schmeckte mir die Grütze nicht. Am liebsten hätte ich nichts gegessen.

»Ludl, du bist klug und schaffst alles«, machte Mutter mir Mut. Lieserl trat an den Tisch und reichte mir meinen Pausenbeutel. »Heute sind zwei Butterbrote drin«, sagte sie scheu. Mama hatte dafür gesorgt, dass heute sogar Butter da war!

Sie begleitete mich zur Haustüre. Dort blieb sie stehen, legte ihre warmen Hände auf meine Stirn und sprach mit klarer Stimme: »Der Herr erleuchte dich und beschirme dich, Jehuda.« Wie beim Lichterzünden am Freitagabend benutzte sie jetzt meinen jüdischen Namen.

Max Lechner brachte mich mit der Chaise nach Günzburg. Unter anderen Umständen hätte ich den kühlen Fahrtwind des strahlenden Frühsommermorgens genossen. Doch heute musste ich an die Prüfung denken.

In unserer Schule verstand ich den Unterrichtsstoff immer. Aber im fremden Gymnasium wusste ich nicht, was von mir erwartet wurde.

Ich saß zusammen mit zwei Dutzend Jungen in einem großen Klassenzimmer mit hohen Wänden und großen Fenstern. Jeder hockte an einem Pult und hatte einen weißen Doppelbogen liniertes Papier vor sich. Ein fremder Herr in dunklem Anzug und Binder stand unnahbar am Katheder und diktierte uns mit klarer Stimme einen Text über die »tapferen deutschen Krieger«. Mir war elend. Nur weglaufen wollte ich. Aber ich zwang mich, sitzen zu bleiben. Ich hatte Angst vor allen. Vater erwartete sicher, dass ich aufs Gymnasium ging wie früher er! Ich stellte mir vor, dass Heinrich mich auslachen würde, wenn ich heute alles vermasselte, ebenso wie meine Mitschüler. Und Hauptlehrer Brader! Er würde mich grausam bestrafen, nachdem er sich bei Mutter für mich eingesetzt hatte.

Aber Mutter glaubte an mich. Beim Gedanken an sie wurde ich ruhig. Jetzt verstand ich die Worte des Lehrers und schrieb sie nieder.

Nach einer Pause erhielten wir unsere Rechenaufgaben, die hier »Mathematik« hießen. Beim Durchlesen sah ich, dass ich alles konnte, sogar im Kopf. Ich fing sogleich an, ein Ergebnis nach dem anderen hinzuschreiben.

Als ich nach kurzer Zeit wie in unserer Schule als Erster fertig war und abgeben wollte, kam mir die Mahnung unseres Hauptlehrers von gestern in den Sinn. »Ludwig, du kannst schnell rechnen, aber du bist leichtsinnig! Darum darfst du deine Arbeit unter keinen Umständen sofort abgeben! Drehe das Blatt um und zähle bis zwanzig. Dann liest du jede Aufgabe erneut sorgfältig durch. Anschließend rechnest du alles nochmals nach. Wie ich dich kenne, hast du vor lauter Eile einen Fehler gemacht.«

Es drängte mich, meine Blätter einzureichen und vor die Türe zu gehen. Doch meine Angst, die Prüfung nicht zu schaffen, war größer. Darum folgte ich der Anweisung des Hauptlehrers. Tatsächlich hatte ich mich bei den beiden letzten Aufgaben verrechnet. Nur ein bisschen, aber eben doch! Ich verbesserte die Fehler und las alles wieder durch. Jetzt stimmte es.

Die letzten zwei Stunden mussten wir einen Aufsatz schreiben. Thema: »Was ich für den Sieg des Deutschen Reiches tun kann«. Das hatte ich mir noch nicht überlegt. Ich war kein Soldat. Heiner und ich benahmen uns so gut und folgsam, dass Vater bei seinem Fronturlaub an uns seine Freude hatte. Und wir taten jeden Tag alles, um Mutter zu helfen. Wir gingen auch jeden Schabbat in die Synagoge. Aber wer wusste, ob das christlichen Lehrern gefiel? Also ließ ich es weg. Außerdem half ich meinem Ichenhausener Banknachbarn, dem Max Kochmann, dessen Vater auch an der Front war, seine Rechenaufgaben zu machen. Und Heiner und ich setzten immer unsere Grüße unter Mutters Zeilen, wenn sie einen Brief an Vater schickte. Das musste ich ein wenig ausschmücken.

Ich schrieb, dass ich jedem Brief von Mutter ein eigenes Blatt beigab. Darin notierte ich, dass ich mir wünschte, mein Vater würde als Feldwebelleutnant weiter tapfer mit seinen Untergebenen für einen schnellen Sieg des Deutschen Reiches kämpfen. Und dass ich auch dafür betete, damit er und alle deutschen Soldaten bald nach dem Sieg als Helden heimkommen würden.

Zu Hause sagte ich, dass alles gut gegangen war. Mutter spürte meine Angst und drang nicht weiter in mich. Selbst Hauptlehrer Brader bemerkte meine Unsicherheit. Er fragte mich täglich, ob ich mich bei der Prüfung wie ein Kasper benommen habe. Der Schulleiter wollte sich nicht durch mich blamieren. »Wenn du wegen deines Leichtsinns durchgefallen bist, wirst du das schmerzlich zu spüren bekommen!«, rief er vor der ganzen Klasse.

Auf dem Fußballplatz lief ich meine Runden, bis ich nicht mehr schnaufen konnte. Dann übte ich mit Herrn Sauter Kopfball. Ich hatte gelernt, hoch genug zu springen, um den Ball mit der Stirn von oben zu treffen und ihn so in Richtung Tor zu lenken. Ich köpfelte so lange, bis sich meine Beinmuskeln verkrampften. Daher wies mich der Trainer an, eine Pause zu machen.

So hockte ich mich an den Rand des Fußballfelds und sah den Kameraden, unter ihnen mein Bruder, beim Kicken zu. Schnell hatte ich mich erholt und machte bei einem Übungsspiel mit. Obwohl ich zu den Jüngsten zählte und klein war, wollten mich die Mannschaftsführer haben. Denn ich war fixer als die anderen und verstand es, den Ball beim Laufen mitzunehmen, zu dribbeln und, wenn ich vorne angespielt wurde, auch aufs Tor zu schießen. Heiner ließ sich beim Dribbeln oft die Kugel abnehmen.

Wir spielten und trainierten, bis die Helligkeit verging. Herr Sauter war schon längst gegangen, als wir endlich nach Hause liefen. Nachdem wir uns gewaschen hatten, sagten wir Mutter Gute Nacht.

An diesem Tag hatte sie wieder eine Feldpostkarte bekommen. Vater schrieb wie immer, dass es ihm gut gehe. Wir sollten uns keine Sorgen um ihn machen. Der liebe Gott werde ihn beschützen, und er hoffe, dass wir gesund und artig seien.

Bevor ich einschlief, musste ich an Vater denken. Wie würde er sich freuen, wenn Mutter ihm schreiben konnte, dass ich aufs Gymnasium durfte!

Hauptlehrer Brader betrat mit einem Lächeln das Klassenzimmer. Das geschah fast nie. Er sah mich zufrieden an. »Nehmt euch ein Beispiel an Ludwig, ihr Faulpelze!«

Heinrich tat mir leid, weil er nicht aufs Gymnasium konnte. Das würde er mir wohl nicht verzeihen.

Auf dem Nachhauseweg schwieg ich. Sobald wir außer Sichtweite des Lehrhauses waren, erwartete ich, dass Heinrich anfangen würde, mich zu schlagen. Doch er ging stumm neben mir her.

Plötzlich blieb Heiner stehen »Ich bin stolz auf dich, Ludwig.« Seine Stimme piepste.

Ich liebte meinen Bruder. Auch wenn wir nicht weniger als zuvor rauften.

In der Schule war in den letzten vier Wochen vor den großen Ferien nicht mehr viel los. Der Hauptlehrer drohte und schrie, gelegentlich haute er einem Buben den Hintern durch, und manchmal bekam ein Mädchen einige Tatzen auf die Finger, jedoch seltener als zu Beginn des Schuljahrs.

Mich ließ Brader jetzt in Ruhe, bis er mich ohne Hausaufgaben erwischte. Ich war nach dem Fußball einfach zu müde dafür gewesen.

»Du bildest dir wohl ein, dass du jetzt etwas Besseres bist, Seligmann! Nur weil du mit Ach und Krach die Aufnahmeprüfung für die Oberschul' geschafft hast, du Nichtsnutz! Da kommst du mir gerade recht! Wenn du Galgenkasper nicht parierst, versohle ich dich so, dass du hier nicht mehr sitzen und nachts nicht mehr schlafen kannst.«

Zu meiner Verwunderung verzichtete der Hauptlehrer aber darauf, seine Drohung wahr zu machen. Stattdessen gab er mir als Strafarbeit auf, bis morgen hundert Mal zu schreiben »Ich muss stets meine Hausaufgaben machen.« Damit raubte er mir den Nachmittag auf dem Fußballplatz.

Eines Tages nach Unterrichtsschluss forderte mich der Herr Hauptlehrer auf, mit ihm zu kommen. Aus seiner Wohnung im zweiten Stockwerk des Schulgebäudes strömte Bohnerwachs- und Tabakgeruch. Die Holzdielen waren auf Hochglanz poliert. Auf einer Anrichte im Wohnzimmer prangte seine beachtliche Pfeifensammlung.

Herr Brader hieß mich, am Tisch Platz zu nehmen. Dann wies er seine Frau an, mir ein Glas Limonade zu bringen. Mit ihren weißen Haaren erschien sie mir noch älter als unser Lehrer. Als wir wieder allein waren, stand er auf. Erst hier, außerhalb des Klassenzimmers, fiel mir auf, wie klein der Lehrer war – er maß gut einen Kopf weniger als Vater und war fast schmächtig.

»Du bist ein gescheiter Bub, Ludwig. Und ich sehe, dass du auch fleißig die Synagoge besuchst. Du kannst es weit bringen im Leben. Aber nur, wenn du dich zusammenreißt und deinen elendiglichen Leichtsinn überwindest! Du musst eiserne Disziplin üben, Ludwig, sonst wirst du scheitern und all die Talente, die dir der Herrgott geschenkt hat, vergeuden.« Brader setzte sich mir gegenüber. »Nimm dir ein Beispiel an deinem Bruder.« Seine Stimme dröhnte. »Heinrich ist nicht der Gescheiteste. Aber er besitzt Disziplin. Er ist immer pünktlich. Stets wie aus dem Ei gepellt – nie ein Stäubchen an seinem Gewand. Er macht seine Hausaufgaben alleweil.« Der Hauptlehrer seufzte. »Wenn der Heiner deinen Kopf hätte – oder du seine Disziplin … Sei's drum, der Herrgott gibt jedem seinen Teil, damit soll man zufrieden sein. Und dankbar.«

Herr Brader ging zum Bücherbord, nahm ein ledergebundenes Album heraus und legte es auf den Tisch. Dann ergriff er eine lange Pfeife mit weißem Porzellankopf, stopfte sie umständlich, entzündete den Tabak und stieß Dampfwolken aus. Als er wieder zu sprechen anfing, bekam seine Stimme einen sanften Klang, den ich bei ihm nicht kannte.

Er berichtete, dass er im letzten Friedenssommer eine Reise ins Heilige Land unternommen und sich damit einen Lebenstraum erfüllt habe. »Zuerst ging es mit dem Dampfer von Triest nach Jaffa und von dort mit der Eisenbahn ins erhabene Jerusalem. Eine Fahrt in die Zeit der Bibel.«

Der Hauptlehrer schwärmte von den braunen Farbtönen des vertrockneten Bodens und den langen dunklen Gewändern der arabischen Frauen, die auf dem Land tönerne Krüge auf dem Kopf trugen wie wohl in den Tagen der Propheten. Die

Männer in orientalischer Tracht saßen in der Altstadt Jerusalems zumeist in Cafés und rauchten ihre Wasserpfeifen. Überall liefen Kinder umher. Sie waren nicht besonders sauber.

Die Juden ließen sich entsprechend der Gebote unseres Glaubens Schläfenlocken und Bärte wachsen. Selbst bei großer Hitze trugen sie gemäß osteuropäischer Tradition schwarze Kaftane und hohe Pelzmützen. Sie eilten durch die Gassen der Stadt zu ihren Betstuben und zur Klagemauer. Deren riesige Quader seien die einzigen Überbleibsel des jüdischen Tempels, der im Jahr 70 von den Römern zerstört worden war. Am Fuß der Mauer beteten die orthodoxen Juden mit wilden Schaukelbewegungen um die Ankunft des Messias – andere hatten ihn angeschnorrt.

Gebannt lauschte ich der Erzählung des Hauptlehrers. »Von der Klagemauer schweift der Blick auf den Tempelberg mit dem Felsendom, einem mohammedanischen Heiligtum mit goldener Kuppel, die der Stadt ihren Stempel aufprägt.« Jerusalem sei umrahmt von Hügeln. »Der schönste von ihnen ist der Ölberg mit dem jüdischen Friedhof. In Terrassen erstrecken sich die Gräber von oben herab zur Stadt. Dort werden fromme und ehrenwerte Juden aus dem ganzen Erdkreis begraben.«

Nachdem Herr Brader ausführlich von seinem Aufenthalt in Jerusalem erzählt hatte, berichtete er von einer neuen Stadt am Meer mit dem Namen Tel Aviv, was Frühlingshügel bedeute. Der Ort sei erst vor einigen Jahren gegründet worden; moderne Juden wollten ihn zum Zentrum eines neuen Judenstaates aufbauen.

Unser Hauptlehrer hielt nichts von derartigen Hirngespinsten. »Wir deutschen Juden gehören in unsere Heimat«, stellte er klar. Doch die Reise ins Land der Bibel habe ihn in seinem Glauben bestärkt.

Ehe ich ging, forderte Herr Brader mich auf, mir eine Postkarte aus seinem Album auszusuchen. Aufnahmen von Jerusalem kannte ich bereits, also wählte ich eine Ansicht von Tel Aviv, die eine Reihe weißer einstöckiger Häuser zeigte. Sie führten zu einem runden Platz, auf welchem sich Menschen in legerer Kleidung aufhielten.

Ich ahnte nicht, dass mich die Umstände der Zeit in wenigen Jahren zum Bürger dieser Stadt machen würden.

Die Sommerferien schienen nie zu Ende zu gehen. Vormittags plantschten Heiner und ich mit den Nachbarsbuben in der Günz. Um die Badehäuschen, die die Erwachsenen benutzten, scherten wir uns nicht.

Schwimmen konnten wir in dem Flüsschen selten, dazu war es in Ichenhausen in den heißen Monaten zu flach. Dafür konnte man in den Flussauen hervorragend Fußball spielen, und zum Kühlen der Füße war uns das Wasser gerade recht. Bald spritzten wir uns gegenseitig an, und es kam zur allgemeinen Wasserschlacht, bei der Heinrich und ich fast immer zusammenhielten.

Mittags wurden Margarinebrote ausgepackt, die uns Lieserl mitgegeben hatte. Wir schlangen sie herunter, spülten mit Limonade nach, und weiter ging's auf den »richtigen« Fußballplatz, wo uns Herr Sauter bereits erwartete.

Der Übungsleiter sah es nicht gern, wenn wir uns vor dem eigentlichen Training schon »verausgabt« hatten. Um uns »diesen Schmarrn« auszutreiben, ließ er uns eingangs sechsmal um den Platz laufen, sodass wir alle ins Schwitzen kamen. Aber ich fühlte mich noch voller Kraft, und so fiel mir das folgende Übungskicken fünf gegen fünf nicht schwer. Ich schoss sogar zwei Tore gegen den Siegl. Der Keeper war recht stämmig, aber ein bisschen langsam – vor allem war Siegfried Herrligkoffer ein zuverlässiger Freund.

»Wiggerl, du hast eine Lunge wie ein Ackergaul«, staunte Herr Sauter. Später übte er mit uns Schusstechnik und Dribbeln.

Nachdem er die Kameraden entlassen hatte, kümmerte sich der Übungsleiter um mich. Mehrmals hieß er mich, mit dem Ball aufs Tor zu laufen, so schnell ich konnte. »Wenn du das mal so beherrschst, dass dir keiner mehr folgen kann, bist du der König der Stürmer … mindestens in Ichenhausen. Und jetzt verzupf dich.«

Ob der Trainer ahnte, dass ich und meine Spezis gar nicht daran dachten, nach Hause zu gehen? Zu schön war es, gemeinsam mit Heiner, Moritz Gerstle, Thomas Schmidt, Karl Seiff, Siegl und anderen in den Günzauen zu kicken oder uns Geschichten zu erzählen.

Anfangs zogen mich die Freunde damit auf, dass ich mich jetzt als künftiger Gymnasiast wohl als etwas Besseres fühlte. Dass der Siegl als Arztbub ebenfalls ab Herbst auf die Oberschule gehen würde, war für sie selbstverständlich. Sie merkten aber bald, dass ich meine Nase nicht hochtrug und den gleichen Spaß mit ihnen hatte wie früher. Wenn sie mich aber einfingen, sich auf mich warfen, um auf meinen Muskeln zu reiten, wenn sie versuchten, mich in den Schwitzkasten zu nehmen, dann konnte ich mich auf Heinrich verlassen. Wir waren die Seligmann-Buben.

Am Schabbatmittag nach unserer Rückkehr aus der Synagoge und einem kargen Mahl bat mich Mutter, sie auf einen Spaziergang zu begleiten. Sie trug ein weißes Sommerkleid mit hellblauen Streifen und lief mit schnellen Schritten. Im Nu passierten wir die letzten Häuser unseres Städtchens.

Der Weg führte uns über die Landstraße nach Süden in Richtung Waldstetten. Zur Linken sahen wir die Mauern des Krankenhauses, in dem Siegls Vater, Dr. Herrligkoffer, im Frühling des Vorjahres meinem Bruder Heinrich den Blinddarm herausoperiert hatte. Mutter durfte damals die Nacht im Hospital bei ihrem Kind bleiben. Am frühen Morgen kam sie nach Hause, um mir und dem aufgeregten Lieserl zu berichten, dass es dem Heinrich schon wieder besser ginge und er nach Hause wolle.

Mutter ahnte, woran ich dachte, und lächelte. In ihrer fränkischen Mundart sagte sie: »Damals hab' ich mir scho a weng Sorgen gmacht, aber ihr Buben und Thea seid gesund und kräftig. Unser Herrgott passt auf euch auf – und auf Vater! Ich hab' viel Freud' an euch. Besonders an dir.«

Mama blieb stehen und sah mich an. »Ludl – am Dienstag beginnt das Gymnasium …« Mutter hatte erfahren, dass Siegl ursprünglich wie sein Vater das altsprachliche Wilhelmsgymnasium in München besuchen und dort bei der Familie seiner Tante wohnen sollte. Daraufhin hatte sie mit Frau Herrligkoffer gesprochen. Die Mütter waren sich einig, dass Siegl nicht schon mit zehn Jahren sein Zuhause verlassen, sondern ebenfalls in Günzburg das Gymnasium besuchen sollte. »Dann ist keiner von ihnen allein.«

Mit Siegl, meinem besten Freund, auf dieselbe Schule, das würde eine Gaudi werden! Jeden Tag mit der Bahn zusammen hin- und herfahren. In derselben Klasse lernen. Und weiter in Ichenhausen gemeinsam Fußball spielen.

»Wann soll der Siegl denn die Aufnahmeprüfung für die Oberschule machen? Ich war doch schon dort …«

Mutter wurde ernst. »Du bist ein gerader Bursch, Ludl … aber das Leben ist ned allweil grad! Bei normalen Leut hätte das Gymnasium eine Aufnahmeprobe verlangt. Bei uns Juden erst recht. Aber die Herrligkoffers sind Honoratioren und katholisch. Die einzige Arztfamilie in Ichenhausen. Der Doktor leitet das Krankenhaus. Wenn denen was wichtig ist, parieren alle.« Sie lächelte. »Uns soll's recht sein. Der Siegfried ist ein anständiger Bub und sein Vater ein guter Doktor.«

Mutter verstand das Leben. Sie kümmerte sich sogar darum, dass der Siegl in meine Klasse kam.

Mamas Sonnenschirm wippte im Takt ihrer kurzen, raschen Schritte. Hinter dem Krankenhaus stand eine prächtige Baumreihe, deren Laubkronen ein dichtes Dach bildeten. Grün wie die Günz am Abend. Hinter diesen Bäumen verbarg sich der jüdische Friedhof.

Bei seinem letzten Fronturlaub hatte Vater das Grab unseres Großvaters besucht und Heiner und mir erstmals erlaubt, ihn zu begleiten. Er hatte seinen Zylinder aufgesetzt, während wir Jungen nur die Kippa trugen. Es war Winter, das weite Feld war schneebedeckt, und auch die schwarzen Grabsteine, die sich in weiten Reihen über das wellige Gelände zogen, waren mit Schneehauben gekrönt.

Vor einer viereckigen, sich nach oben verjüngenden Stele blieb Vater stehen. In die Vorderseite des dunklen Granits war in goldenen Lettern ein hebräischer Text gemeißelt, den ich nicht verstand. Darunter stand in lateinischen Buchstaben: »Heinrich Naphtali Seligmann 1840–1902«.

Papa sprach das Kaddisch-Totengebet. Dann trat er mit geschlossenen Augen an den Stein und neigte das Haupt. So verharrte er unbewegt. Ich wagte kaum zu atmen.

Am Ausgang des Gottesackers wies Vater Heinrich und mich an, das mit Schnee und Tauwasser gefüllte Kupfergefäß über unseren Händen auszugießen. »Damit wäscht man die Gesellschaft des Todes ab und dankt Gott für die Gnade, wieder am Leben teilhaben zu dürfen.«

Auf dem Heimweg erzählte er uns, dass er seinen gestrengen Vater stets geehrt habe, wie es das Vierte Gebot vorschreibe.

»Seit ich denken kann, habe ich Tiere geliebt. Ich wollte Veterinär werden. Darum habe ich Vater selig gebeten, meinem Bruder Benno, der sich von klein auf für Geld und Handel interessierte, unser Geschäft zu übergeben. Aber das kam für Vater nicht in Frage. Er bestand darauf, dass ich als Erstgeborener unsere Firma zu übernehmen hatte. Ich habe eine kaufmännische Lehre gemacht und ihn dann bei seinen Pachtgeschäften begleitet. So bin schließlich auch ich Kaufmann geworden.«

Papa stapfte schweigend den Pfad zur Landstraße entlang und blickte wie so oft gedankenverloren in die Weite. Nach einer Weile fuhr er fort. »Mein Vater selig wusste, was er mit mir vorhatte. Denn als er krank wurde und bald darauf starb, konnte ich sein Geschäft übernehmen …«

»Ich tue auch, was du willst, Vater. Ich will gerne in unserer Firma mit dir arbeiten«, rief Heinrich. Für ihn war es eine Selbstverständlichkeit, in Vaters Fußstapfen zu treten. Auch ich wollte Geschäftsmann werden, doch für Vater kam als sein Erbe und Nachfolger nur Heiner in Frage. An mich dachte er dabei nicht – egal, wie gut ich in der Schule war.

Gemäß unserer Familientradition hatte der älteste Sohn das Geschäft zu übernehmen. Ich wurde nicht gefragt. Wie damals Vater. Er hatte einfach gehorcht und getan, was sein Vater von ihm verlangt hatte. War das richtig?

»Woran denkst du, Ludl?«, hörte ich Mutters Stimme. Ich zögerte, es ihr zu sagen. Doch ich konnte Mutter nichts abschlagen, und so erzählte ich ihr, dass auch ich Kaufmann werden wollte. Sie lächelte mich an und meinte, ich solle mir keine Sorgen machen. »Mit Gottes Hilfe wird Vater wohlbehalten aus dem Feld heimkommen und noch viele Jahre unser Geschäft führen.«

»Ja, Mutter.«

Sie spürte, was mich bedrückte. »Ludl, mein Kind, du bist gesund und gescheit. In ein paar Tagen kommst du aufs Gymnasium, und wenn du mit der Schule fertig bist, steht dir die ganze Welt offen. Das wollte ich dir heute mitgeben.«

Dienstags ganz in der Früh begleitete mich Mutter in die Talgasse zum Haus des Arztes Herrligkoffer. Eben trat Frau Herrligkoffer, eine hochgewachsene dunkelhaarige Dame in hellblaum Kleid mit halblangem Mantel darüber, mit ihrem Sohn aus der Tür. Siegfried trug Lederhosen und ein weißes Leinenhemd. Ich dagegen hatte, wie mir Mutter geheißen, meinen Anzug angelegt und mit Lieserls Hilfe meine dunkelblaue Krawatte umgebunden. Für Mutter und mich hatte das Gymnasium eine feierliche Bedeutung, während für die Arztfamilie die Oberschule normal war.

Wir stiegen in den Landauer der Familie, und Herr Berger, der Kutscher, nahm auf dem Bock Platz.

Nach zwanzig Minuten Fahrt hielt die Kutsche vor dem Schulhaus. Wir waren fast eine halbe Stunde zu früh. Frau Herrligkoffer hieß Siegl und mich, im Schulhof umherzulaufen. Um kurz vor acht rief sie uns zu sich, wies Siegl an, sein Hemd in die Hose zu stecken, und rückte meine Krawatte zurecht, bevor sie uns zu unserem Klassenzimmer im ersten Stock des ehrwürdigen Günzburger Gymnasiums brachte. Es war ein großes und weitläufiges Gebäude mit dicken Mauern und einem Dachturm. Neu, doch gebaut wie eine mittelalterliche Burg. Eine mächtige Treppe führte hinauf; breite Gänge zogen sich durch die Etagen. Das machte mir Angst. Unwillkürlich verglich ich das wuchtige Gymnasium mit unserer einräumigen Israelitischen Volksschule in Ichenhausen. Welche Lehrer würden hier an Stelle des allmächtigen Herrn Brader über uns herrschen?

Revolution

Mit dem ersten Schnee endete Anfang November die Fußballsaison. Statt auf dem Trainingsfeld verbrachte ich die Nachmittage fortan daheim. Mutter hielt mich an, für die Schule zu lernen. Das war eigentlich nur in Französisch nötig. Die Sprache gefiel mir auf Anhieb, die Vokabeln blieben mir im Gedächtnis haften, kaum dass ich sie gehört hatte. Die Schreibweise war mir nicht wichtig. Das hatte für die Diktate arge Folgen. Unser Französischlehrer, Professor Hoffmann, gab mir in dem ersten Extemporale eine Sechs und drohte, wenn ich so weitermache, werde er mir am Jahresende ein Ungenügend erteilen.

Daher war ich gezwungen, fortan jeden Nachmittag die französischen Vokabeln, die ich längst kannte, Buchstabe für Buchstabe zu notieren und erneut auswendig zu lernen. Das raubte mir zeitweilig die Freude an der schönen Sprache, die ich dennoch mein Leben lang lieben sollte.

Aus der mühsamen Routine der gallischen Rechtschreibpaukerei wurde ich durch eine Nachricht aus der fernen Politik gerissen. Durch Gerüchte, die bald durch die »Allgemeine Zeitung« bestätigt wurden, erfuhr Mutter, dass es in Deutschland und sogar in Bayern zu einem »Umsturz« gekommen sei. In Kiel meuterten die Matrosen der Kriegsmarine und übernahmen das Ruder über die Stadt. Das nannte man Revolution! Sie breitete sich wie ein Lauffeuer in ganz Deutschland aus. In München hatten Revolutionäre unter der Führung eines sozialistischen jüdischen Journalisten namens Kurt Eisner aus Berlin König Ludwig III. gestürzt und die Herrschaft ergriffen. Fortan hieß unser Land »Freistaat Bayern«. So stand es bald auch auf den Briefmarken. Auch der deutsche Kaiser Wilhelm II. musste gehen. In Berlin wurde die Republik ausgerufen. Die neuen Herren Deutschlands waren Sozialdemokraten, Arbeiter und Soldaten. Sie machten sofort Schluss mit dem Krieg.

Mutter war so aufgeregt, wie ich sie nie zuvor erlebt hatte. »Der Ewige hat meine Gebete erhört. Endlich ist das Menschentöten vorüber! Hoffentlich ist Isaak und meinen Brüdern in den letzten Tagen nichts zugestoßen.«

Sie bemühte sich, so gefasst wie gewöhnlich aufzutreten. Aber ich fühlte, dass Mutter Angst hatte. Auch Heinrich und ich warteten gespannt auf ein Telegramm oder eine Feldpostkarte von Vater. Doch es kam kein Lebenszeichen. Derweil berichtete die Zeitung, dass auch der König von Württemberg abgedankt hatte. Statt der Fürsten hatten überall Arbeiter- und Soldatenräte, ja sogar Bauernräte, das Sagen. Auch in Augsburg, Ulm und Stuttgart.

Was diese Räte wirklich taten und wie sie regierten – ohne Thron, ohne Krone und Uniform –, das wusste niemand. Weder Mutter noch die Lehrer. Als bekannt wurde, dass unser Klassenlehrer, Herr Dr. Deuser, das Bild König Ludwigs III. abgehängt hatte, wurde er ins Direktorat zitiert. Kurz darauf kam Dr. Deuser kopfschüttelnd zurück. »So ein Nonsens!«, rief er. »Der König ist doch längst gestürzt und davongelaufen. Der Feigling! Wenn die Revolutionäre ihn erwischen, machen sie kurzen Prozess mit ihm. Wie die Kommunisten in Russland mit dem Zaren.« Dr. Deusers Kopf lief rot an. »Wir sind jetzt ein Freistaat, und diese Ignoranten verlangen von mir, dass ich den nichtsnutzigen Aristokraten wieder an die Wand hänge!« Ein Grinsen flog sein Gesicht an und wurde immer breiter. »Die sollen bloß aufpassen, dass sie nicht bald selbst als Konterrevolutionäre …«, erstmals hörte ich diesen Ausdruck, »… an die Wand gestellt werden.«

Bald darauf erschien der Pedell, der das gerahmte Bild seiner Majestät wieder an seinen Platz hängte. Nur, um es am nächsten Tag wieder herabzuholen. Wiederum einen Tag darauf montierte der Hausmeister eine Fotografie von Ministerpräsident Kurt Eisner über das blasse Wandviereck.

Kurt Eisner trug einen langen Bart wie ein frommer Jude. Aber anders als der gepflegte Bart von Rabbiner Dr. Cohn war das Gesichtshaar des Politikers zerzaust. Auch sein Schopf war ungekämmt. Und dieser g'schlamperte Herr Eisner, der sich ohne Uniform und Orden abbilden ließ, sollte der neue Herrscher Bayerns sein?

Jedenfalls blieb seine Fotografie über der Tafel hängen. Das erfüllte Dr. Deuser mit offensichtlicher Genugtuung. »Wenn ein

Berliner Jude und Sozialist unser Ministerpräsident sein kann anstelle der reaktionären …«, wieder so ein unverständlicher Begriff, »… Monarchie, die mit Hilfe blutrünstiger Offiziere unsere Arbeiter und Bauern über Jahre in den Tod getrieben hat, dann ist alles möglich. Sogar der Friede mit unserem Erzfeind Frankreich«, erklärte er mit heller Stimme.

Ebenso wie meine Mitschüler begann ich, mich an das Bild des neuen Regenten zu gewöhnen. Dass Herr Eisner Jude war, machte mich insgeheim ein bissl stolz. Würde er nur etwas ordentlicher daherkommen! Ganz Bayern war seine Gemeinde – nicht nur Ichenhausen. Aber wenn Herr Eisner Frieden machte – warum war Vater dann noch beim Militär, und wir erfuhren nichts von ihm?

Heimkehr

Nachmittags saß ich über meinem Vokabelheft, während Heiner mit seinem Metallbaukasten werkelte. Plötzlich hörte ich Mutter kurz aufschreien. Danach vernahm ich ihre eiligen Schritte, die sich mit einem festen Tritt vermischten. Eine dunkle Stimme erklang.

Heinrich und ich stürzten die Wendeltreppe herab. Vater stand in seinem grauen Militärmantel und blank geputzten Stiefeln Mutter gegenüber. In der Rechten hielt er seine Uniformmütze. Sein Schädel war kahl, die Augen waren hinter seiner runden Nickelbrille kaum wahrnehmbar. Silberne Fäden durchzogen seinen dunklen Schnauzer. Erstmals sah ich graue Haare bei Vater.

Mutter blickte zu ihm auf. In ihren Augen schwammen Tränen. »Isaak!« Ihre Stimme zitterte. Doch sie ergriff entschlossen Vaters Hand. »Du bist da. Gott sei Dank!«

Ihre Worte waren für Heinrich das Signal, auf Vater zuzulaufen. Unwillkürlich dachte ich an Papas ersten Fronturlaub. Ich war Erstklässler gewesen, jetzt war ich Gymnasiast. Aber Vater! Damals hielt er sich mit seiner kräftigen Figur kerzengerade. Alle Soldaten und Unteroffiziere salutierten vor ihm wie vor einem General. Wie er abends in Uniform durch unsere Synagoge schritt …

Jetzt stand er leicht gebeugt vor Mutter und wusste nicht, was er tun und sagen sollte. Genau wie ich. Heinrich schmiegte sich an Vater. Der legte ihm die Hand auf die Schulter. »Groß bist du geworden, mein Sohn!«

»Auch der Ludl ist gewachsen. Er ist ein fleißiger Gymnasiast. Grad wie du früher.« Mutter gab mir ein Zeichen, dass ich ebenfalls zu Vater gehen solle. Ich spürte den rauen Stoff seines schweren Mantels. Die Hand, die er mir um die Schulter legte, war eisig.

»Gott sei Dank, dass Sie wieder daheim sind, Herr Seligmann!« Lieserl nahm Vater den Mantel ab. »Gnädige Frau, ich schick mich mit dem Anrichten.«

Wir gingen ins Esszimmer. An der Tafel war wie jeden Abend auch Vaters Platz eingedeckt. Vater legte seinen Säbel ab und setzte sich endlich wieder an das Kopfende der Tafel. Er griff nach seiner Serviette und seufzte. Seine breiten Schultern konnten nicht verbergen, wie dünn er geworden war.

Mutter trat zu ihm hin, neigte ihren Kopf an sein Ohr und sprach leise auf Vater ein. Er hörte unbewegt zu. Nach einer Weile erhob er sich mit einem Ruck. »Freilich«, sprach er rau, »werde ich unsere Buben benschen.« Er wandte sich Mutter zu. »Aber die erste Broche, der erste Segen, gebührt unserem Herrgott dafür, dass er mich diese Hölle hat überleben lassen. Mehr als vier Jahre lang. Seit letztem Sommer hat die Heeresleitung uns mit Gewalt von einer Offensive in die nächste getrieben. Obwohl unser Kriegsgerät längst verschlissen und die Soldaten völlig erschöpft waren …« Vater hielt inne. »Am Ende hatte unsere Kompanie nur noch sechzig Kameraden. Hundertachtzig Mann waren wir im Juni gewesen, als wir zur großen Sommeroffensive aus dem Osten an die Westfront verlegt wurden. Fast alle waren ältere Männer wie ich. Oder Buben, die kaum die Schule beendet hatten …«

Vater riss sich die Serviette vom Kragen und begann, im Esszimmer hin- und herzumarschieren. »Hundertzwanzig Menschenleben geopfert, für nichts und wieder nichts. Dafür, dass die Herren Ludendorff und Hindenburg noch einige Wochen rumkommandieren durften! Der Krieg war längst verloren. Wenn sich die Herren Generäle die Mühe gemacht hätten, zu uns an die Front zu kommen, hätten sie augenblicklich gesehen, dass es nichts mehr zu siegen gab. Dass es aus und vorbei war, während die Amerikaner uns jeden Monat hunderttausend junge, frische, gut ausgebildete Kämpfer mit nagelneuen Waffen und Tanks entgegenwarfen. Statt dahin zu gehen, wo wir kämpften, hat der Kaiser nachzählen lassen, ob genug Juden an der Front gestanden und gefallen sind.« Er atmete heftig. »So wie Dr. Ludwig Franck. Der Kaiser hat den Reichstagsabgeordneten als ‚Sozialdemokrat und Jud' obendrein' verspottet. Aber zum Freiwilligen und Kriegsgefallenen hat er getaugt. Wilhelm ist im sicheren Hauptquartier gehockt. Als es brenzlig wurde, ist der Feigling nach Holland abgehauen. Der gehört als Deserteur vors Kriegsgericht! Und die Bluthunde Hindenburg und Ludendorff gleich dazu.«

Vater brach ab. Er hatte die gleichen Worte gebraucht wie unser Lehrer, der Herr Dr. Deuser. Grimmig hob er wieder an: »Stattdessen werden sich die Militärs als Helden feiern lassen. Und sie werden noch viel Unheil anrichten! Genug!«, befahl Papa sich, setzte seine Kippa auf, die ihm herabgerutscht war, und nahm wieder Platz an unserer Tafel.

Da trat Lieserl mit der kleinen Thea an der Hand ins Zimmer. Der Anblick der Tochter löste Vaters Züge. Er nahm unsere Schwester in den Arm. »Was für ein schönes Mädchen bist du geworden, Thea.« Seine Worte verklärten Mutters Gesicht. Vater ließ sich nicht davon beirren, dass Thea ihn offenbar nicht kannte. Liebevoll betrachtete er sein Töchterlein. Thea machte sich los, lief zu Mutter und drückte sich gegen deren Kleid.

Vater wandte sich uns Buben zu. »Ich darf nicht schimpfen und hadern. Stattdessen wollen wir Gott danken, dass er mich und die anderen hat überleben lassen.« Vater sprach mit ruhiger Stimme: »Mode ani lefanecha Melech chai we kajam … Ich danke Dir, König der Welten, dass Du mich auf all meinen Wegen beschützt und bewahrt hast und dass Du mir die Gnade erteilt hast, in Frieden zu den Meinen in meines Vaters Haus zurückzukehren.«

Lieserl schaltete das Licht an. Sie stellte Brot und Wein auf die Tafel. Thea saß nun zu Mutters Linken, ich zu ihrer Rechten, Heiner hatte rechts neben Vater Platz genommen. Unser karges Mahl wurde aufgetragen.

Vater aß rasch mit gewohntem Appetit. Der ergraute Schnauzer, seine Haltung, sein Augenausdruck zeigten jedoch, dass er älter geworden war. Sein Blick wirkte immer etwas abwesend. Heute Abend schien er mit seinen Gedanken besonders weit weg zu sein. Nach dem Segen auf das Brot und den Wein sprach er kaum ein Wort. Bis Heinrich ihn mit der Frage aus seinen Überlegungen riss, ob wir nicht doch den Krieg gewonnen hätten.

Mein Bruder erzählte, was er Tag für Tag in der Schule zu hören bekam: Russland sei geschlagen, Belgien erobert, sogar Frankreich sei fast besiegt …

»Nein! Wir haben verloren! Mit Mann und Ross und Wagen … So haben uns die Feinde mit ihren Tanks geschlagen«, sagte Vater in entschiedenem Ton. Dennoch wagte Heinrich einen Einwurf: »Aber der Herr Hauptlehrer Brader hat gesagt …«

»Herr Brader ist ein famoser Lehrer. Vom Militär hat er aber keine Ahnung!«

Vater verfiel wieder in Schweigen. Nach Tisch meinte Mutter, wir Buben sollten uns für den Synagogenbesuch mit Vater bereitmachen. Doch der lehnte ab. Er wolle keine Aufmerksamkeit erregen. Er sei sicher, dass noch nicht alle Ichenhausener Soldaten heimgekehrt wären.

Heiner und ich wagten kein Wort zu sagen. Mutter bat Lieserl, sich um Thea zu kümmern, und wandte sich an Vater.

»Was wünschst du, Isaak?«

Papa brauchte eine Weile, ehe er wahrnahm, dass die Worte an ihn gerichtet waren. »Ich bin von der langen Reise müde, Klara.«

Mutter schickte uns auf unser Zimmer.

Beim Frühstück fehlte Vater. Er müsse sich von den Strapazen der Heimfahrt erholen, erklärte Mutter ernst.

Ich rannte zu Dr. Herrligkoffers Haus, wo Siegl schon auf mich wartete. Gemeinsam liefen wir zum Bahnhof und bestiegen die Mittelschwabenbahn, die uns nach Günzburg brachte. Siegls Vater war nicht in den Krieg gezogen, obgleich er jünger war als mein Vater. Aber als einziger Arzt war er in Ichenhausen unabkömmlich.

Im Unterricht waren meine Gedanken daheim. Sogar beim Rechnen. Unser Mathelehrer, Herr Professor Gärtner, war verwundert. »Du bist doch sonst so schnell im Kopf, Ludwig. Was ist denn heute mit dir los?«

»Mein Vater ist gestern aus dem Feld heimgekehrt, Herr Professor …«

Ich hatte meinen Mund halten wollen, wie Vater es vorlebte.

»Ein Mann hat seine Pflicht zu erfüllen und sich nicht wichtigzutun.« Doch Vaters unversehrte Rückkehr, aber auch seine Traurigkeit und Erschöpfung ließen mich all meine Vorsätze vergessen. Der Mathelehrer nickte verständnisvoll.

Anders Professor Hoffmann, der in der nachfolgenden Französischstunde darauf bestand, dass ich mich auf meine Aufgaben konzentrierte. »Häusliche Angelegenheiten haben im Unterricht nichts verloren. Schon gar nicht, wenn sie als Ausrede für Faulheit und Desinteresse dienen.« Die Unterstellung trieb mir die Tränen in die Augen.

»Dagegen hilft auch kein Greinen, Seligmann. Ein deutscher Junge, ein bayerischer Knabe, hat sich eisern im Griff zu haben.« Der Lehrer fixierte mich. »Aber du bist ja gar kein richtiger Deutscher, Seligmann.« Diese Kränkung raubte mir vollends die Beherrschung. Tränen liefen an meinen Wangen hinunter.

»Heulsuse! Heulsuse!«, erklang es um mich herum. »Halt's Maul, sonst gibt's was auf dei' freche Gosch'n«, drohte Siegfried Herrligkoffer dem Rufer.

»Jetzt ist's aber genug! Silentium!«, befahl Professor Hoffmann. Er verwies mich des Klassenzimmers. Ich dürfe erst zurückkehren, wenn ich mich diszipliniert hätte.

Als ich aus dem Raum war, schüttelte es mich. Je stärker ich gegen das Schluchzen ankämpfte, desto mehr musste ich weinen. Ich hörte Schritte und gewahrte unseren Pedell. Damit er mich nicht heulen sah, rannte ich zur Toilette. Ich riss die Tür auf und stürzte am stinkenden Pissoir vorbei in eine Kabine, deren Tür ich verriegelte. Auch hier roch es übelerregend. Der Gestank ernüchterte mich. Ich ging zum Waschbecken, spülte Wasser in meine Augen, danach wusch ich mein Gesicht. Im Spiegel sah ich mein gerötetes Antlitz. Mit dem feuchten, ekligen Handtuch rieb ich meine Stirn und Wangen trocken. Mir kam in den Sinn, was mir mein Fußballtrainer beigebracht hatte. Herr Sauter hatte erkannt, dass ich mich schnell aufregte, wenn ich unter Druck stand. »Du darfst nicht den Kopf verlieren, Ludwig. Du musst so lange zuwarten, bis du dich unter Kontrolle hast.«

Als ich ruhiger wurde, konnte ich wieder denken. Warum hatten mich die Worte des Französischlehrers so getroffen? Er hatte mir vor der Klasse abgesprochen, ein deutscher Junge zu sein. Genauso war es Vater und den anderen Juden im Militär widerfahren. Auch Papa hatte sich furchtbar aufgeregt. Doch er würde nie vor anderen weinen. Dazu war er zu stark. Ein Mann durfte keine Gefühle zeigen. Ich musste genauso stark werden wie Vater. Nie mehr wollte ich mir durch Tränen eine Blöße geben.

Der Entschluss gab mir Kraft. Ich ging wieder in die Klasse und ließ das Gerede von Professor Hoffmann über mich ergehen. Aber als in der Pause der Otto Weiler wieder »Heulsuse« rief, stürzte ich mich auf ihn. Der Siegl half mir mit Freude. Wir hauten dem Otto ordentliche Watschn auf seine freche Gosch'n, wie der Siegl es schon in der Klasse angekündigt hatte.

Der im Hof Aufsicht führende Primaner trat dazwischen, gab uns Raufbolden eine kräftige Maulschelle und führte uns nach der Pause zu Dr. Deuser. Der erteilte jedem von uns eine Arreststrafe, die wir nach dem Unterricht abzusitzen hatten.

In gehobener Stimmung fuhren Siegfried und ich danach mit der Bahn heim. Der Siegl war nicht nur im Fußball, sondern auch in der Klasse mein bester Freund.

Papa hatte, wie er sagte, seine Uniform »für immer« abgelegt. Aber Vater war ein Held, der den ganzen Krieg an der Front gekämpft hatte. Dafür war er mit mehreren Orden ausgezeichnet worden.

Doch abgesehen von Besuchen der Synagoge am Schabbat verließ Vater kaum das Haus. Der kurze Weg zum Gotteshaus und zurück fiel mir schwer. Für Heinrich war er eine Qual.

Mein Bruder wich nicht von Vaters Seite, doch dieser sprach mit ihm kein Wort. Selten gab er ihm einen Klaps auf den Rücken. Dann leuchtete Heinrichs Gesicht auf. Aber wenn er daraufhin das Wort an Vater richtete, nickte der nur. Das machte meinen Bruder traurig.

Doch er blieb an Papas Seite wie ein treuer Hund, der unbedingt seinem Herrn folgt. Wenn ich versuchte, meinen Bruder abzulenken, versetzte er mir einen Rippenstoß. Vater nahm es nicht wahr.

Zu Hause hielt sich Papa meistens im Elternzimmer auf. Als ich abends im Salon nach meinem Französisch-Vokabelheft suchte, sah ich Mutter im Halbdunkel in ihrem Sessel sitzen. Gegen ihre Gewohnheit las sie nicht, sondern blickte ins Leere.

Ich trat zu ihr. Mutter sah mich mit mattem Blick an. »Mein Ludl …«, sie zwang sich zu einem Lächeln, » … mein Sonnenschein.«

»Warum bist du so traurig, Mutter?«

Sie zögerte, ehe sie mit klarer Stimme sprach: »Du bist ein gescheiter Bub. Darum kann ich offen mit dir reden. Ich mach' mir Sorgen um Vater. Der Herrgott hat ihn im Krieg beschützt. Aber das andauernde Leid, die vielen Toten … Das hat seine feine Seele verwundet. Jetzt, wo all das Kämpfen und Erschlagen endlich ein Ende gefunden hat, ist euer Vater schwermütig geworden. Nur mit großer Mühe gelingt es ihm, aufzustehen. In der Früh legt er die Tefillin an und spricht sein Morgengebet. Danach begibt er sich wieder zu Bett …«

Mir wurde das Herz schwer. Ich fragte Mutter, wie ich ihr beistehen könne. Sie fuhr mir über die Wange. »Du hilfst mir mehr, als du dir denken kannst. Durch deine Liebe, mein Ludl. Du und Heinrich und Thea. Für euch und für meinen Isaak lebe ich …«

Mutter tupfte ihre Augen mit einem Seidentüchlein. Sie seufzte. »Nach 1914 haben wir neben dem bisschen Geld von Vaters

Kriegsrente hauptsächlich von den Zinsen der Kriegsanleihen gelebt, die Isaak bei seinem Fronturlaub gezeichnet hat. Aber nach der Niederlage sind diese Anleihen kaum noch etwas wert. Bald stehen wir ohne Geld da, und euer Vater verdient nichts mehr. Mir bleibt nichts anderes übrig, als unsere letzten Ersparnisse anzugreifen. Doch für das Geld bekommt man kaum noch was, und die Lebensmittel werden ständig teurer. Vor dem Krieg hätte meine Familie uns helfen können. Aber euer Großvater kann nicht mehr arbeiten, und mein Bruder, euer Onkel Max, ist blind aus dem Feld heimgekehrt. Er hat sein Augenlicht in den letzten Wochen bei einem Gasangriff verloren. Alles hängt jetzt an meinem jüngsten Bruder Simon. Er tut, was er kann. Alle zwei, drei Wochen schickt er uns ein Paket mit Fleisch. Das hilft, uns satt zu machen. Ich weiß nicht, wie lange Simon uns noch unterstützen kann – ich muss in die Zukunft denken.«

Mutter erzählte mir, Hauptlehrer Brader habe sie vor einer Woche besucht und ihr berichtet, dass Heinrich nach meinem Übertritt aufs Gymnasium der Ehrgeiz gepackt habe. Sein Lerneifer habe deutlich zugenommen. Er sei nun der beste Schüler. Der Lehrer hatte Mutter nachdrücklich gebeten, Heiner auf die Realschule zu schicken. »Aber das kann ich beim besten Willen nicht. Ich weiß ned mal, wie ich das Geld für dein Gymnasium aufbringen soll.«

Ihre Worte trieben mir die Hitze ins Gesicht. Ich bat Mutter, mich von der Oberschule zu nehmen.

»Auf keinen Fall! Jedenfalls nicht, solange wir so wie jetzt durchkommen. Ich will alles tun, damit du deine Möglichkeiten im Leben erhältst.«

Ich versprach Mutter, ihre Sorgen für mich zu behalten. Nachts bedrückte mich diese Last besonders. Ich wusste nicht, wie ich ihr helfen konnte. Mir kamen die Tränen. Jetzt sah mich wenigstens niemand.

Unvermittelt spürte ich eine Hand auf meiner Schulter. »Was ist mit dir?«

Heiner! Mein Bruder hatte mich schon oft weinen gesehen. Manchmal hatte er mich damit getratzt. Er konnte nicht ahnen, dass ich auch seinetwegen heulte. Das durfte ich ihm unter keinen Umständen sagen.

Meine Tränen versiegten augenblicklich. Stockend erzählte ich Heiner, ich hätte schlecht geträumt. Dass Vater noch an der Front sei.

Mein Bruder spürte, dass etwas nicht stimmte. Er wusste, dass ich schlecht lügen konnte. »Schmarrn! Lass' mich schlafen!«

Anfang Februar herrschte in Ichenhausen Unruhe. Es gab Wahlen, über die auch die »Allgemeine Zeitung« berichtete. Männer in Anzügen verteilten Zettel mit den Namen der Kandidaten für den Landtag. In Günzburg, auf dem Weg vom Bahnhof zum Gymnasium, waren sogar Plakate an die Hauswände geklebt worden, die für Redner und Parteien warben.

Die größten Anschläge waren in den bayerischen Farben gehalten. Sie priesen die Bayerische Volkspartei an. Die SPD machte in Rot auf sich aufmerksam. Daneben reihten sich noch weitere Anschläge.

Ganz unten erspähte ich ein tiefrotes Plakat der USPD, auf dem stand, dass Kurt Eisner Ministerpräsident des Freistaates Bayern bleiben solle. Er habe die Revolution für den Frieden gemacht und garantiere die Erhaltung des Friedens und der Gerechtigkeit.

Damals wurde auf den Wahlplakaten mit ausführlichen Texten und einprägsamen Zeichnungen für die Parteien geworben, Fotos der Kandidaten fehlten. Doch beim Lesen des USPD-Anschlags sah ich das Gesicht Kurt Eisners, das in unserer Klasse an der Wand hing. Das mit dem Frieden stimmte. Unser Ministerpräsident wollte den Frieden.

Als ich das Siegl sagte, der neben mir an der Plakatwand stand, schüttelte er den Kopf. »Alle sind für den Frieden«, belehrte er mich. »Aber der Eisner ist ein Bolschewik, wie der Lenin. Der will alle erschießen wie in Russland. Und dann nehmen sie uns alles weg.«

Das hatte ihm sicher sein Vater gesagt. Von dem Lenin hatte ich auch gehört. Aber der Herr Ministerpräsident Eisner hatte niemanden erschießen lassen.

Mutter war aufgeregt, weil Frauen erstmals wählen durften. Sie war noch unsicher, wem sie ihre Stimme geben sollte. Die christlichen Nachbarinnen wollten meist für die Bayerische Volkspartei votieren.

Nach einem Gespräch mit Vater hatte sich Mutter entschieden. »Isaak sagt, die Juden waren immer für die Sozialdemokraten. Sogar die Geschäftsleute. Die Partei hat die Judenfeinde stets als dumme Kerls verlacht.«

Als ich entgegnete, dass Kurt Eisner Jude sei und den Krieg beendet und damit Vater heimgebracht hatte, zögerte Mutter. Sie gab zu, Vater habe das Gleiche gesagt. Er meinte, der Eisner sei sicher ein anständiger Mann, doch die Bayern würden niemals einen Juden und obendrein einen Preußen zu ihrem Ministerpräsidenten wählen.

Am 12. Januar gab Mutter, wie ihr Mann es von ihr erwartete, der SPD ihre Stimme. Wie auch die anderen jüdischen Frauen Ichenhausens. Die christlichen Frauen stimmten ebenfalls so, wie deren Männer es ihnen sagten, und wählten die Bayerische Volkspartei.

Kurt Eisner erhielt in Ichenhausen gerade mal ein Dutzend Stimmen. Alle rätselten, wer für den Roten votiert hatte. Dienstboten? Frauen, die ihre Männer ärgern wollten?

In Ichenhausen bekannte sich niemand offen zu Eisners Unabhängigen Sozialdemokraten. So war es in ganz Bayern. Die USPD erhielt nur 2,5 Prozent der abgegebenen Stimmen. Kurt

Eisner zog die Konsequenzen und wollte vor dem Landtag in München seinen Rücktritt erklären. Doch auf dem Weg dorthin wurde er am 21. Februar 1919 von Graf von Arco auf Valley erschossen.

Als die Nachricht von dem Mord bekannt wurde, herrschte in Ichenhausen große Bestürzung. Vater war niedergeschlagen. »Ich weiß nicht, ob Eisner umgebracht wurde, weil er ein Jud' war oder ein Sozialist. Wahrscheinlich wegen beidem.«

Papa nannte den Anschlag ein furchtbares Vorzeichen. »Blutvergießen erzeugt Gewalt. Wie nach dem Attentat von Sarajewo 1914, das zum Krieg geführt hat.«

»Glaubst du, dass wir wieder Krieg bekommen, Isaak?«, fragte Mutter.

»Ich fürchte, ja.«

»Aber diesmal gehst du nicht ins Feld!«, bestimmte Mutter. Vater schwieg. Doch mir schien es, dass er Mutters Willen teilte.

Am kommenden Tag berichtete die »Allgemeine Zeitung«, dass gleich nach dem Mord an Kurt Eisner im Landtag auch auf Innenminister Erhard Auer von der SPD geschossen worden war. Er wurde schwer verletzt.

In der Schule drapierte man die Fotografie Kurt Eisners mit einem Trauerflor. Nach zwei Tagen wurde sein Bild entfernt. Doch ein neues Porträt wurde nicht aufgehängt. Denn nach den Attentaten auf Eisner und Auer war Bayern ohne Regierung.

Einige in der Klasse sagten, das Beste wäre, König Ludwig III. zu bitten, wieder den Thron zu besteigen. Dann würden erneut Ruhe und Ordnung im Bayernland herrschen. Dr. Deuser verbat sich, dass die Schüler seiner Klasse die »reaktionäre Propaganda« ihrer Väter nachplapperten. Stattdessen wollte unser Klassenlehrer eine »Räterepublik« wie in Russland. Sein Wunsch ging rasch in Erfüllung.

Nachdem der Landtag im März den Sozialdemokraten Johannes Hoffmann zum Ministerpräsidenten gewählt hatte, putschten die Arbeiter- und Soldatenräte. Zunächst wusste kein Schüler, was Putsch bedeutete. »Das heißt Revolution«, tönte Dr. Deuser. »Nun kommt das Volk endlich an die Macht.«

Bayern wurde zur Räterepublik erklärt. In schneller Folge kamen und gingen die Häuptlinge. Auf den Dichter Ernst Toller und den Anarchisten Gustav Landauer folgten die Kommunisten Eugen Leviné und Max Levien. Vater sprach von einem Tollhaus. So dachten die meisten in Ichenhausen.

Derweil waren Ministerpräsident Hoffmann und seine Regierung aus München nach Bamberg geflohen. Daraufhin ließ die Schulleitung sein Bildnis in den Klassenzimmern aufhängen. Herr Hoffmann war ordentlich frisiert und trug Anzug und Krawatte. Es hieß, dass in Bayern Freikorps gebildet würden. Gemeinsam mit Reichswehrverbänden marschierten sie gegen München, um unsere Hauptstadt von den Bolschewisten zu befreien.

Anfang Mai eroberten die Soldaten München und stellten alle »Kommunisten und Räte-Verräter«, deren sie habhaft wurden, an die Wand. Die Zeitung sprach von über tausend Toten. Gott sei Dank blieb unsere Gegend vom Blutvergießen verschont.

Bald kehrte auch im Gymnasium Frieden ein. Dr. Deuser musste die Schule verlassen. Er erschien nochmals kurz in der Klasse in Begleitung unseres Direktors. Als der Klassenlehrer sich von uns verabschiedete, war er heiser. Er habe jeden von uns sehr gerne, erklärte er. Daher habe er uns auch offen seine Meinung gesagt. Er sei Kommunist. Er sei für Frieden und Freiheit. Worauf der Schulleiter ihm jede weitere politische Aussage verbot.

Dr. Deuser rief im Hinausgehen: »Salvete discipuli et amici« – Lebt wohl, Schüler und Freunde. Da stiegen mir, wie den meisten, Tränen in die Augen.

Fußball

Endlich hatte die Fußballsaison wieder begonnen. Siegl und ich nutzten die Zugfahrt, um Französisch-Vokabeln zu pauken. Zu Hause sah ich mir die richtige Schreibweise kurz an. Dann packte ich meine Fußballschuhe und eilte zum Spielplatz, wo Heiner, der Karli und die anderen Kameraden schon kickten. Ich machte sogleich mit im Spiel acht gegen acht.
Mit zwölf war ich der schnellste Jugendspieler. Es war eine Freude, mit dem Ball allen davonlaufen zu können, und auch meine Schusstechnik verbesserte sich.
Dafür sorgte vor allem Herr Sauter. Unser Trainer erschien meist gegen sechs Uhr abends nach seiner Arbeit auf dem Platz. Zunächst ließ er uns laufen, bis wir keine Luft mehr bekamen. Nach einer Verschnaufpause machten wir fünfzig Kniebeugen und dreißig Liegestütze. Dann durften wir Stürmer von der Mittellinie mit dem Ball aufs Tor zulaufen und vom Strafraum auf den Kasten schießen. »Ballert nicht einfach los wie die Deppen! Konzentriert's euch, während ihr zum Tor stürmt, schaut genau auf den Keeper. Da merkt ihr, was er tun und wohin er springen wird. Vor dem Schuss kurz innehalten. Dann die Kugel in eure Ecke knallen.« Fortan behielt ich den Torwart im Auge. So merkte ich, wie ich ihn ausspielen konnte. Herr Sauter bestimmte zwei Mannschaften, und wir durften zwanzig Minuten gegeneinander kicken. Wobei der Trainer uns bei Fehlern unterbrach und die Spielzüge neu ausführen ließ. Nach dem Match gab es Kritik. Am Ende ließ Herr Sauter mich gegen Siegl Torschüsse aus allen Positionen üben.
»Du hast keinen harten Schuss, Ludwig. Aber ein gutes Ballgefühl und einen gescheiten Kopf. Den musst du nutzen. Also überleg exakt, was du mit dem Ball machen kannst. Lauf lieber noch zwei, drei Schritte länger oder gib ab, wenn ein Mannschaftskamerad besser steht. Aber wenn du's selbst machen

willst, pass' genau auf, such' dir die beste Schussposition. Und dann ansatzlos aus dem Fußgelenk in die richtige Ecke reinhauen.«

Dem Siegl erklärte der Trainer, dass er seinen kräftigen Körper einsetzen solle, um durch Herauslaufen die Stürmer einzuschüchtern und den Schusswinkel abzukürzen.

Wir kickten bis gegen acht Uhr. Am liebsten hätte ich so lange gespielt, bis man nichts mehr sah.

Heinrich war meistens beim Training dabei. An diesem Donnerstag Mitte Mai aber blieb er zu Hause.

Als ich abends vom Fußballplatz heimkam, war mein Bruder mürrisch. Auf meine Frage, was er habe, drohte er mir eine Watschn an. Die Türe schlagend verließ Heiner unser Zimmer. Er kehrte erst zurück, als die Hauspforte abgeschlossen wurde, und warf sich ungewaschen auf sein Bett. Seine Aufregung ließ auch mich nicht schlafen.

»Sag' doch, was dich grämt, Heiner …«

»Halt's Maul!« Unvermittelt stürzte er sich auf mich und schlug mir ins Gesicht. Ehe ich mich besann, haute mir der Bruder noch mehrere Ohrfeigen runter. Jähzornig schlug ich zurück. Wir hieben wortlos aufeinander ein. Sonst rangen wir miteinander, doch heute wollte Heinrich mir wehtun und deswegen auch ich ihm.

Wir rauften so lange, bis wir nicht mehr konnten. »Depp! Was hab' ich dir getan?«

»Lump! Wegen dir zwingt mich Mutter, Metzger zu werden«, keuchte Heiner. Mehr war aus ihm nicht rauszukriegen. Wortlos legten wir uns ins Bett. Erschöpft schlief ich schließlich ein.

Am folgenden Nachmittag ging ich in Mutters Zimmer. Sie wusste, was mich quälte. »So wahr mir Gott helfe. Ich will für alle meine Kinder das Beste. Genau wie Vater. Aber wir können

Heiner nicht auf die Mittelschul' schicken. Uns fehlt das Geld. Thea wird im Herbst eingeschult, du gehst aufs Gymnasium …« Sie sah mich an. »Ich weiß, mein Kind, dass du bereit bist, die Oberschul' zu verlassen. Aber du bist erst zwölf. Du musst noch ein, zwei Jahr' zur Schul' gehen, dann schau'n wir weiter.« Mutter seufzte. »Am schlimmsten ist, dass Vater nicht arbeiten und Geld verdienen kann, weil seine Seele im Krieg so gelitten hat. Ich muss sparen, wo ich kann. Auch bei Heiner. Da kommen wir nicht drumherum. Das verstehst du fei schon, Ludl?« Ich nickte unwillkürlich. »Heiner will es nicht einsehen. Euer Vater ist leider noch nicht wieder gesund genug, um es deinem Bruder zu erklären. Auf ihn tät' er schon hören.«

Mutter hatte keine Wahl. Aber ich verstand auch meinen Bruder. Seit er sprechen konnte, wollte er Kaufmann werden wie Vater. Nicht Metzger.

Als ich das zu Mutter sagte, wurde sie energisch. »Ja, meinst denn du, dass ich das ned weiß? Aber jetzt ist Notzeit. Wir brauchen Essen. Keine Kaufleut', die während der Lehre nix verdienen. Davon wern mir ned satt.«

Aber Metzger mussten Tiere töten und ihr Fleisch verkaufen. »Ludl, du weißt, ich bin Viehhändlerstochter« erwiderte Mutter. »Meine Brüder sind Viehhändler. Die Tiere kommen zum Metzger. Damit wir Menschen was zum Essen haben. Drum hab' ich mit meinem Bruder gesprochen. Simon ist mit dem Metzger Daniel Winter in Markt Berolzheim einig geworden, dass Heiner kein Lehrgeld zahlen muss. Er wird bei unserer Familie wohnen.«

Mutter hatte alles geregelt, ehe sie Vater und Heinrich ein Wort sagte. Ihre Heimlichtuerei und der verhasste Beruf hatten meinen Bruder so zornig gemacht.

Es war sinnlos, Mutter weiter Widerrede zu geben, denn sie hatte getan, was sie für das Beste hielt, um unsere Familie durchzubringen.

Ich schnappte mir meine Kickerstiefel und lief zum Trainingsplatz. Heinrich war wieder nicht da. Ich ahnte, wo ich ihn finden würde.

Im Forst hinter Waldstetten war ein breiter Hügel, wo wir während der ersten beiden Kriegssommer mit Herrn Frank Militärübungen gespielt hatten. Mein Bruder stand auf der Lichtung und drosch mit einem Stock auf einen Baumstumpf.

Als er mich erblickte, hob er seinen Knüppel und schrie mir entgegen: »Hau ab, Muttersohn! Sonst schlag' ich dir den Schädel ein.«

Ich wollte wegrennen, zwang mich aber, stehen zu bleiben. Heiner würde mir trotz seiner Wut niemals das Holz über den Kopf dreschen.

Einen Schritt vor mir blieb er stehen. Er schleuderte seinen Stab weg und spuckte mir ins Gesicht.

Ich wollte ihm eine schmieren, doch da merkte ich, dass mein Bruder am Weinen war. Heiner drehte sich um und lief weg. Dabei schrie er: »Mutter ist an allem schuld! Dich schickt sie auf die Oberschul' und mich macht sie zum Fleischhauer!«

Ich lief ihm hinterher. »Ich hör' auf mit dem Gymnasium!«

»Verlogener Hund!«

Es gelang mir, ihm zu erklären, dass ich mit dreizehn von der Oberschule abgehen würde.

»Dann werd' auch du Schlachter!« Doch kaum hatte er es ausgesprochen, schüttelte Heiner den Kopf. »Schmarrn!«

Mein Bruder wollte nicht, dass auch ich »Wurstler« würde, sondern dass er selbst davor bewahrt bliebe. Er schwor, dass er Mutter diese Sünde nie vergeben würde.

Ich glaubte damals, dass Heinrich in wenigen Tagen seinen »Eid« vergessen würde, doch er blieb seinem Vorsatz treu. Selbst an Jom Kippur, dem Versöhnungstag, an dem wir alle im Kol-Nidre-Gebet bekannten, sämtliche Schwüre und jeglichen Groll aufzugeben, nahm Heiner Mutter von der Vergebung aus.

Am Abend fragte ich Mutter erneut, ob ich nicht schon früher von der Schule abgehen und der Familie helfen könne.

»Du bleibst erst einmal auf dem Gymnasium. Wenn wir's uns nicht mehr erlauben können, sag ich dir Bescheid!« Mutter spürte, dass mich ihr bestimmter Ton schmerzte. Ihre Stimme wurde weicher. »Du darfst den Kopf nicht hängen lassen, Ludl. Der Ewige hält seine Hand über uns. Er hat Vater im Feld beschützt. Und ich bin sicher, der liebe Gott wird es so richten, dass Isaak bald seine alte Kraft findet. Dann kann er wieder für uns sorgen. Bis dahin müssen wir uns einschränken wie fast alle Menschen im Reich.«

Sie nahm meine Rechte in ihre warmen Hände und drückte sie sanft. »Du hast mich gefragt, wie du mir am besten helfen kannst. Indem du fleißig in der Schule lernst und weiter so ein guter Sohn für Isaak und mich bleibst. Und ein guter Bruder für deine Geschwister.« Mit einem Mal sah alles einfach aus.

Mitte Juni waren die Prüfungen geschrieben, und die Noten standen im Großen und Ganzen fest. Die Lehrer beschäftigten uns mit langweiligen Übungen.

Professor Hoffmann war nun unser Klassenlehrer.

Siegl und ich zogen gleich nach dem Unterricht zum Bahnhof, um schnell nach Ichenhausen zu kommen, wo wir uns bald auf dem Fußballplatz oder an der Günz trafen.

Trotz Mutters Worten ließ mich Heiners Schicksal nicht los. Mein Bruder klagte nicht mehr. Er machte nun alles mit sich selbst aus.

Immer wieder versuchte ich ihn zum Fußball zu überreden, doch er wollte nicht mehr mitmachen. Auch weil ich besser spielte als er. Daran konnte er Mutter keine Schuld geben.

Heiner hockte nachmittags meist zu Hause. Gelegentlich, wenn Vater sich im Salon aufhielt, leistete er ihm Gesellschaft.

Nur dienstags und donnerstags am frühen Abend gingen wir zu den Proben des Knabenchors der Synagoge. Beide liebten wir Musik, besonders die liturgischen Weisen von Louis Lewandowski, Salomon Sulzer und Samuel Naumbourg.

Heiner hatte ein gutes Gehör. Da er aber im Stimmbruch war, durfte er zwar an den Proben teilnehmen, nicht aber an unserem Auftritt während des Gottesdienstes.

Ich hatte noch eine Knabenstimme und war stolz, in unserer Synagoge am Schabbatmorgen vor allen singen zu dürfen. Doch ich traute mich kaum, zu den Betern zu gucken, denn ich wollte Heinrichs Blick nicht begegnen. Lieber sah ich hinauf zu Mutter, die unserem Chorgesang freudig zuhörte.

Heinrich bestand darauf, seine Lehre schon am 1. August anzutreten – einen Monat früher als üblich. Er wollte das Schlamassel schnell hinter sich bringen.

Eigentlich hatte mein Bruder sich gewünscht, dass Vater ihn nach Markt Berolzheim begleiten möge. Doch Papa entschied, dass Mutter mit Heinrich reisen solle. Sie würde bei ihren Brüdern das Quartier für ihren Ältesten bereiten und beim Metzgermeister Winter Heinrichs Lehrvertrag unterzeichnen.

Heiner weigerte sich. Er sei erwachsen genug, eine Lehre zu machen, also sei er auch reif genug, »allein mit der Bahn in das Drecksnest zu fahren«.

Es war das erste Mal, dass mein Bruder Vater widersprach. Auch als Vater die Stimme erhob und brüllte, sein Sohn habe zu tun, was er von ihm verlange, blieb Heinrich unbeugsam. Er wollte sich nicht von Mutter begleiten lassen.

Vaters Gesicht lief rot an. Er holte aus, doch dann ließ er die Hand sinken und stapfte aus dem Salon.

Am liebsten wäre ich Vater nachgelaufen. Vater und Heinrich hatten sich lieb, doch jetzt konnten sie einander nicht helfen.

Zwei Tage später machte sich Heinrich auf nach Markt Berolzheim. Die Fahrkarte bezahlte er mit seinem Ersparten. Er wolle den Eltern nicht »zur Last fallen«. Er erlaubte nicht einmal Lieserl, ihm bei Packen seines Koffers zu helfen. Mir drohte er eine Watschn an, als ich ihn zum Bahnhof bringen wollte.

In der folgenden Woche berichtete Mutter, Simon habe ihr geschrieben, dass Heinrich in seinem Haus ein Zimmer bezogen hatte. Sein Neffe sei ein selbstständiger, höflicher Bub, der seine Lehre und das Leben meistere.

Freitagabends warteten wir vergeblich auf Heiners Heimkehr, um mit uns den Schabbat zu feiern. Er kam weder an diesem noch zum folgenden Samstag.

Vater sagte kein Wort. Aber die Abwesenheit und mehr noch das Schweigen seines ältesten Sohns machten ihm zu schaffen. Er brachte es nicht einmal fertig, den Schabbesgottesdienst zu besuchen.

Warum zwang Mutter ihren Erstgeborenen, Metzger zu werden? Auch andere Familien kamen ohne Fleisch aus.

Als Mutter merkte, wie sehr mich unsere häusliche Lage bedrückte, ermutigte sie mich, jeden Nachmittag, an dem Training war, Fußball zu spielen. »Da kommst du auf andere Gedanken.«

Und so war es. Sobald ich lief und spielte, verflog meine Traurigkeit. Ich lachte mit meinen Sportkameraden und hatte Freude an der Bewegung.

Abends fragte mich Mutter in ihrem Salon französische Vokabeln ab. Das Zusammensein mit ihr machte mich glücklich. Wieso konnten Heinrich und Mutter nicht miteinander auskommen?

Als ich ihr vorschlug, gemeinsam meinen Bruder zu besuchen, winkte Mutter bestimmt ab. »Du meinst es gut, mein Ludl. Aber wenn ich Heiner jetzt gegen seinen Willen besuche, würde das seinen Stolz verletzen. Er will sich, Vater, mir und meinen Brüdern beweisen, dass er ein selbstständiger junger Mann ist. Das muss ich respektieren.«

»Machst du dir keine Sorgen um ihn?«

»Freilich. Aber Simon berichtet, dass Metzgermeister Winter sehr zufrieden mit Heiner ist. Er ist fleißig und benimmt sich reif wie ein junger Mann. Auch in der jüdischen Gemeinde ist mein Sohn beliebt.« Fast nie sprach sie von »meinem« Heinrich.

Freitagabends gab es zum Schabbat erstmals seit Monaten wieder Fleisch. Mutter hatte Vater bewegen können, sein Zimmer zu verlassen. Ich spürte, welche Mühe es ihm machte, den Schabbatsegen zu sprechen.

Mutter entzündete die Kerzen und segnete Vater und uns Kinder wie stets mit geschlossenen Augen. Als wir uns zu Tisch gesetzt hatten, servierte Margareth Tafelspitz. Vater aß mit großem Appetit wie früher. Auch Mutter, Thea und ich ließen es uns schmecken.

Am Ende des Mahls, nach dem Speisedankesgebet, erklärte Mutter, das Fleisch hätten wir Heinrich zu verdanken. Metzgermeister Winter überlasse Heiner, wie abgesprochen, wöchentlich zwei Pfund Rindfleisch für uns. Simons neuer Lehrbub Franz habe es uns gebracht.

Wenn Mutter sich etwas in den Kopf setzte, klappte es. Auch wenn Heinrich dafür beim Metzger arbeiten musste.

Am Tag vor Rosch ha-Schana, dem Neujahrsfest, erschien Heinrich unangekündigt spätabends im Hause. Er brachte drei Kilogramm Rindfleisch mit.

Mein Bruder benahm sich so zurückhaltend, wie er sich vorstellte, dass sich Erwachsene verhalten. Zu Mutter war er nie frech, ging aber jedem Gespräch mit ihr aus dem Weg.

Auch gegenüber Vater wollte Heinrich gesetzt auftreten, doch seine Liebe siegte über die Schauspielerei. Stets suchte er Papas Nähe.

Dieser blühte durch Heinrichs Anwesenheit auf. Endlich nahm Vater seine Mahlzeiten wieder regelmäßig gemeinsam mit uns ein und sprach mit seinem Ältesten, der zu seiner Rechten saß. Auch auf dem Weg zur Synagoge und während des Gottesdienstes wich Heiner nicht von Vaters Seite.

Mich behandelte er zunächst wie unsere kleine Schwester Thea. »Das geht dich nichts an, du Lausbub«, beschied er mich auf meine Fragen.

Doch im Laufe der Tage, vor allem, wenn wir auf unserem Zimmer waren, taute mein Bruder langsam auf.

»Ob koscher oder nicht, Metzgerei ist etwas für Unmenschen«, beschied er mich. Er könne die Lehre nur aushalten, weil er hart geworden sei wie ein Soldat. »Die Schule ist ein Kindergarten. Das ist für immer vorbei. Ich habe gelernt zu kämpfen und mich durchzusetzen.«

Einen Tag nach Jom Kippur kehrte Heinrich nach Markt Berolzheim zurück. Als mein Bruder fort war, zog Vater sich wieder zurück. Er aß nicht mehr mit uns im Speisezimmer. Selbst am Schabbat ging er nicht in die Synagoge. Ich sah ihn wochenlang nicht.

Das Fußballspielen im Verein war meine einzige Freude. Dabei rannte und übte ich bis zur Erschöpfung. Sobald ich wieder schnaufen konnte, lief ich erneut los, worauf Herr Sauter mich einmal zur Seite nahm. »Wenn du so verbissen trainierst, verlierst du den Spaß am Spiel. Dann bist du nicht mehr gut. Was ist denn mit dir los, Ludwig?«

Das konnte ich ihm nicht sagen. Doch ich bekam Angst, dass der Trainer mich aus der ersten Jugendauswahl werfen würde. In der Schule war ich nicht bei der Sache. Im Deutsch-Aufsatz bekam ich eine Sechs: Themaverfehlung. Ein blauer Brief traf ein, zur Unterschrift an Vater adressiert. Doch ich brachte es nicht übers Herz, ihm damit wehzutun.

Mutter spürte meine Qual. Obgleich ich stark bleiben wollte, bestand sie darauf, dass ich ihr sagte, was mich plagte. Ich gestand ihr den Sechser in Deutsch. Mutter ließ sich das Kuvert geben und entschied, »das selbst zu erledigen«.

»Aber Professor Hoffmann sagt, dass Vater unterschreiben muss.«

»Wenn Isaak den Brief sieht, wird er noch kränker.«

»Aber Vater ist doch nicht krank …!«

»Doch. Er leidet an der Schwermut.« Daran war ich schuld.

»Ludl, ich spür', wie dich deine schlechte Zensur plagt. Ich weiß auch, dass Heiner kein Metzger sein will. Und ich seh', wie arg mein Isaak leidet … Alles wegen dieses verfluchten Krieges!« Sie sah mir in die Augen. »Ludl, ich bitt' dich, streng' dich fei in der Schul' an. So hilfst du Vater und mir am besten. Wir müssen jetzt alle stark sein.«

Bar Mizwa

Am 1. Februar 1920 würde ich dreizehn Jahre alt werden. Am folgenden Schabbat war meine Bar Mizwa. Dabei wird der Jubilar in der Synagoge zur Thora aufgerufen und hat den jeweiligen Wochenabschnitt der Bibel in hebräischer Sprache vorzutragen. Damit wird er als »Sohn des Gebotes« in die Gemeinschaft jüdischer Männer aufgenommen.

Schon während des Chanukka-Lichterfestes im Dezember teilte mir Rabbiner Dr. Cohn mit, dass meine Parascha, mein Wochenabschnitt, »Jitro« sein werde. Dies sei eine besondere Ehre, denn in diesem Abschnitt werde der Empfang der Zehn Gebote durch die Israeliten am Berg Sinai beschrieben. Ich solle mich mit Kantor Loew auf das Vortragen meiner Parascha vorbereiten. Bald darauf lud mich Herr Loew für die Zeit nach dem Lichterfest in seine Wohnung im Gemeindehaus ein. Ich liebte den warmen Tenor unseres Kantors, der dem Gottesdienst Innigkeit verlieh. Und mir gefiel, mit welcher Zuneigung er unseren Jugendchor leitete. Der Zwei-Zentner-Mann mit den freundlichen Augen schrie uns niemals an und stellte nie jemanden bloß. Dabei hatte der Kantor seine klare Vorstellung, wie wir die Gebete und Lieder zu singen hatten. Er erreichte es durch Geduld und gutes Zureden.

Unsere Kinderherzen hatte der Kantor ohnehin längst gewonnen. Als Herr Loew bei einem Besuch in unserer Schule die Liste der zu strafenden Schüler, die Hauptlehrer Brader an die Tafel geschrieben hatte, erblickte, ergriff er den Schwamm und löschte die Namen der Delinquenten vom Schieferbord. Der Lehrer traute sich nicht zu widersprechen.

Frau Loew öffnete die Tür und führte mich in die Studierstube ihres Mannes. Sie hatten also kein Personal. Die Wände des Zimmers waren von exakt geordneten, in Leder gebundenen hebräischen Gebetsbüchern gesäumt. Inmitten des Raums stand ein langer dunkelbrauner Eichentisch, auf dem ebenfalls Gebets- und Gesangbücher akkurat gestapelt lagen.

Alles in dem Zimmer, ja in der Wohnung, war sorgfältig gepflegt. Der gebohnerte Parkettboden, die Regale und der Tisch. Das Hemd des Kantors war blütenweiß, das dunkelblaue Seidenkleid seiner Frau leuchtete wie neu. Frau Loew sah ganz anders aus als Mutter. Ihre Haare waren dermaßen dunkel, dass sie blau schimmerten. Ihre roten Lippen waren voll, und ihre Brombeeraugen glänzten. Alles an dieser Frau war wunderschön.

Frau Loew fragte, ob sie mir zum Tee Zimtgebäck vorsetzen dürfe. Ihre Stimme klang dunkel und rau, anders als Mutters weicher fränkischer Tonfall. Nachdem sie ihren Mann und mich versorgt hatte, ließ uns Frau Loew allein.

Zunächst erkundigte sich der Kantor, wie ich mir meine Bar-Mizwa-Feier vorstellte.

»Ich will meine Parascha schön singen und möchte eine Rede halten, in der ich meinen Eltern danke. Vor allem will ich Vater Mut machen.«

Herr Loew nickte ernst, ehe er ruhig antwortete. »Ich habe keinen Zweifel, dass dir das gelingen wird, Ludwig. Du hast eine melodische Knabenstimme, die nicht so schnell brechen wird. Und du bist ein kluger Junge, der etwas zu sagen hat.« Er sah mich wohlwollend an. »Ich bin sicher, dass du deinen Eltern mit deiner Bar Mizwa große Genugtuung bereiten wirst.«

Ebenso wie Rabbiner Dr. Cohn betonte der Kantor die Bedeutung der Parascha Jitro. »Das ist wohl der wichtigste Abschnitt überhaupt. Denn die Zehn Gebote sind das Fundament des Judentums – und auch des Christentums. Alle anderen Gebote, Verbote, Vorschriften und Regeln bauen darauf auf.« Herr Loew schlug vor, dass wir als Erstes eine deutsche Übersetzung lesen sollten, damit ich die Aussage meines Wochenabschnitts verstünde.

Außer Rabbiner Dr. Cohn und wohl auch dem Kantor hatte in Ichenhausen niemand die Thora, die hebräische Bibel, sorgfältig genug studiert, um sie vollständig zu verstehen. Herr Loew berichtete mir, dass Ichenhausen in früherer Zeit ein Zentrum jüdischer Lehre gewesen war. Einst gab es hier eine jüdische Druckerei, in der der Talmud und Gebetsbücher hergestellt wurden. Heutzutage begnügten sich die Juden damit, in ihrer Schule hebräisch lesen zu lernen. Das befähigte sie, die Gebete aufzusagen. Doch um sie zu verstehen, mussten sie die beigefügte deutsche Übersetzung lesen.

Während ich nachsann, ergriff der Kantor ein in Leder gebundenes Buch. Es war, wie er mir erläuterte, eine vom Philosophen Moses Mendelssohn verfasste Übersetzung der Thora. Rasch schlug er den Abschnitt Jitro auf und las einige Absätze vor. Dann bat er mich, die Zehn Gebote vorzutragen.

Dabei versprach ich mich wiederholt. Herr Loew legte mir seine Hand behutsam auf den Arm. »Ludwig, offenbar stellst du dir gerade vor, dass du die Worte vor den Betern in der Gemeinde vortragen musst.« Der Kantor schmunzelte. »So weit sind wir noch lange nicht. Ich will lediglich, dass du den Text, den du sicher schon vom Religionsunterricht kennst, nochmals sorgfältig liest.«

Nun erklärte mir Kantor Loew, dass die Zehn Gebote aus gutem Grund in zwei Gesetzestafeln geteilt seien. Die eine behandelte das Verhältnis der Menschen zu Gott als alleinigem Herrn, der keine anderen Götter neben sich duldet. Die anderen Gebote aber bestimmten das Leben der Menschen. Die Pflicht, den Schabbat zu wahren, Vater und Mutter zu ehren, niemanden zu beneiden, nicht zu morden, nicht zu stehlen, keinen falschen Eid zu leisten und keinen Ehebruch zu begehen.

»Die Einhaltung dieser Gebote ist für uns Juden und für alle Menschen entscheidend ... Ich schlage vor, du liest Jitro in Ruhe zu Hause. Dabei überlege dir bitte, was du in einer kurzen Rede über deine Parascha den Anwesenden sagen willst. Ich möchte dir nichts vorschreiben. Nach dem, was du mir eingangs gesagt hast, denke ich, es ist dir ein Bedürfnis, über das Gebot der Ehrung von Vater und Mutter zu sprechen.«

»Ja, Herr Kantor.« Herr Loew hatte meinen Wunsch erkannt. Am Ende bot er an, mir seinen Lederband zu leihen. Als ich erwiderte, dass wir zu Hause auch eine Bibelübersetzung hätten, meinte er, die Mendelssohn-Übertragung gebe den hebräischen Thoratext besonders schön wieder. Zudem habe er gesehen, dass sein Buch mir gefallen habe. »Es gibt für mich keine größere Genugtuung, als einem verständnisvollen Menschen ein gutes Buch zu überlassen. Du bist ein interessierter junger Mann, und die Bibel ist das Buch der Bücher. Du tust mir einen Gefallen, wenn du den Band mitnimmst.«

Zu Hause an meinem kleinen Schreibtisch streichelte ich den weichen Lederumschlag des Buchs. Ich wünschte mir, dass ich als erwachsener Mann ebenso wie Herr Loew eine Bibliothek voller ledergebundener Bücher besitzen würde. Und mit einer so schönen Frau wie Ruth Loew verheiratet wäre!

Dann las ich das Kapitel Jitro. Moses war ein zorniger und unnachgiebiger Führer. Noch ärger als Hauptlehrer Brader. Aber er musste die wichtigsten Gebote der Welt durchsetzen – an die wir uns zu halten hatten. Für die Elternliebe versprach Gott sogar ein langes Leben. Ich liebte Mutter und Vater und wünschte mir von ganzem Herzen, dass Papa bald wieder ganz gesund und tatkräftig sein würde.

Vor dem Einschlafen kam mir erneut Frau Loew in den Sinn. Ihre Brombeeraugen, ihre schwarzen Haare, ihr voller Mund, ihre raue Stimme. Ich zwang mich, an ihren Mann zu denken.

Fortan besuchte ich jeden Dienstag- und Donnerstagabend nach der Jugendchorprobe Herrn Loew. Zunächst lasen wir mehrmals die hebräische Parascha. Als ich den Text fehlerlos aufsagen konnte, sang mir der Kantor die monotone, nur das Satzende betonende Melodie vor. Er bat mich, mitzusummen. Nach zwei Wiederholungen ermutigte er mich, gemeinsam mit ihm zu singen. Als der Kantor sich hinter mich stellte und nur noch leise mitsang, wurde ich immer sicherer.

Anschließend rief er nach seiner Frau Ruth und bat sie, uns Tee und Gebäck zu offerieren, was sie mit einem Lächeln tat. An diesem Tag hatte sie einen glatten schwarzen Rock und eine weiße Spitzenbluse an. Es wurde deutlich, dass sie sehr weiblich aussah. Mir wollte es scheinen, dass sie mich recht freundlich anblickte, bevor sie das Zimmer wieder verließ.

Danach forderte Herr Loew mich auf, ihm meine Gedanken zu Jitro mitzuteilen. Ich hatte Mühe, mich auf meine Parascha zu konzentrieren. Als ich an Vater dachte, fiel es mir leichter.

Nachdem der Kantor meine unzusammenhängenden Worte vernommen hatte, schlug er mir vor, zum nächsten Treffen einen kleinen Aufsatz über das Vierte Gebot zu schreiben, der die Grundlage meiner Bar-Mizwa-Rede bilden sollte.

Nun bat er mich, ihm von meinen Eltern zu erzählen. Um mir die Scheu zu nehmen, berichtete er mir von seiner eigenen Kindheit. Er stammte aus einer kinderreichen Familie in Breslau. Seine Mutter war gestorben, als er zehn Jahre alt war. Daraufhin heiratete sein Vater, ein Hausierer, die Dienstmagd, um seine vier jüngsten Kinder versorgt zu wissen. Vor allem um diese habe sie sich gekümmert.

»Wir älteren Geschwister haben uns immer nach unserer toten Mutter gesehnt. Mein einziger Trost war der Gesang, und auf diese Weise bin ich schließlich Kantor geworden. So hat Mutter mir auch nach ihrem Tod meinen Lebensweg gewiesen.«

Ich war bewegt und froh darüber, dass meine Eltern noch lebten. Alles wollte ich tun, damit Vater rasch wieder gesund würde. Vielleicht konnte ich mit meiner Bar Mizwa dabei helfen – und gleichzeitig auch Mutter danken.

Unser nächster Unterricht fand in der Synagoge statt. Der Gebetraum war winterlich kalt, weshalb wir die Mäntel anbehielten. Herr Loew schaltete lediglich die elektrischen Leuchten über der Bima ein. Ihr diffuses Licht beschien das Geviert inmitten des Synagogenschiffs, auf dessen Pult während des Gottesdienstes aus der Thora gelesen wurde.

Der Kantor stellte ein Bibelbuch auf das marmorne Lesepult und schlug das Jitro-Kapitel auf. Gemeinsam sangen wir meine Parascha. Schließlich gab er mir mit einem Blick zu verstehen, ich solle nun allein singen, was mir fehlerlos gelang.

Nachdem Herr Loew das Licht gelöscht und die Synagoge verschlossen hatte, gingen wir in seine Wohnung, wo uns seine Frau freundlich begrüßte und zum Aufwärmen Tee und einen herrlichen Marmorkuchen kredenzte. Sie sah wieder hinreißend aus. Als sie mich aus ihren großen dunklen Augen anblickte und lächelte, stockte mir der Atem. Ich vergaß alles andere, auch den Inhalt meiner Ansprache. Herr Loew bemerkte meine Verwirrung und bedeutete seiner Frau, uns allein zu lassen. Er blickte ihr nach. »Der Herr hat mich mit einer schönen und temperamentvollen Frau beschenkt.« Dann senkte er den Blick. »Doch leider blieben uns Kinder versagt. Bislang.«

Zwei Tage später schaltete der Kantor die gesamte Synagogenbeleuchtung an. Dann legte er den Tallit um seine Schultern, wobei er den entsprechenden Segen murmelte. Zur Bar Mizwa würde auch ich meinen Gebetsschal erhalten.
Ich folgte meinem Lehrer zum Thoraschrein. Er wies mich an, den roten Seidenvorhang, auf den die zwei Gesetzestafeln gestickt waren, zur Seite zu ziehen. Dann öffnete er die Flügeltür, sprach einen kurzen Segen und entnahm dem Schrein eine Thorarolle, die er über den roten Läufer zur Vortragsbühne trug. Er setzte sich auf die Bank davor und stemmte die Rolle senkrecht empor. Ich entfernte die Silberkrone, die auf den Holzgriffen steckte, und zog den blauen Samtbezug, auf dem mit Goldfaden ein Davidstern sowie in Hebräisch »Höre Israel« gestickt war, von der Thorarolle herab. Anschließend löste ich ein gelbes Seidenband von der um zwei Stäbe gewickelten Pergamentrolle, worauf der Kantor die Thora auf das angeschrägte Stehpult legte und mit raschen geübten Bewegungen entrollte. Schließlich hielt er ganz abrupt inne. »Hier ist Jitro, Ludwig.«
Noch nie war ich so nahe an der Thora gestanden. Fasziniert blickte ich auf die hebräischen Lettern.
»Eine Thora ist kein gewöhnliches Buch. Wie du sicher weißt, ist sie mit einem Gänsekiel von Hand geschrieben. Jeder Schreiber hat seinen eigenen Stil.« Der Kantor sah mich

an. »Anfangs fürchten alle, sie würden die Thora nicht lesen können. Schau genau hin, Ludwig. Du kennst ja die Buchstaben.«

Als Herr Loew merkte, dass meine Aufregung nachließ, griff er unter das Pult und holte die Jad hervor. Nur mit diesem Stab, an dessen Spitze sich eine silberne Hand mit einem ausgestreckten Zeigefinger befand, durfte man das Pergament berühren. Er richtete die Jad auf den Kapitelbeginn, nickte mir zu und begann langsam die alte Melodie des Thoravortrags anzustimmen. Dann legte er seine Hand auf meine Schulter und ermutigte mich so, in seinen Gesang einzufallen.

Anfangs verschwammen mir die schwarzen Buchstaben vor den Augen, und ich hatte den Text vollständig vergessen. Doch da der Kantor unverdrossen weitersang, hob ich an, mitzusummen, und folgte schließlich stockend seinem Gesang.

Wir wiederholten die Thoralesung. Als wir später die Synagoge verließen, war ich bedrückt. Doch der Anblick von Frau Loew und ihr Apfelkuchen lösten meine Stimmung.

An diesem Tag begleitete mich der Kantor vor sein Haus. »Die Thora ist nichts zum Fürchten, Ludwig. Im Gegenteil: Sie soll uns durch ihre Gebote helfen, das Leben zu bestehen. Drum sollen wir die Thora lieben und respektieren wie … wie unseren Vater.«

Genau wie vor meinem Vater hatte ich bei aller Liebe auch Angst vor der Thora.

In den folgenden Tagen gewann ich auch im Angesicht der aufgerollten Thora meine Sicherheit wieder. Den Text konnte ich nun auswendig. Die Gespräche mit dem Kantor dienten jetzt der Vorbereitung meiner Ansprache.

Herr Loew machte mich auf einen Umstand aufmerksam, den ich mein Lebtag nicht vergessen sollte: »Die menschliche Aufmerksamkeit verfliegt schnell. Darum verstehen es kluge Redner, in wenigen Minuten den Zuhörern ihre Gedanken nahezubringen. Was man danach erzählt, wird kaum noch wahrgenommen.« Deshalb forderte er mich auf, sogleich auf das Vierte Gebot zu kommen und meine Idee darzulegen.

»Einen Gedanken, Ludwig. Nur einen! Keine Theorie.« Ich war überrascht, wie energisch der bis dahin so sanftmütige Kantor auftreten konnte.

Ich liebte Mutter und fürchtete Vater. Wenn ich das Herrn Loew sagte, würde er mich für frech und sündig halten. Ich ehrte beide Eltern, wie das Gebot es befahl.

»Gott verspricht uns ein langes Leben, wenn wir unsere Eltern ehren …«, erläuterte ich meinen Gedanken.

»Das ist mir zu simpel, Ludwig. Wie wär's mit dem Satz: ›Das Vierte Gebot hilft uns, Vater und Mutter zu ehren‹?«

Das klang besser. Es war aber nicht mein Gedankengang. Da Herr Loew ein gelehrter Mann war und ich ihn verehrte, nahm ich seine Idee trotzdem an. Doch statt mir weiterzuhelfen, verwirrte sie mich.

Am letzten Übungsabend ließ Herr Loew die Synagoge wiederum in vollem Licht erstrahlen. Mit Herzklopfen folgte ich dem Kantor vom Schrein zur Bima. Ich beobachtete, wie er die Thora aufrollte und mir mit dem Silberfinger den Einsatz gab. Prompt sang ich meine Jitro-Parascha fehlerlos.

Später ließ er mich im geheizten Gemeindesaal meine Rede vortragen. Als ich geendet hatte, ohne mich zu versprechen, trat Herr Loew rasch auf mich zu und drückte mir beide Hände.

»Ludwig, du bist für mich wie mein eigenes Kind. Einen Sohn wie dich habe ich mir immer gewünscht. Der Herr will, dass du stattdessen mein Freund sein sollst.«

Als ich anderntags aus der Schule heimkehrte, teilte mir Mutter mit, dass Vater schwer erkrankt war. Dr. Herrligkoffer hatte eine Influenza festgestellt und strenge Bettruhe verordnet.

Sie hatte Margreth angewiesen, eine kräftige Hühnersuppe, ihr Allheilmittel, zu kochen.

»Vater will bis zum Schabbat wieder auf den Beinen sein, um dich zur Synagoge zu begleiten. Doch derzeit hat er noch hohes Fieber.«

Papas Zustand besserte sich nicht. Die Temperatur stieg. Der Arzt ordnete Waden- und Halswickel an.

Am späten Freitagnachmittag, kurz vor Schabbatbeginn, erschienen mein Bruder und Onkel Simon. Vor zwei Jahren war Heinrichs Bar Mizwa wegen des Kriegs »verschoben« worden. Eben deshalb war er jetzt gekommen, »damit ich wenigstens die Feier meines Bruders miterlebe«.

Heinrich wollte zu Vater. Auch durch Mutters Bitte, den Kranken nicht zu stören, ließ er sich nicht beirren. »Er ist mein Vater, krank oder gesund!«

Mutter bestand darauf, dass Heiner seine Visite kurz hielt. Vater sei blass, erklärte mein Bruder hernach. »Aber er ist ein tapferer Offizier. Er wird auch diese Schlacht gewinnen.«

Für meinen Bruder musste Vater immer stark und mutig sein. Selbst wenn er seit einem Jahr kaum aus dem Haus ging und jetzt mit schwerer Krankheit das Bett hüten musste. Er hatte keinen Sinn, mit Heinrich darüber zu reden. Er ließ sich nie von seiner Meinung abbringen.

Morgen wollte ich in der Synagoge über das Gebot der Elternliebe lesen und sprechen. Aber mein eigener Bruder liebte seinen Vater und missachtete die Mutter. Doch das durfte ich nicht sagen, sonst würde er vor lauter Wut nicht zu meiner Bar Mizwa gehen.

Nach dem kurzen Freitagabendmahl durften wir Buben dann doch zu Vater. Er wünschte uns matt einen guten Schabbat. Mehr sagte er nicht.

Bald hieß uns Mutter, aufs Zimmer zu gehen. »Das ist hier schlimmer als in einem Mädchenpensionat«, maulte Heiner.

»Statt daheim zu hocken, sollten wir in der Wirtschaft Bier trinken und Karten spielen. Und uns nach Frauen umschaun.«

»Machst du das in Berolzheim?«

»Da stellst du Hundling die Lauscher auf, was?« Heinrich grinste. »Nicht nur geschaut.«

Ich hatte schon mit dem Siegl heimlich eine Flasche Bier geleert. Doch in einer Wirtschaft war ich noch nie gewesen.

»Dann wird's aber höchste Zeit! Komm mit.«

Doch ich hatte Angst. Am Schabbatabend vor meiner Bar Mizwa … So schlich sich Heinrich allein aus dem Haus.

Er kam spät heim und roch nach Bier und Tabakqualm. Kaum hatte er sich ins Bett gelegt, schlief er ein und schnarchte.

Allein im Dunkeln grübelte ich über meine morgige Rede. Hoffentlich brachte ich nichts durcheinander.

Zunächst stand ich neben Heinrich. Onkel Simon saß auf Vaters Platz. Kurz blinzelte ich zu Mutter empor. Sie nickte mir ermutigend zu.

Als das Morgengebet beendet war, erhob sich Dr. Cohn von seinem Sessel an der Stirnseite der Synagoge. Das allgemeine Gemurmel erstarb augenblicklich. Der Rabbiner erklärte der Gemeinde, dass an diesem Schabbat ich, Jehuda, Sohn des Isaak Raphael Seligmann, durch meine Lesung aus der Thora zum Bar Mizwa würde, zum Mitglied der Gemeinschaft religiöser Juden.

Kantor Loew begab sich singend zum Thoraschrein. Als er sich unserer Sitzreihe näherte, blickte er mich strahlend an. Ich folgte Onkel Simon und Heinrich nun ebenfalls nach vorne. Der Gesang meines Lehrers nahm mir alle Angst und trug mich die drei Stufen zum Schrank der Thorarollen empor.

Dort wartete bereits Rabbiner Dr. Cohn. Mit einer Geste hieß er Onkel Simon den Seidenvorhang beiseiteziehen und den Schrein öffnen. Jeder von uns ergriff eine Thorarolle. Wir schlossen uns Kantor Loew bei seinem Rundgang über das Parkett der Synagoge an. Die Gottesdienstbesucher berührten die Samthüllen jeder Thora mit den Zipfeln ihres Gebetschals. Die meisten sahen mich fröhlich an.

Die Thora lag ausgebreitet vor mir. Onkel Simon, Heinrich und ein halbes Dutzend Männer sowie Rabbiner Dr. Cohn umringten mich. Der neben mir stehende Kantor Loew richtete den Silberfinger auf den ersten Buchstaben des Kapitels Jitro. Die Enge der Männerrunde raubte mir den Atem. Da flüsterte mein Lehrer, nur für mich hörbar: »Folge mir einfach.« Leise stimmte er den Gesang an. Ich fiel ein. Mit einem Mal wusste ich meinen Text vollständig wieder. Der über die Zeilen eilende Silberfinger zeigte mir zudem jedes Wort. In mir stieg Freude auf, dass ich meine Parascha verstand, sie fehlerlos vortrug. Ich bekam wieder Luft. Laut ließ ich meine Stimme ertönen. Wie beim Lauf mit dem Ball über das Fußballfeld sang ich leicht meinen Thora-Abschnitt – bis das silberne Lesezeichen innehielt.

»Masl und Broche, Ludwig!« Der Zuruf des Kantors, mit dem er mir Glück und Segen wünschte, ging fast unter in den vielfältigen Gratulationsrufen. Nachdem Rabbiner Dr. Cohn und Onkel Simon mir die Hand geschüttelt hatten, schlug mir Heinrich auf die Schulter und rief dabei laut: »Unser Sängerknabe!«

Nun wagte ich einen Blick zu Mutter. Sie lachte. Über ihr schimmerten die goldenen Sterne am Synagogenhimmel.

Nach dem Gottesdienst versammelte sich die Gemeinde zum Kiddusch an langen Tafeln für Männer und Frauen. Ich nippte an meinem Wein und beobachtete, wie Heiner sein Glas mit einem Zug leerte und es sogleich wieder auffüllte.

Unterdessen sprach der Rabbiner über die Bedeutung der Bar Mizwa. Mutter hörte ihm zu, während die meisten ihrer Nachbarinnen miteinander tuschelten. Ihr Blick suchte mich, ihre Züge waren gelöst. Unterdessen stieß mein Bruder mit Onkel Simon an.

Rabbiner Cohn hob hervor, fortan sei ich ein vollwertiges Gemeindemitglied mit allen Rechten, aber auch Pflichten. In früherer Zeit hätte ich jetzt heiraten dürfen. Ich linste zu meinen ehemaligen Mitschülerinnen hinüber. Vor den Mädchen thronte die Frau des Kantors. Ruth Loews reife Schönheit überstrahlte alle – außer Mutter.

»Der Herr segne dich bei all deinen Taten und auf all deinen Wegen, Jehuda-Ludwig, Sohn des Isaak Raphael Seligmann«, erklärte der Rabbiner abschließend. Die Anwesenden bekräftigten den Segen mit einem einstimmigen »Amen!« Darauf reckte mir der Rabbiner seinen Becher entgegen und rief »Le Chaim. Zum Leben!«

Erstmals durfte ich mit dem Rabbiner anstoßen. Ich leerte mein Glas. Der süße Rotwein wärmte sogleich meinen Körper. Unbeschwertheit überkam mich.

Rabbiner Dr. Cohn forderte mich auf, das Wort an die Gemeinde zu richten und »uns alle an deinen Gedanken teilhaben zu lassen«. Mir blieb das Herz stehen. Mein Kopf war leer. Ich hatte meine Rede vollständig vergessen.

Kantor Loew bemerkte sogleich meine Lage. Er gab mir ein Zeichen, aufzustehen. Während ich mich erhob, raunte mir mein Lehrer »Jitro« zu, »Viertes Gebot«. Ich wusste nicht, was ich sagen wollte.

»Ehre Vater und Mutter«, wisperte der Kantor. Ich wiederholte seine Worte in der Hoffnung, dass mir der Inhalt meines Vortrags wieder einfallen würde. Doch anders als vor der Thora gab es jetzt keine Textvorlage und keinen silbernen Zeigefinger. Ich sah Mutters entsetztes Gesicht. Dabei kam mir Vater in den Sinn, und ich spürte, wie Tränen in meine Augen schossen.

Es herrschte vollkommene Stille, alle starrten mich an. Meine Sicht verschwamm.

Da hörte ich Heinrichs Stimme, sah ihn durch meinen Tränenschleier: »Niemand ehrt seinen Vater und seine Mutter und liebt sie so sehr wie mein Bruder Ludwig. Er ist so furchtbar traurig, weil unser Vater sehr krank ist. Darum muss der Ludwig arg weinen.«

Heinrichs Worte lösten die Menschen aus ihrer Erstarrung. Frauen und Männer flüchteten sich in Geschwätz. Kantor Loew nahm meine Hand und sprach beruhigend auf mich ein. Er reichte mir eine Serviette und forderte mich auf, meine Tränen abzuwischen. Onkel Simon meinte: »Mach' dir nichts draus, Ludwig. Wer nicht weint, hat kein Herz.«

Viele versuchten mich zu trösten, doch ich wäre am liebsten im Boden versunken. Sobald die Ersten die Tafel verließen, machte ich, dass ich aus dem Saal kam. Draußen traf ich Mutter. Wir eilten nach Hause.

Mutter schwieg zunächst. An der Schwelle unseres Heims blieb sie stehen. »Mein Kind, ich kann dich verstehen. Wenn ich an Vater denke, geht's mir genauso wie dir. Aber ich darf's nicht zeigen.«

Ich schlich auf mein Zimmer. Mich quälte, dass es mir nicht gelungen war, meine Tränen zurückzuhalten, wie ich es mir in der Schule geschworen hatte. Oder wie Mutter. Als Frau brachte sie es fertig, sich zu beherrschen. Seit heute war ich ein Mann. Auch ich musste diese Kraft finden!

Später tauchte Heinrich auf. Er sagte kein Wort – vorläufig. Doch dann brach es aus ihm heraus. »Dein Freund Loew hat kräftig Makkes gekriegt«, berichtete er. »Der Rabbiner hat dein Löwlein ordentlich gezaust. ›Sie haben verantwortungslos gehandelt‹, hat er gesagt.« Er legte eine Pause ein und genoss meine Neugier. »›Sie müssen vom Bar Mizwa verlangen, dass er seine Rede aufschreibt. Gerade wenn er so ein empfindlicher

Junge ist wie Ludwig Seligmann …‹ – das ist ein anderes Wort für Muttersöhnchen.«

»Warum bist du wieder so gemein zu mir?«, fragte ich meinen Bruder. »Bei der Bar-Mizwa-Feier hast du mir doch so geholfen …« – »Dort ging es um die Ehre meiner Familie. Aber jetzt sind wir allein, du Schlappschwanz.«

Am nächsten Schabbat lud mich der Kantor nach dem Gottesdienst zu sich ein. Frau Loew war nicht zu sehen. Ob sie sich für mich schämte?

»Ludwig, du hast mit ganzer Seele deine Parascha gesungen. Damit hast du mir und allen Betern das Herz geöffnet …«

»Aber hernach … hab' ich alles verbockt …«

»Unsinn! Nur die Gottesworte der Thora zählen. Das menschliche Gerede ist Eitelkeit. ›Alles ist eitel‹, wusste König Salomon, der weiseste Mann unseres Volkes.«

»Aber auch unser Rabbiner predigt jeden Schabbat …«

»Leider …«, entfuhr es dem Kantor.

Wir mussten beide lachen.

Während der Proben des Synagogen-Knabenchors verzichtete Kantor Loew darauf, uns Jungen ständig Tonleitern üben zu lassen. Vielmehr ging es ihm darum, uns die Harmonie und Bedeutung der wunderbaren Melodien von Sulzer, Lewandowski und anderen fühlen zu lassen. Zu diesem Zweck spielte er uns ihre Weisen wie »Halleluja« und »Hine Mah Tov« (Wie gut und angenehm) auf Schallplatten vor.

Einer aus unserer Bubenschar durfte mit der Kurbel das Federwerk des Grammophons aufziehen. Nachdem der Kantor uns die Musik und die Bedeutung der Gebete erläutert hatte, legte er die Nadel auf die rotierende Scheibe, und sogleich ertönten die von einer Orgel begleiteten Weisen. Die Züge unseres Chorleiters verklärten sich.

Nachdem die Musik verklungen war, durften wir die Melodien anstimmen. Gelegentlich forderte mich der Kantor auf, vorzusingen.

»Nutze die Zeit, Ludwig, solange deine Stimme rund ist. Wenn sie bricht, musst du eine Weile aussetzen, bis du vermutlich einen stimmigen Tenor bekommst.«

Als ich Herrn Loew fragte, ob er glaube, dass ich auch als Erwachsener zum Sänger taugen werde, lächelte er. »Da bin ich mir sicher. Musikalität ist eine Gottesgabe. Du hast sie. Und ein harmonisches Wesen, das sich in deiner Stimme spiegelt.«

Bald durfte ich auch im Gottesdienst solo singen. Herr Loew verstand es dabei, mein Lampenfieber zu kontrollieren. »Aufregung ist nichts Schlechtes. Man muss nur lernen, damit umzugehen. Sie kann sogar beleben … Übrigens sind alle wahren Künstler vor ihren Auftritten nervös. Selbst der große Caruso war dabei außer sich und rauchte eine Zigarette nach der anderen.« Er kicherte. »Und auch ich kleiner Chasan bin vor meinen Auftritten unleidlich. Aber meine Frau versteht es, mich zu beruhigen. Am besten mit etwas Süßem.«

Dank seiner schönen Ruth und seiner Musik musste das Leben für unseren Kantor herrlich sein.

Noch vor Ostern begann die Fußballsaison. Endlich konnte ich wieder mit den Kameraden im Freien spielen.

Zunächst ließ Herr Sauter uns Kondition bolzen. Ehe wir gegen den Ball kicken durften, mussten wir sechs Runden um den Platz drehen. Dann ein halbes Dutzend Mal mit dem Ball von der Grundlinie aufs gegnerische Tor zulaufen und dort die Kugel versenken. Dabei kamen einige ordentlich ins Schnaufen. Ich aber hatte noch Luft.

»Wenn ihr ned saufen und rauchen tätet, wär's ihr so frisch wie der Wiggerl!«, schimpfte der Trainer. Ich wusste aber, dass der Siegl fast nie Bier trank. Er war dick, und ich war spindeldürr. Und der Seiff Karli rauchte sicher auch nicht …

Die Tage wurden immer wärmer und die Abende lauer. Und so konnten wir auch nach dem Training noch bis zum Einbruch der Dunkelheit an der Günz kicken.

Das Fußballspielen bereitete mir solch große Freude, dass ich dienstags gelegentlich sogar den Synagogenchor schwänzte. Anders als ich erwartet hatte, zeigte der Kantor Verständnis. »Der Winter war so lang und kalt und dunkel, dass es guttut, in der Sonne umherzulaufen und zu spielen.«

Herr Loew konnte sich aber darauf verlassen, dass ich jeden Donnerstag mit dem Chor übte, um am Schabbat während des Gottesdienstes zu singen. Das tat gut. Wenn ich sah, wie Mutter sowie die Jungen und Alten sich unter unserem Synagogenhimmel an unserem Gesang erfreuten, fühlte ich, wie die religiösen Melodien mich und die anderen aus dem Alltag erhoben und in den heiligen Tempel in Jerusalem trugen.

Am nächsten Tag, Sonntag früh, spielte ich mit meinen Sportkameraden im weißen Dress mit den breiten roten Bruststreifen, in deren Mitte das 𝕴 für den Fußballclub Ichenhausen prangte. Beim Laufen erfreute ich mich meiner Kraft. Ich war glücklich. In unserer schönen Synagoge, auf dem grünen Rasen des Fußballfelds und sogar im Gymnasium. Vor allem wenn ich im Mathematikunterricht mein Talent nutzte, um schneller als die anderen die richtigen Resultate zu errechnen.

Ich stand an Vaters Seite auf dem Friedhof. Vor uns ein frischer Erdhaufen, in dem eine Holztafel steckte. In deutschen und hebräischen Lettern stand da »Isaak Brader«. Behutsam legte ich einen Stein neben das Schildchen.

»Die Kinder waren ihm ein Heiligtum, die Schule war ihm sein Eden«, hatte ich in der Todesnachricht im »Israeliten« gelesen. Vier Jahre hatte ich unter der Fuchtel des Hauptlehrers gestanden, der mir den Spottnamen »Galgenkasper« verpasst hatte. Herr Brader war oft hart gewesen. Er verprügelte uns unbarmherzig mit seinen Tatzenstecken. Ich war eines seiner bevorzugten Opfer. Mir kam in den Sinn, dass der Lehrer mich an einem Wintertag auf der Straße ohne Handschuhe erwischt hatte. »Das ist ein ebensolches Vergehen wie am Schabbat Schneebälle zu werfen!« Am nächsten Tag bezog ich eine Abreibung.

Damals schalt und verdrosch er uns. Aber später verstanden wir, dass auch unser Wohl ihm am Herzen lag. Ich erinnerte mich, wie er mich zu sich nach Hause eingeladen hatte, um mir von seiner Reise ins Heilige Land zu berichten. Herr Brader hatte darauf bestanden, dass mich meine Eltern auf das Gymnasium schickten, und er bereitete mich umsichtig auf die höhere Schule vor. Er sorgte dafür, dass mein Geist gefördert wurde – ebenso wie er es wohl zuvor bei Vater getan hatte.

Mir kullerten die Tränen über die Wangen – der »Galgenkasper« trauerte um seinen Lehrer. »Möge seine Seele im Garten Eden ruhen. Amen«, sprach Vater. Auf dem Rückweg über den Friedhof fuhr er fort: »Herr Brader hat uns zu anständigen Juden und gesetzestreuen deutschen Bürgern gezüchtigt.« »Manchmal hat er's übertrieben«, wandte ich ein. Vater dachte kurz nach, ehe er mich lächelnd ansah.

Dank Mutters Pflege ließ sich Vater allmählich wieder gelegentlich in unseren Wohnräumen sehen. Er saß zunehmend im Anzug im Salon in seinem grünen Ohrensessel und las die »Allgemeine Zeitung«. Oft merkte er an, dass schon der von ihm verehrte Heinrich Heine als Pariser Korrespondent für diese Gazette geschrieben habe.

»Ein scharfer Geist wie Heine hätte die Flucht der Reichsregierung vor diesem Putsch des preußischen Landschaftsdirektors Kapp nach Stuttgart lächerlich gemacht und den Politikern damit Standfestigkeit eingeimpft«, bemerkte Vater über die Ereignisse kurz nach meiner Bar Mizwa.

Am Schabbat durfte ich Vater in die Synagoge begleiten. Und während ich ein Solo vortrug und dabei mein Blick zu Vater flog, wollte es mir scheinen, dass er sich an meinem Gesang erfreute.

Nach dem Ende des Gottesdienstes legte Vater dann tatsächlich seine Hand auf meine Schulter: »Schön hast du gesungen, Ludwig.«

Offensichtlich ging es ihm besser. Mutters Gebete wurden erhört.

Heinrich besuchte uns gelegentlich am Wochenende. Nach dem Schabbatabend-Mahl schlüpfte er aus dem Haus. Vater erfuhr davon und verbot es ihm. Heiner gehorchte. Aber im Zimmer nannte er Mutter ein Klatschhaferl. Danach blieb er einen Monat fort.

Doch Heinrich konnte es nicht ohne Vater aushalten, und so kam er wieder nach Hause. Da er nicht in die Wirtschaft durfte, legte er sich abends mit mir an.

»Wozu taugt deine Oberschule?« Ich antwortete nicht.

Heiner ließ nicht locker. »Das ist ein Faulenzerverein.«

»Auch Vater war auf dem Gymnasium.«

»Aber sein Bruder wurde nicht gezwungen, Schlachter zu werden.«

Mein Schweigen reizte Heinrich. »Du hast auf deiner Schul' nicht mal gelernt, vor Leuten zu sprechen. Nur zu heulen …«, lachte er.

Da schlug ich zu. Nun hatte er endlich Gelegenheit, seine Wut an mir auszulassen. Heiner war stark wie ein Mann geworden. Er hatte in Berolzheim hart raufen gelernt. Seine Schläge taten mir weh. Dagegen half auch meine Schnelligkeit nicht. Heiner haute mich ordentlich durch.

»Wie Kain und Abel seid's ihr! Auseinander! Schämt's euch!«

Ich ließ von meinem Bruder ab. Doch Heiner war so in Rage, dass er sich vor Lieserl aufpflanzte. »Hau ab, du depperte Kuh! Sonst fängst gleich a Watsch'n …«

In diesem Moment trat Mutter ins Zimmer. »Ihr gebt a Ruh! Sofort! Wenn ich noch etwas hör', dann ruf ich Vater.«

Jeder lag in seinem Bett, ohne ein Wort zu sagen. Mein Körper schmerzte von Heinrichs Hieben. Doch ich verstand seinen Zorn und seinen Neid. So durfte es nicht weitergehen.

»Wir sind doch Brüder …«, sprach ich ins Dunkel. Er antwortete nicht.

»Heinrich!«

»Halt's Maul! Ich will schlafen.«

Der Streit ließ mir keine Ruhe. Ich wusste, es gab nur einen Weg, Heinrichs Bitterkeit zu beenden. »Ich hör' mit der Schule auf.«

Heinrich antwortete nicht. Früh am nächsten Morgen fuhr er ab, ohne ein Wort mit mir gewechselt zu haben.

Ich ging weiterhin zum Chor, besuchte die Schule und machte meine Hausaufgaben, doch meine Freude war dahin. Selbst das Fußballspielen bereitete mir weniger Spaß als zuvor.

Herr Sauter mahnte mich, ich solle mich besser auf das Spiel konzentrieren. Ähnliches legte mir auch Kantor Loew bei unseren Chorproben nahe.

Mutter verlangte, ich solle ihr sagen, was mich bedrückte. Sie erlaubte mir kein Ausweichen. Schließlich erzählte ich ihr von meinem Entschluss.

»Das ehrt dich, Ludl. Doch die Kuh wird erst gemolken, wenn sie Milch hat, nicht vorher. Und eine Entscheidung trifft man erst, wenn sie fällig ist. Eurem Vater geht's langsam besser, Gott sei's gedankt. Schauen wir, wie wir nächstes Jahr dastehen. Bis dahin möchte ich, dass du fleißig in der Schule bist. Damit du – und ich – Freude haben. Und lass auch den Chor nicht schleifen.«

Ich versprach es ihr. Als ich den Salon verlassen wollte, bat mich Mutter, noch zu bleiben. Obgleich ich ihr davon kein Wort gesagt hatte, kam sie auf Heinrich zu sprechen. Ich sollte etwas Wichtiges verstehen: »Der Mensch ist, wie er ist – und bleibt so. Von klein auf bis ins Grab. Darum ist es vergebliche Liebesmüh', ihn ändern zu wollen. Wer's trotzdem versucht, wird immer enttäuscht.«

Mutters Worte halfen mir – zunächst. Es fiel mir wieder leichter zu lernen. Ich gewann meine Freude am Singen zurück und erst recht am Fußballspiel.

Das zahlte sich aus. Denn nachdem Herr Sauter den Josef Lauer mitten in der Saison in die erste Mannschaft übernahm, machte er mich zum Kapitän der Jugendelf, obwohl ich noch nicht vierzehn Jahre alt war. »Des macht gar nix. Der Ludwig hat ein gutes Fußballtalent, und noch viel wichtiger, er ist ein anständiger Charakter.«

Sauters Worte spornten mich an. Und meine Fußballkameraden hielten zu mir. Besonders der Siegl und der Karl Seiff.

Vater stand nun jeden Morgen zeitig auf und ging seinem alten Beruf nach. Er besuchte wieder die Bauern und bot ihnen Kredite und Arbeitskleidung an. Doch wie er Mutter beim Abendessen berichtete, kam das Geschäft kaum in Gang.

Einige Wochen später erschien Heinrich freitagnachmittags bei uns. Am Samstag, nach dem Ende des Schabbats, ging er mit mir zum »Goldenen Hirsch« und bestellte Bier.

»Auch für meinen kleinen Bruder. Sonst lernt er's Saufen nie«, wies er die Kellnerin an, die darob lachend zur Theke ging. Nach dem Anstoßen, einem »Le Chaim und Prost« tat er einen tiefen Zug. Dann setzte er sein Bierglas kräftig auf dem Eichentisch ab und sah mich aufmerksam an.

»Ich bleib' hier.«

»Was sagt Mutter dazu?«

Meine Frage amüsierte ihn. »Mutter! Die interessiert dich im-
mer am meisten. Keine Angst! Deine Frau Mama höchstper-
sönlich hat mich gebeten, nicht zum Winter zurückzukehren.
Sondern Vater zu helfen.« Er nahm noch einen Zug. »Plötzlich
ist es nicht mehr wichtig, dass ich Viecher in Berolzheim in die
Wurst hacke … ich bin ihr sowieso wurscht!«
Noch am gleichen Abend richtete Lieserl Heinrich ein eigenes
Zimmer unter dem Speicher her. Ich half ihm, sein Bett die
Treppen hinaufzuschleppen. Es erleichterte mich, dass mein
Bruder die verhasste Lehre aufgeben durfte.
Heiner und Vater würde es guttun, dass er wieder zu Hause
war. Vielleicht konnte ich so auf dem Gymnasium bleiben.
Mein schlechtes Gewissen schwand. Ich hatte wieder gute Lau-
ne von frühmorgens bis zum Einschlafen und freute mich
schon auf das neue Jahr in der Oberschule. Dort wollte ich
ebenso wie Vater sechs Klassen absolvieren. Vielleicht sogar die
Schule ganz beenden – wie Siegl Herrligkoffer mir riet – und
das Abitur machen. Dann konnte ich studieren wie mein Vetter Reinhold, der an der Münchner Universität eingeschrieben
war, um Jurist zu werden. Ich selbst interessierte mich mehr für
Mathematik.
Nach dem Fußballspiel am Sonntagnachmittag kurz vor den
großen Ferien forderte mich Heinrich auf, ihn in die »Konditorei Werner« zu begleiten. Kaum hatten wir heiße Schokolade
und Kuchen bestellt, fuhr mich der Bruder an: »Wie lang willst
du noch in deiner Anstalt 'rumfaulenzen?«
»Auch Vater …«
»Das waren andere Zeiten. Damals war unsere Familie reich.
Heute kämpfen wir um unsere Existenz. Da muss auch ein
Muttersohn mitarbeiten.«
Zu Hause hätten wir jetzt angefangen zu raufen. Aber darum
ging es ihm heute nicht. Mein Bruder wurde ernst. »Vater sagt,
das Geschäft geht so nicht weiter. Er braucht die Unterstüt-

zung von uns beiden. Ich soll hausieren. Du kommst mit! Und du erledigst den Bürokram.«

Ich war ratlos. Mit kaufmännischem Rechnen hatte ich mich noch nicht beschäftigt. Auch nicht mit Buchführung. Ich wusste, dass Vater sich darin gut auskannte.

»Vater sitzt im Kontor und rechnet und rechnet. Aber das hilft uns nicht weiter. Wir müssen zu zweit das Geschäft betreiben. Du musst runter von der Oberschule und mitarbeiten. So denkt auch Vater.«

Das Herz schlug mir bis zum Hals, in meinen Ohren dröhnte es. Eben noch hatte ich Pläne für mein Abitur geschmiedet und von einem Studium geträumt, und nun sollte ich die Büroarbeiten erledigen und obendrein mit Heinrich hausieren und den Bauern Schmattes, Textilien, verkaufen.

Heinrich wollte immer alles allein machen. Und ausgerechnet jetzt kam er ohne mich nicht aus? Es ging ihm nur darum, mich vom Gymnasium zu holen. Ich musste mit Mutter sprechen. Heinrich erriet meine Gedanken. »Wag es nicht, wie ein kleines Mädchen zur Mama zu laufen und mich anzuschwärzen. Das wird Vater dir nie vergeben! Und ich auch nicht!«

Ich gab nach, weil ich Vater nicht im Stich lassen wollte. Aber auch aus Feigheit.

Als Mutter erfuhr, dass Vater durch einen Brief meinen Austritt aus dem Gymnasium zum Ende des Schuljahrs angekündigt hatte, wusste sie, dass Heinrich dahintersteckte. Sie beschwor mich, die Schule wenigstens bis zur Mittleren Reife fortzusetzen. »Dann schau'n wir weiter!«

Doch ich wollte nicht daran schuld sein, dass Vater wieder krank wurde.

Am letzten Schultag überreichte mir Professor Hoffmann eine Fotografie aller Mitschüler mit der Widmung »Unserem Ludwig zum treuen Angedenken«.

90

Ich biss die Zähne zusammen. Um keinen Preis wollte ich den Klassenkameraden als Heulsuse in Erinnerung bleiben.

Doch auf der Heimfahrt im Zug zurück konnte ich mich nicht länger beherrschen. Siegl tat zunächst, als ob er nichts merkte. Nach einer Weile legte er mir seinen kräftigen Arm um die Schulter. »Du bleibst mein bester Freund, Ludwig. Egal, was passiert.«

Als wir nach dem Fußballtraining nach Hause gingen, gesellte sich Heinrich zu uns.

»Mit deiner Kickerei wird's auch bald vorbei sein, Ludilein …«

»Jetzt hältst amal dei große Gosch'n. Sonst fängst a Watsch'n, die dich umhaut!« Siegl baute sich vor Heinrich auf. Der wich zurück, ohne ein Wort zu sagen.

Warum hatte ich nicht einen Bruder wie den Siegl?

Am nächsten Tag hatten Heiner und ich uns in Vaters Kontor einzufinden. Ich hasste das Zimmer. Als Vater mich vor Jahren hier mit dem Lineal geschlagen hatte, sprühte er vor Kraft. Der Mann, der jetzt hinter seinem Eichenholzschreibtisch saß, war fülliger geworden, sein Kopf kahl, der Schnauzer weiter ergraut. Die Augen wirkten müde.

Vater hieß uns zu sich treten. Entgegen seiner Gewohnheit richtete er heute das Wort zuerst an mich.

»Ludwig, ich weiß, wie bitter es dir ist, das Gymnasium zu verlassen.« Er sprach langsamer und leiser als früher. Beim Militär musste er mit klarer Stimme seine Soldaten kommandiert haben. Doch das war vorbei.

Vater forderte mich auf, Platz zu nehmen. Seine Rechte hielt den Füllfederhalter umklammert, während er sagte: »Wie du weißt, musste auch ich von der Schule abgehen, weil mein Vater selig es verlangte.«

Mein Blick schweifte zu der gerahmten Fotografie seiner Eltern, die über dem Schreibtisch hing. Großvater blickte mich aus eisigen Augen an. Auch Großmutter mit ihrem großen Kneifer auf der Nase hatte bestimmt kein Widerwort geduldet. Vater seufzte. »Mir fehlt die Kraft, unser Auskommen allein in dieser schweren Zeit zu sichern. Heinrich und du, ihr müsst mir beistehen.«

Vater hieß seinen Ältesten, sich zu uns zu setzen. Er legte das Schreibgerät ab und erhob sich. Vater war in seinem Zweireiher mit dunklem Binder trotz seiner leicht gebeugten Haltung eine imposante Gestalt. Anders als wir erwarteten, erteilte er keine Befehle, sondern erklärte uns wie erwachsenen Männern in ruhigen Worten die Situation.

»Unsere Familie hat ihr Einkommen durch den Geldverleih an Bauern bestritten. Wir waren ehrlich und anständig. Darum hat es uns nicht geschadet, dass in den letzten Jahren die Raiffeisenbanken und Genossenschaftsbanken hier ihr Geschäft aufgebaut haben. Wir hatten günstigere Konditionen und wir haben per Handschlag die Geschäfte gemacht. Wenn ein Bauer in Not geriet und nicht gleich zurückzahlen konnte, haben wir seinen Kredit erweitert oder ihn zwei Jahre ruhen lassen. Das wussten die Bauern zu schätzen. Außerdem habe ich nach dem Tod von Vater selig die Gelegenheit genutzt, Bestellungen an Arbeitskleidung fürs ganze Jahr aufzunehmen. Wenn einige Order zusammengekommen waren, besorgte ich die Ware in den Fabriken oder bei Großhändlern in Augsburg oder Ulm. Das war ein Zusatzverdienst. Aber so wie wir unser Geschäft vor dem Krieg geführt haben, können wir nicht weitermachen.«

Vater hielt einen Moment inne. »Die vermögenden Bauern haben sich während des Krieges und in der Folge saniert, indem sie ihre Lebensmittel auf dem schwarzen Markt zu überhöhten Preisen verkauften. Ihre Kredite zahlen sie dennoch nicht oder nur schleppend zurück. Ich habe nie Prozesse gegen meine Schuldner geführt und werde auch jetzt nicht damit anfangen.« Er trat zum Fenster, ehe er weitersprach. »Dazu ist mir meine Zeit zu schade. Zudem fehlt es mir an Geld für Anwälte und Rechtsverfahren. Und die kleinen Bauern sind tatsächlich nicht in der Lage, uns ihre Schulden zurückzuerstatten. Sie haben nicht mal Geld für neue Arbeitskleidung. Die Frauen flicken die Schmattes, bis sie auseinanderfallen. Ich werde sie nicht durch Pfändungen ruinieren.«

Zu einem Neubeginn der Kreditgeschäfte mangele es ihm an dem nötigen Kapital. Doch die Banken verfügten darüber. Die einzige verbleibende Möglichkeit, jetzt Geld zu verdienen, sei, sich fortan auf den Verkauf von Arbeitskleidung zu verlegen. Das bedeute Hausieren, ein mühsames, zeitaufwendiges Geschäft. »Ich muss Heinrich und dich auffordern, mir dabei zu helfen. So schwer mir das fällt.« Heiner solle ihn sogleich begleiten und bald selbstständig hausieren. »Dafür bist du noch zu jung, Ludwig. Mit dir habe ich einen anderen Plan. Du wirst, wie einst ich, eine kaufmännische Lehre absolvieren. Ich bin überzeugt, dass dir dabei dein mathematisches Talent zugutekommen wird. Wenn du die Ausbildung beendet hast, sollst du uns unterstützen, das Geschäft auszubauen.« Er sah mir in die Augen.

»Ja, Vater.«

Hatte er mit dieser Festigkeit im Krieg seine Soldaten in die Schlacht geschickt?

Sein Blick wanderte von mir zu Heiner und wieder zu mir. »Da ist noch etwas. Ich habe mitbekommen, dass ihr in letzter Zeit nicht gut miteinander ausgekommen seid. Das dulde ich nicht! Es gibt nichts Abscheulicheres als Streit unter Brüdern. Ihr müsst euch vertragen – was auch immer geschieht.«

Vater forderte uns auf, ihm und einander immerwährende Bruderliebe zu versprechen: »Denn die Thora verbietet Fehden – besonders in der Familie.«

Lehre

Nachdem er Heinrich entlassen hatte, eröffnete mir Vater, dass er mir eine Lehrstelle bei seinem Geschäftspartner Bodenheimer & Co. in Ulm besorgt habe. »Lazarus Bodenheimer ist ein kluger, moderner Kaufmann. Da bist du gut aufgehoben und kannst viel für dein Leben und deinen Beruf lernen.«

Er trat wieder zu seinem Schreibtisch und reichte mir einen Zeitungsausschnitt aus der vor ihm liegenden Mappe. »Diese Anzeige hat einst mein Vater selig im ›Israelit‹ für mich aufgegeben.«

Ich las: »Lehrlings-Stelle. Suche für meinen Sohn, der heuer das Einjährige Examen macht, bis Mitte August d. J. eine Stelle, am liebsten im Bank- und Wechselgeschäft. Kost und Logis im Hause wären sehr erwünscht. Heinrich Naphtali Seligmann, Ichenhausen.«

Vater fuhr fort: »Auch mir ist es anfangs schwergefallen, den Wunsch meines Vaters zu erfüllen. Aber nun bin ich Kaufmann.« Er erklärte, dass ich bereits Sonntag nach Ulm fahren solle, um montags mit meiner Lehre zu beginnen.

Mutter versuchte mich zu trösten. »Vater wird mit neuem Lebensmut und Heiners Unterstützung das Geschäft wieder zum Blühen bringen. Dann wird deine Mitarbeit nicht mehr nötig sein. Sobald es so weit ist, kannst du aufs Gymnasium zurückkehren.«

Ich konnte ihre Zuversicht nicht teilen. Wenn unsere Firma gut verdiente, würden Vater und Heinrich mich zum Ausbau brauchen. Und wenn es nicht voranging, musste ich erst recht mitarbeiten, um unsere Existenz zu sichern.

Am Schabbat betete ich, dass Gott mir auch in Ulm beistehen möge. Nachmittags war ich bei Kantor Loew eingeladen. Frau Ruth sah in ihrem bordeauxroten Rock mit heller Bluse allerschönst aus.

»Gestern habe ich einen Schokoladenkuchen gebacken. Da magst du doch bestimmt ein Stück davon, Ludwig.«

Dazu gab es Kaffee und Likör. Anfangs lehnte ich den Alkohol ab. Doch da der Kantor und sogar seine Frau mir freundlich zuredeten, nippte ich an meinem Glas. Der Likör schmeckte herrlich süß und wärmte meinen Leib.

Kantor Loew spürte meine Angst vor der Wirkung des Alkohols. »Unser Haus ist keine Synagoge, Ludwig. Hier bist du bei Freunden und musst keine Rede halten.« Er ergriff sein Glas und rief »Le Chaim«. Seine Frau folgte seinem Beispiel und lächelte mich an. So schön wie Ruth Loew mussten die Frauen in biblischer Zeit ausgesehen haben. Ich stieß mit dem Ehepaar an.

Wie angenehm und leicht war es hier! Mir fiel die Melodie des Liedes »Wie gut sind deine Zelte, Jakob« ein, das der Kantor uns im Jugendchor singen ließ. Ich aß den saftigen Kuchen und trank vorsichtig den erhebenden Likör, was mich zunehmend fröhlich stimmte.

Abraham Loew summte Schabbatweisen, Frau Ruth und ich fielen ein. Am liebsten wäre ich bis zum Einschlafen hiergeblieben – oder ganz. Als ich mich gegen Ende des Schabbats erhob, war mein Schritt ein wenig unsicher. Wenn Vater merkte, dass ich beschickert war, würde er zornig werden.

Im Flur fiel mir ein, dass ich Herrn Loew noch sein Thorabuch zurückbringen musste. Doch der Kantor wollte davon nichts wissen.

»Ludwig, erlaube mir, dir den Band zum Geschenk zu machen. Das Buch soll dich auch in Ulm begleiten. Wann immer du Zeit hast oder Trost benötigst, lies darin – das Buch enthält, wie du weißt, eine treffliche Übersetzung. Ich bin sicher, die Thora wird dir stets gute Dienste erweisen.«

Am liebsten hätte ich Herrn Loew umarmt. Doch das gehörte sich nicht unter Männern.

Meine Gastgeber spürten, wie dankbar ich ihnen war. Zum Abschied nahm Frau Ruth meine Rechte in ihre beiden Hände. Sie waren ganz warm. Mein Herz trommelte gegen die Rippen.

Am Sonntag in der Früh brachte mich Heinrich zum Ichenhausener Bahnhof. Er trug meinen Koffer. Vater hatte angeordnet, dass er anstelle von Mutter mich begleitete: »Damit die Brüder einander wieder näherkommen.«
Schweigend liefen wir zu der kleinen Station. Dort warteten wir auf dem leeren Bahnsteig.
Als sich der Zug näherte, drückte Heinrich meine Rechte. »Ludwig, ich will dir ein guter Bruder sein. Nicht nur, weil ich es Vater versprochen habe, sondern weil … weil es sich gehört.«
Er ließ meine Hand los. » … und weil ich dich gern hab', du blöder Hund!« Er drehte seinen Kopf weg.
»Ich dich auch«, sagte ich, nahm meinen Koffer und bestieg den Waggon Dritter Klasse.

Die Dachschräge ließ meine Mansardenkammer noch kleiner erscheinen, als sie war. Von der Tür bis zum eisernen Bettgestell waren es drei Schritte. Gegenüber stand ein kleiner Holztisch mitsamt weißer Emailleschüssel und Kanne, davor ein Schemel, daneben ein grauer Blechspind.
Ich setzte die Waschgarnitur auf die Holzdielen, samt meinem Waschbeutel. Die ledergebundene Thora von Kantor Loew legte ich auf das Tischlein.
Wäre ich doch jetzt in seiner Wohnstube mit ihm und seiner Frau Ruth bei Kuchen und Likör, um später nach Hause in mein Zimmer zurückzukehren – wo mir jeder Gegenstand vertraut war und wo ich Mutter, Vater, Thea und sogar Heiner liebte. Hier war mir alles fremd, und ich kannte niemanden. Ich hatte keine Familie, keine Freunde, keinen Fußball.

Langsam wurde ich ruhiger, setzte mich auf den Boden und wusch mein verheultes Gesicht. Das Wasser kühlte meine Augen und Wangen.

Beim Aufstehen fiel mein Blick erneut auf die Thora. Ich entsann mich der Worte von Kantor Loew, das Lesen der Heiligen Schrift werde mir, wie jedem Gläubigen, helfen.

Ich blätterte in dem Buch. Auf den leeren Seiten am Ende des Lederbandes hatte Herr Loew in seiner steilen Frakturschrift Kapitel aus dem Buch Kohelet, des Predigers Salomo, übersetzt. Diese Abschnitte waren meinem Lehrer also besonders wichtig.

»Ein jegliches hat seine Zeit, und alles Vorhaben unter dem Himmel hat seine Stunde. Geboren werden hat seine Zeit, ausreißen hat seine Zeit, pflanzen ...« Auch Weinen hatte seine Zeit, ebenso wie Lachen. Wenn selbst der weise König das predigte, musste ich mich meiner Tränen nicht schämen.

Ich schloss das Buch, als ich spürte, dass meine Zuversicht zurückkehrte. Gott würde mich wieder lachen lassen. Ich musste nur daran glauben – und etwas tun. Also bürstete ich Jackett und Hose aus, steckte meine Geldbörse ein und machte mich auf den Weg – ohne zu wissen, wohin er mich führen würde.

Als ich die Treppe hinuntertrabte, kam mir auf dem Absatz ein junger Mann mit nassen Haaren, leicht gerötetem Gesicht und einem Beutel entgegen, den Fußballer für ihr Trikot und die Sportstiefel benutzten. Er reichte mir die Hand. »Otto Würth aus Weißenburg«, stellte er sich vor. »Du bist wohl der neue Lehrling.«

Ich fragte, ob er Fußballer sei, Otto nickte – er kicke als Läufer in der Dritten Jugendmannschaft des SSV Ulm. Als er hörte, dass ich in Ichenhausen Rechtsaußen spielte, meinte er: »Dann kannst du ja bei uns mittrainieren. Wir brauchen gute Stürmer. Bist du denn auch schnell – mit deinen kurzen Beinen?«

»Ich will nicht angeben, aber bei uns bin ich der Schnellste. Trotz meiner kurzen Beine.«

Otto musterte mich forschend und sagte schließlich: »Mit deinen blauen Augen und deinem rotblonden Schopf siehst du gar nicht aus wie ein Jud' – aber der Name Seligmann verrät dich.«

»Mit deinen dunklen Haaren und Augen siehst du viel eher aus wie ein Jud' – aber dein Name verrät dich als Goj.«

Wir lachten und mochten uns sogleich.

In den folgenden Tagen, Wochen und Monaten lernte ich so viel, dass ich mein anfängliches Heimweh zwischendurch vergaß. Sicher, ich vermisste Mutter und Vater, Thea und Heinrich, mein Zimmer, den Fußball mitsamt meinem Freud Siegl und selbstverständlich unsere Synagoge und den Jugendchor, Kantor Loew und mehr noch dessen Frau Ruth. Gelegentlich sogar mein Günzburger Gymnasium. Doch all das bislang Vertraute trat zurück und verblasste gegenüber den neuen Eindrücken, die sich mir tagtäglich in Ulm boten. Wenn ich vor dem Einschlafen zum Nachdenken kam, erschien es mir, dass ich in Ulm ins Wasser des wirklichen Lebens geworfen worden war und so viel Freude daran fand, dass ich immer weiter hinausschwimmen wollte.

Zunächst schickte man mich in die Ablage. Hier in der Verwaltung hatte ich die eingehenden Briefe sowie die Durchschläge unserer Schreiben alphabetisch zu ordnen und gemäß Erledigungsdatum abzuheften. Die Arbeit war einfach, und ich war in kurzer Zeit damit fertig. Herr Scheuring, der Leiter der Korrespondenz, ein stattlicher älterer Herr mit dicker Lesebrille, wunderte sich über meine Schnelligkeit: »Bist du wirklich sicher, dass du die Schreiben richtig eingeordnet hast, Ludwig?« Als ich bejahte, kontrollierte er meine Arbeit. »Tatsächlich. Alles stimmt. Du bist wirklich fix. Aber das darf dich nicht leichtsinnig machen! Ich werde Tag für Tag deine Arbeit überprüfen. Und wehe dir, es findet sich ein Fehler! Das kann unsere Firma viel Geld kosten. Du darfst dir keinen Patzer erlauben!«

Die Mahnung veranlasste mich, besonders sorgfältig die Schreiben einzusortieren. Dennoch blieb ich schnell. Herr Scheuring fand auch weiterhin keinen Fehler. Um mich zu beschäftigen, ließ er mich ein neues Gesamtregister erstellen. Das war eine eintönige Aufgabe. Ich hätte lieber mit Menschen zu tun gehabt. So nutzte ich meine freien Momente, um die Kunden im Kaufhaus zu beobachten, aber auch um mich an der Vielfalt der Waren zu erfreuen. Wenn ich ins Kontor zurückkehrte, betonte Herr Scheuring, dass ich zunächst »klein anfangen« müsse.

Während ich die Briefe aus den Ordnern sortierte, dachte ich an Ichenhausen. Freitagabends wollte ich zu Mutter, Vater und zu meinen Geschwistern heimfahren. Doch kurz vor der Mittagspause am Donnerstag wurde ich von einer freundlichen Sekretärin in Herrn Bodenheimers Büro gebeten.

Der Kaufhausdirektor lehnte an einem fein geschnitzten Mahagoni-Stehpult. Als ich eintrat, winkte er mich zu sich heran und hieß mich, Platz an dem Besprechungstisch zu nehmen. Lazarus Bodenheimer war klein gewachsen und untersetzt. Ein dunkler Haarkranz umgab seinen kahlen Schädel. Mir fielen sogleich seine hellen, lebendigen Augen auf, mit denen er mich aufmerksam musterte.

»Du bist also Ludwig Seligmann«, stellte er mit ruhiger Stimme fest und lächelte mich dabei an, sodass ich unwillkürlich ebenfalls lächeln musste. Herr Bodenheimer hatte nichts Strenges an sich, wie ich es von Vater, meinen Lehrern und selbst Herrn Scheuring gewohnt war. Der Firmenchef mochte Mitte fünfzig sein. Als er weitersprach, blieb das Lächeln auf seinen Zügen. »Du wirkst ganz anders als dein Vater. Nicht nur äußerlich. Isaak ist ein ernster Mensch, der sich für die Natur und die Wissenschaft interessiert. Aber ein Kaufmann ist er nicht. Dafür ist Isaak zu … zu prinzipiell. Vielleicht auch zu starr.« Herr Bodenheimer kicherte wie ein Mädchen. Er sah mich schmunzelnd an, ehe er fortfuhr. »Du strotzt vor Energie. Und man sieht dir deine Fröhlichkeit an.«

Ich wusste bereits, dass Herr Bodenheimer seine Angestellten respektvoll behandelte. Mich aber ließ der Chef Zuneigung spüren. Er bat mich, bei meinem nächsten Aufenthalt daheim Vater seine Empfehlungen auszurichten und ihm mitzuteilen, er sei sehr zufrieden mit mir. »Ich habe mir von Herrn Scheuring berichten lassen. Du machst deine Arbeit gut. Die Ablage ist wichtig, doch du hast noch andere Talente, die wir bald in unserem Kaufhaus nutzen wollen.«

In der folgenden Woche wurde ich in die Buchhaltung versetzt, wo ich meine Rechenfähigkeiten unter Beweis stellen konnte. Später wurde ich dem Lager zugeteilt. Dort lernte ich die vielfältigen Warenmuster kennen. Als Nächstes kam ich in die Versandabteilung.

Zwei Monate später wechselte ich in den Verkauf. Endlich kam ich mit den Kunden in Berührung. Das war meine Welt. Ich mochte die unterschiedlichen Menschen, die tagtäglich ins Kaufhaus strömten. Es bereitete mir Freude, ihre Wünsche zu erfragen und ihnen zu helfen, ihre Vorstellungen genauer zu fassen, um sie schließlich mit den passenden Waren, sei es Kleidung, Haushaltsbedarf, Tischwäsche, Spielwaren oder Einrichtungsgegenstände, zu bedienen.

Bald sprach es sich unter den Verkäufern herum, dass ich mit der Kundschaft gut umgehen konnte. Das gefiel nicht allen, doch sie wagten nicht, mich direkt anzugehen, da bekannt war, dass Herr Bodenheimer mich protegierte. Doch mein Sportkamerad und Mitlehrling Otto erzählte mir von dem »Geschwätz der Deppen«. »Die Hammel sagen: ›Die Juden steckten alle unter einem Gebetsriemen. Die wollen uns nur um unser Geld bringen.‹ Wenn ich die frag': ›Warum arbeitet ihr dann beim Jud'?‹, antworten sie: ›Weil eh alles der Bande g'hört‹.« Otto verzog den Mund. »Das sind genau die, die wo ihren Rücken vorm Chef besonders krumm machen und ›Jawohl, Herr Bodenheimer‹ und ›Es ist mir eine Ehre, Herr Bodenheimer‹, rufen. Aber ich bin sicher, der schlaue Jud' durchschaut die Heuchler.«

Von diesem Gerede ließ ich mir meine gute Laune und die Freude an der Arbeit nicht rauben. Allerdings war es mir nicht möglich, so oft nach Hause zu reisen und meine Familie zu besuchen, wie ich ursprünglich gehofft hatte. Dafür sorgte Herr Bodenheimer. Nicht, indem er es mir verbot, sondern im Gegenteil, indem er mich mit Dingen beschäftigte, die mir Freude bereiteten. Etwa die Teilnahme an einem Lehrgang für Dekorateure, den das Kaufhaus finanzierte. Eigentlich musste man dafür bereits die Lehre beendet haben und Geselle sein. Doch unser Chef setzte bei der Handelskammer in Stuttgart durch, dass ich schon während des ersten Lehrjahrs dieses Seminar besuchen durfte.

Nach drei Monaten beendete ich den Kurs mit Auszeichnung. Herr Bodenheimer bestellte mich in sein Büro. »Gratuliere, Ludwig, du hast mein Vertrauen in dich gerechtfertigt. Du bist ein Rohdiamant. Mit vielen Gaben gesegnet. Deshalb musst du sorgfältig geschliffen werden. Dass man dich nach nur drei Jahren aus dem Gymnasium gerissen hat, ist eine Sünde. Sobald du mit deiner Lehre fertig bist, schicke ich dich auf die Handelsakademie. Da gehörst du hin. Aber das ist Zukunftsmusik. Jetzt freuen wir uns erst einmal an deinem Erfolg!« Dann ließ er sich und mir einen Cognac einschenken – mitten in der Arbeitszeit. Als Chef durfte er das. Er stieß mit mir an und rief dabei »Santé!«

In Ichenhausen prosteten sich die Juden mit »Le Chaim« zu. Doch Herr Bodenheimer nahm es mit seinem Judentum nicht so genau. Er hielt unseren Glauben »und den ganzen Firlefanz drum herum« für überholt. Zum Christentum wolle er aber nicht übertreten. Alle Religionen seien passé. Der moderne Mensch denke und handle selbstständig. Bodenheimers Vorbild war Walther Rathenau, Chef der berühmten Elektrofirma AEG und Reichsminister für Wiederaufbau. »Er ist Jude, obwohl er gar nicht an diese Religion glaubt, doch er ist zu selbstbewusst, um zum Christentum zu konvertieren. Darum hassen ihn viele Antisemiten und schimpfen ihn Judensau. Aber Herr Rathenau lässt sich nicht davon beeindrucken.«

Ich bewunderte Herrn Bodenheimer. Er war ein ehrlicher und sehr erfolgreicher Kaufmann, der sein Geschäft gut durch alle Fährnisse lenkte. Er ebnete meinen Weg und unterstützte mich. Doch seine ablehnende Haltung gegenüber unserem Glauben gefiel mir nicht. Seit Vater uns Kindern das Schutzgebet beigebracht hatte, sprach ich es jeden Abend. Ich bat den Engel um Beistand und glaubte felsenfest an Gott.

Niemand, auch nicht der famose Herr Bodenheimer, würde mich davon abbringen. Er versuchte es nicht direkt. Dazu war er zu klug. Nie kam ein verächtliches Wort zum Glauben unserer Väter über seine Lippen. Doch Herr Bodenheimer verstand es so einzurichten, dass ich fast jedes Wochenende in Ulm beschäftigt war. Nicht in der Firma, da hatte ich gemäß der Abmachung zwischen Herrn Bodenheimer und Vater am Schabbat frei.

Am Freitagabend nach Ladenschluss lud mich Herr Bodenheimer regelmäßig ein, ihn nach Hause zu begleiten. Und nachdem er von meiner Liebe zur Musik erfahren hatte, forderte er mich auf, ihn und seine Familie am Samstagabend zu einer Aufführung des »Tannhäuser« in der Stuttgarter Oper zu begleiten. Als ich in der Bodenheimerschen Loge saß und die Musik vernahm, erfasste mich Euphorie. Die Welt der Verführung und Erlösung durch den Glauben war mir von der Bibel vertraut. Doch es blieben Erzählungen, und die Weisen unserer liturgischen Musik waren eine gleichförmige Lobpreisung des Herrn. Bei Wagner hingegen ergriffen die Melodien, die gewaltigen Arien, die tönenden Blechbläser meine Seele, jagten sie in die Höhe und stürzten sie in die Tiefe – wie ich es nie zuvor erlebt hatte. Wagner drang in mein Innerstes und wühlte es auf. Ich wurde nach der Musik des Magiers süchtig und blieb es – mein Lebtag.

Durch sein Wohlwollen, die berufliche Förderung, die er mir angedeihen ließ, die Einladungen in sein Heim und die Verlockung der Oper verstand es Herr Bodenheimer, mich weitgehend von Besuchen in meinem Elternhaus abzuhalten. Allein an den Hohen Feiertagen bestand ich darauf, nach Ichenhausen zu reisen.

Mutter war glücklich, dass ich endlich nach Hause kam. Sie kochte selbst meine Leibspeise Kalbszunge mit Schupfnudeln. Zum Nachtisch hatte sie einen Apfelkuchen gebacken. Vater begrüßte mich zufrieden: Herr Bodenheimer habe ihm geschrieben, er würde sich glücklich schätzen, wenn ich als Angestellter seiner Firma in Ulm bleiben würde.

»Wenn das für dich das Richtige ist, werde ich dir keine Steine in den Weg legen. Du musst dir schließlich deine eigene Existenz aufbauen.«

Vaters Schnurrbart war fast vollkommen ergraut. Durch den zeitlichen Abstand fiel mir auf, wie sehr er gealtert war. Unwillkürlich dachte ich an den kraftstrotzenden Offizier, der uns in den ersten Kriegsjahren besucht hatte. Die Krankheit und die Schwermut hatten ihm zugesetzt.

Heinrich hingegen hatte sich zum Mann entwickelt. Mit entsprechendem Willen. Als ich ihm von Vaters Worten berichtete, wischte er sie beiseite: »Das würde dir so passen, du Hundling! Erst schufte ich beim Metzger, während der feine Herr im

Gymnasium rumlungert. Und jetzt darf ich allein unser Familiengeschäft aufbauen, während du dem Herrn Bodenheimer in den Hintern kriechst.«

»Halt dein böses Maul!« Ich hatte mich nicht auf Heinrichs Gerede einlassen wollen, doch es gelang ihm wieder, mich in Rage zu bringen »Aufbauen – dass ich nicht lach'! Unser Geschäft besteht seit hundert Jahren.«

Heinrich ließ sich durch mein Gebrüll nicht beeindrucken. Mit schiefem Mund entgegnete er: »Die Firma ist wirklich in einem Zustand wie vor hundert Jahren. Aber seit 1918 ist alles anders. Die Bauern zahlen keinen roten Heller von unseren Krediten zurück. Und Vater lässt ihnen das durchgehen. Das spricht sich 'rum. Die halten uns für dumme Juden, die sich alles bieten lassen …«

»Was soll Vater denn machen?« Ich ahnte schon die Antwort.

»Das, was jeder andere tut, verflucht und zugenäht! Man nimmt sich den schärfsten Advokaten und verklagt sie. Sie zahlen, oder man jagt sie vom Hof.«

»Dann hassen sie die Juden …«

»Das tun sie sowieso. Oder glaubst du Ochs, dass sie uns lieben, weil sich Vater benimmt wie der barmherzige Samariter?«

Heiner hatte wohl recht. Doch warum kümmerte er sich nicht um die Kreditgeschäfte? »Weil ich meinen Vater ehre und nicht daran denke, ihm das Geschäft aus der Hand zu nehmen.«

»Was machen wir dann, Heiner?«

»Das Kreditgeschäft dreingeben.«

»Kannst du nicht Vater überreden, unsere größten Auslagen wenigstens teilweise noch eintreiben zu lassen …«

»Was meinst du, was ich seit Monaten mit allen Mitteln versuche? Auf den Knien habe ich ihn angefleht: ›Vater, du darfst unser Familienvermögen nicht den habgierigen Bauern schenken.‹ – ›Ich bin kein Wucherjude!‹, hat er geantwortet. Ich habe mit Engelszungen auf ihn eingeredet … umsonst. Vater bleibt eisern bei seinem Standpunkt. Er erlaubt mir nicht einmal, mit dem Dietz, unserem Familiennotar in Burgau, zu sprechen, dass er den säumigen Bauern mit dem Gerichtsvollzieher das Fegefeuer auf Erden androht …«

Ich hatte nicht gewusst, dass es so ernst um unsere Firma stand. Als ich Heinrich fragte, was er selbst fürs Geschäft tat, nannte er mich einen nichtsnutzigen Frechdachs. Diesmal ließ ich mich nicht provozieren, sondern forderte ihn auf, mir sachlich zu berichten.

Er sah mich erstaunt an, ließ sogar die Andeutung eines Lächelns erkennen und meinte schließlich: »Schau, schau … die Arbeit scheint sogar bei dir zu fruchten, Ludilein. Du beginnst, erwachsen zu werden.«

Heiner räumte ein, dass der Verkauf von Arbeitskleidung an die Bauern nicht seine Sache sei. Er habe Vater eine Weile zu den Landleuten begleitet. »Die schwatzen rum und schachern, wie man's uns Juden nachsagt. Sie gönnen dir nix! Am Ende gibst du auf und überlässt ihnen die Ware zu dem Preis, den sie dir bieten, damit du endlich weiterkommst. Saubauern! Ich kenn' die vom Fleischhauer in Berolzheim. Aber der wusste, wie man mit denen umgehen muss. Der Viechermörder hat ihnen einen Preis genannt. Und wenn die Bauern schachern wollten, hat er ihnen gedroht, sie rauszuwerfen, und hat's manchmal auch gemacht. Aber dafür ist Vater zu anständig und … nicht hart genug.«

Ich beharrte darauf zu erfahren, was Heiner tat. Trotz seiner Jugend hatte er es geschafft, dass die Firma Sulzer, die in Ichenhausen Herrentextilien herstellte, ihn parallel zu seiner Tätigkeit für Vaters Firma als Vertreter arbeiten ließ.

»Ich verkaufe die Schmattes an Geschäfte und kleine Hausierer. Sollen die sich mit den Bauern rumschlagen.« Damit verdiene er besser als Vater. »Aber halt dei Gosch'n! Das darf er nie erfahren. Auch der Sulzer sagt ihm kein Wort.«

Heinrich wollte immer beweisen, dass er der klügere und bessere Sohn sei. Meine Frage, wozu er mich brauche, wenn er so gut verdiente, beantwortete er prompt. »Was der Sulzer kann, können wir auch, Ludl-Nudl. Einen Zuschneider, ein paar Näher und Arbeiter anstellen und die Schmattes selbst zusammenflicken – Platz genug haben wir. Die Räume, in denen wir früher produziert haben, setzen jetzt Spinnweben an ...«

»Aber der Sulzer hat doch Maschinen ...«

»Die können wir uns auch beschaffen. Wir leihen uns dafür einfach das Geld bei der Sparkasse in Günzburg oder in Burgau. Ich bin fürs Verkaufen geboren.«

Ich sollte mich um das kaufmännische Handwerkszeug kümmern: die Fabrikation organisieren, die Buchhaltung, den Umgang mit den Nähern. Kurz: Dinge, die Heinrich nicht interessierten. Deshalb gönnte er mir die Lehrzeit bei Bodenheimer.

»Aber danach kommst du mir nicht aus, Bürschlein. Dann gehörst du mir. Wir werden zusammen eine Firma hinstellen, dass den anderen Hören und Sehen vergeht.«

Heinrichs Idee gefiel mir, doch ich glaubte nicht, dass die Sparkasse meinem Bruder das Startkapital leihen würde. Er schalt mich darauf einen »feigen Hund«, dem er schon die Angst austreiben würde.

Am nächsten Vormittag besuchte ich meinen Kantor und seine Frau. Obgleich Herr Loew mich schon in der Synagoge gesehen hatte, freute er sich, dass ich ohne Vorankündigung in seinem Haus erschien. Ich berichtete ihm, dass mir die Lehre bei der Firma Bodenheimer gefalle und ich große Freude an meiner Tätigkeit hatte. Als er wissen wollte, ob ich jeden Morgen meine Gebetsriemen anlegte, zögerte ich kurz, ehe ich meinem Mentor gestand, dass ich dies wegen des frühen Arbeitsbeginns meist versäumte. Aber gelegentlich würde ich in seiner Bibel lesen, die mitten auf meinem Tisch läge.

Herr Loew blickte mich ernst an. »Ludwig, du bist Bar Mizwa. Du bist als jüdischer Mann nur Gott verantwortlich. Keinem Rabbiner und schon gar nicht mir. Wenn du Tefillin legst, dann nur für dich. Und wenn du in der Bibel liest, ebenfalls nur für dich. Nicht, weil du mir etwas Gutes tun willst.«

Seine ehrlichen Worte beschämten mich. Unwillkürlich dachte ich an Herrn Bodenheimer. Auch er mochte mich, und ihm lag daran, dass ich Kaufmann würde. Deshalb machte er mir wiederholt deutlich, dass er alle Religionen als »Aberglauben« ansah. Ich aber wollte Glauben und Arbeit unter einen Hut bringen.

Kaum zurück in Ulm, verflogen meine Gedanken an die religiösen Pflichten. Ich wurde der Geschäftsleitung zugeteilt. Obwohl noch keine fünfzehn Jahre alt, durfte ich im zweiten Lehrjahr zusehen, wie das Kaufhaus von Herrn Bodenheimer und seinen engsten Mitarbeitern geführt wurde. Als ich mich bei ihm bedankte, schmunzelte er. »Das tue ich nicht, um dir einen Gefallen zu erweisen. Sondern um dir Gelegenheit zu geben, an dir zu arbeiten. Ein Geschäftsmann muss mehr können als rechnen und verkaufen. Ein Kaufmann muss fähig sein, sich ständig auf neue Situationen einzustellen, Chancen ergreifen und Risiken klein halten. Und man muss seine Interessen durchsetzen können.« Das Schmunzeln wich einem entschlossenen Blick, als er hinzusetzte: »Ohne Wenn und Aber.«

Vater dagegen war unfähig, seine Tätigkeit an die veränderte Lage nach dem Krieg anzupassen, und vor allem erlaubte ihm sein weiches Herz nicht, seine Schuldner hart anzupacken. Zudem wollte er nicht als gieriger Jude gelten.

In den folgenden Monaten erlebte ich, dass Herr Bodenheimer trotz seiner Freundlichkeit zu jedermann in der Lage war, hart zu handeln, wenn es ihm notwendig schien. So entließ er ein Dutzend Verkäufer, weil der Umsatz stark zurückging. Gleichzeitig erwarb er in Augsburg ein Grundstück, um ein neues Kaufhaus zu eröffnen, »wenn die Geschäfte denn wieder besser gehen«.

Ich hielt meine Augen und Ohren offen, um so viel wie möglich vom Chef abzugucken. Herr Bodenheimer wiederum breitete seine Fittiche über mich. Bereits nachdem ich meinen Dekorateurkurs erfolgreich beendet hatte, erklärte mir der Chef, er werde mir das dritte Lehrjahr erlassen. Ich solle mich neben meiner Arbeit auf die Gesellenprüfung an der Handelskammer Stuttgart im kommenden Herbst vorbereiten. Davon aber solle ich niemandem etwas verraten, denn »Neid gehört zum Menschen wie Essen und Trinken«.

Neben meiner Arbeit und dem Lernen für die Gesellenprüfung trainierte ich, wann immer es ging, in der Dritten Jugend-Fußballmannschaft des SSV Ulm. Mit dem Ball zu laufen, zu schießen und zu dribbeln, bereitete mir Spaß wie in Ichenhausen. Aber mir fehlten die Sportkameraden meiner Heimatstadt, vor allem meine Freunde Siegl und Karl. Siegl und ich schrieben uns anfangs jede Woche, dann seltener, bis wir ganz damit aufhörten. Doch wenn ich in Ichenhausen war, besuchte ich ihn. Und wir verstanden uns wie zuvor. Er erzählte mir vom Gymnasium und ich ihm von meiner Lehre im Kaufhaus.

An Pessach, als ich die Familie meines Chefs besuchte, lud Frau Bodenheimer mich ein, künftig in ihrem Haus zu wohnen. Im Souterrain habe das Personal bereits ein Zimmer für mich hergerichtet. Ich spürte, dass Herr Bodenheimer kurz zusammenzuckte. Die Offerte machte mich verlegen, denn ich hatte mich im Dachgeschoss des Kaufhauses eingerichtet und mit Otto Würth angefreundet. Mit Maria Eichinger, die in der Buchhaltung arbeitete, verstand ich mich ebenfalls recht gut. Ich wollte aber nicht meine Freunde und andere Kollegen vor den Kopf stoßen, indem ich mich als Schoßkind des Eigentümers entpuppte. Daher lehnte ich das Angebot von Frau Bodenheimer dankend ab.

Nach dem Essen bestellte mich der Hausherr in sein Raucherzimmer. »Man schlägt den Gunstbeweis seines Vorgesetzten oder seiner Frau nicht aus, Ludwig. Schon gar nicht, wenn man weiß, dass er aus vollem Herzen kommt.« Meine Einwände ließ er nicht gelten. »Die Goijm sind ohnehin überzeugt, dass wir Juden alle zusammenstecken. Auch wenn wir einander spinnefeind sind. Also kümmere dich nicht um ihre Meinung, sondern tue, was für dich richtig ist. Das liegt wohl auf der Hand.«

Am nächsten Tag packte ich früh meinen Koffer, um heimlich mein Zimmer unter dem Dach zu verlassen. Doch ich war zu spät dran. Auf dem Gang traf ich Otto, der schlaftrunken zur Toilette auf halber Treppe taperte. Als er mich mit meinem Gepäck sah, erschrak er. Ob ich auszöge, weil ich nach Hause zurückkehren würde, wollte er wissen. Otto war mein Freund, und ich hasste das Lügen. So erzählte ich ihm die Wahrheit. Mein Spezi begriff sogleich. »Dass der Bodenheimer dir als Jud' vertraut, ist klar. Bist ja auch ein tüchtiger Bursch. Du wirst es noch weit bringen«, meinte er und versuchte zu lächeln.

Anfangs war ich recht schüchtern in der Villa der Bodenheimers. Doch das Ehepaar nahm mich auf wie einen Sohn. Am Familientisch bekam ich einen Platz an der Seite Herrn Bodenheimers zugewiesen, neben der Tochter Ricarda, die wohl ein Jahr älter war als ich. Anfangs wagte ich kaum, ihr direkt ins Gesicht zu sehen. Die dunkelhaarige Gymnasiastin gefiel mir, auch wenn sie sich kühl gab.

In meinem Zimmer hatte man einen gebrauchten Büroschreibtisch platziert. Darüber war ein Bücherbord angebracht worden. Das Hauspersonal hielt den Raum instand.

Nach dem Frühstück wurde ich mit Herrn Bodenheimer in dessen Limousine vom Chauffeur zur Firma gefahren. Zunächst wollte ich außer Sichtweite des Kaufhauses aussteigen. Doch der Chef hielt mich zurück. Auf dem Weg in sein Büro wurde er deutlich. »Ich mag keine schüchternen Hanseln. Sie sind Heuchler oder Angsthasen. Beide taugen nicht zum Chef.« Bodenheimer musterte mich, ehe er fortfuhr. »Dass ich dich dafür geeignet halte, weißt du. Also benimm dich entsprechend.«

In der tagtäglichen Arbeit war ich unserem Prokuristen zugeteilt. Herr Albrecht Ullmann war ein hochgewachsener, schlanker Mann mit akkurat gescheiteltem Haar, einer kräftigen Nase und grünblauen Augen. Er hielt sich aufrecht, sprach schnell und abgehackt. Das sollte militärisch klingen. Aber das nahm ich ihm nicht ab. Ich musste daran denken, wie ich Vater während der Kriegszeit erlebt hatte. Damals war er stets gelassen und flößte seiner Umgebung Vertrauen ein, ohne seinen Rang zu betonen. Ullmann dagegen pochte stets auf seine Position, indem er seine Untergebenen, und das waren alle Angestellten, häufig zu sich ins Büro zitierte und ihnen scharf seine Anweisungen erteilte.

Wenn Herr Bodenheimer in seinem Kontor auftauchte, sprang der Prokurist auf und verharrte stehend, bis ihm der Chef mit einer Geste bedeutete, sich wieder zu setzen. Herr Bodenheimer nahm auf einem Sessel Platz und ließ sich von Ullmann berichten, ehe er ruhig seine Order darlegte.

Dabei scheute er sich nicht, deutlich zu werden. »Ich bemerke, dass Sie sich in Ihrem Kontor verschanzen, Ullmann. Aber Sie sind kein Buchhalter, sondern Prokurist. Ich erwarte, dass Sie im Kaufhaus unterwegs sind, vor allem im Verkauf. Sie sollen mit unseren Angestellten, aber vor allem mit den Kunden sprechen, sie befragen. So können Sie ständig feststellen, was verbessert werden muss. Das berichten Sie mir und setzen sodann meine Anweisungen in die Tat um.«

Ullmann sprang auf und bestätigte die Anweisung Bodenheimers, worauf dieser im Hinausgehen erklärte: »Und lassen Sie endlich Ihr militärisches Getue, Ullmann. Wir sind nicht auf dem Kasernenhof.« Bodenheimer kümmerte sich nicht um meine Anwesenheit – oder er tat nur so und wollte mir auf diese Weise zeigen, wie man als Chef agiert?

Herr Ullmann war durch seine Zurechtweisung verletzt. Zunächst studierte er noch eine Weile Schriftstücke, ehe er mich aufforderte, ihn auf eine Tour durch die einzelnen Abteilungen zu begleiten. Von der Buchhaltung über den Einkauf, das Lager und den Versand bis zum Verkauf.

Ullmann hatte alle Daten und Zahlen im Kopf. Wenn einer der Befragten nicht genau Bescheid wusste, entlud sich der Zorn des Prokuristen über ihn wie eine biblische Plage.

Abends bat mich Herr Bodenheimer wieder in sein Raucherzimmer. Während er sich eine würzig duftende Zigarre anzündete, bot er mir eine Zigarette an, die ich geschamig ablehnen wollte, nach einer Mahnung aber ohne Widerspruch rauchte. Nur ab und an musste ich husten.

Mein Patron erklärte mir, dass niemand die Daten seines Geschäfts so gut kenne wie der Prokurist. »Er war ein perfekter Buchhalter. Und er ist ein guter Organisator. Die einzige Schwierigkeit, die er hat, ist der Bezug zu seinen Mitmenschen …«, Bodenheimer hielt inne, »… und unglücklicherweise ist das das Wichtigste überhaupt. Denn wir sind alle Menschen.« Bodenheimer zog mehrmals an seiner Zigarre. Er sah mich wohlwollend, ja gütig an. »Du hast den Umgang mit Menschen im Blut, Ludwig. Du sollst von Ullmann den präzisen Gebrauch der Geschäftszahlen lernen – und ich hoffe, dass gleichzeitig etwas von deiner Menschenfreundlichkeit auf Ullmann abfärbt.«

Im Laufe des Abends machte Herr Bodenheimer deutlich, dass er Herrn Ullmann möge. Dessen Vater sei ein jüdischer Kauf-

111

mann, der seine Mutter, ein Dienstmädchen, geschwängert und stehen gelassen hatte. »Er gehört weder zu den Juden noch zu den Gojim. Seine jüdische Intelligenz und sein deutsches Organisationstalent steckt er in seinen Beruf. Nach der Handelsschule wollte er Offizier werden. Aber beim Kommiss haben sie Ullmann nicht gewollt. Wahrscheinlich hat er Plattfüße …«, grinste Bodenheimer, »… ist wohl sein jüdisches Erbe.« Vater war ein gestandenes Mannsbild. Stärker als die meisten. Und ich war ein guter Sportler. Aber selbst der Jude Bodenheimer glaubte, dass Juden Plattfüße hätten. Ob er womöglich selbst …?

Ich musste mich konzentrieren, um den Ansprüchen Herrn Ullmanns zu genügen. Er vergaß keine Zahl und keinen Geschäftsvorgang.

»Ich weiß, dass du ordentlich rechnen kannst und ein gutes Gedächtnis hast, Ludwig, aber das genügt nicht. Du musst ein schriftliches System anlegen, in dem jede Zahl, jeder Name, jedes Datum und jeder Geschäftsvorgang festgehalten ist. Nur so kannst du im Geschäftsleben bestehen«, ordnete Ullmann an. Diese Anweisung erwies sich als unentbehrliche Grundlage meines kaufmännischen Handelns. Sobald ich mich der präzisen Arbeitsweise des Prokuristen unterworfen hatte, kam ich gut mit ihm zurecht.

Albrecht Ullmann konnte hilfsbereit sein. Nach Dienstschluss ließ er sich von mir die Aufgabenstellung bei der anstehenden Gesellenprüfung schildern und gab mir wertvolle Ratschläge. »Du musst alle Vorgänge, auch die, die auf den ersten Blick kompliziert erscheinen, so lange zerlegen, bis sie ein einfacher Vorgang sind, den du dir logisch vornimmst. Nach den Regeln, die du zuvor gelernt hast.«

Das nahm mir die Furcht vor Aufgaben, die in der Berufsschule erst im dritten Lehrjahr unterrichtet wurden. Die entsprechenden Lehrbücher ließ Herr Bodenheimer durch sein Büro beschaffen und auf dem Bord in meinem Zimmer ablegen. Ebenso wie einen Band über die kaufmännische Akademie in Stuttgart.

Obgleich Herr Bodenheimer mir ab dem Frühjahr erlaubte, nachmittags für meine anstehende Gesellenprüfung zu lernen, arbeitete ich weiterhin bis zum Feierabend mit. Denn ich spürte, dass Herr Ullmann zwar nichts gegen eine Anweisung des Chefs sagen würde, es aber bestimmt nicht gerne sah, wenn ich meine Arbeit einschränkte. Vor allem aber wollte ich Otto und Maria zeigen, dass ich mir als Jude keine Extrawürste herausnahm.

Statt mich in mein Zimmer in der Villa Bodenheimer zurückzuziehen, stieg ich nach der Arbeit in die Mansarde des Kaufhauses. Dort lernten wir gemeinsam im perfekt aufgeräumten Zimmer Marias den Stoff für die Gesellenprüfung. Anfangs war Otto noch ein wenig eingeschnappt. Doch ich schwätzte mit ihm so lange übers Kicken, bis wir dann wieder wie früher alberten.

Irgendwann meinte Otto gönnerhaft: »Wenn der Bodenheimer mich eingeladen hätte, bei ihm zu wohnen, wäre ich natürlich auch hingegangen ... außer sie hätten mich beschneiden wollen. Aber das kann dir ja nimmer passieren.«

Dann wurde er ernst. »I mein, der Bodenheimer protegiert dich, weil du a Jud bist. Aber des tät a Protestant oder a Katholik mit seine Leut auch.«

Maria war ein ernsthaftes Mädchen. Eine Häuslertochter aus der Nähe von Laupheim, deren Eltern sich ein Zubrot in Heimarbeit mit dem Nähen von Arbeitstextilien verdienten. Sie war eine sehr gute Schülerin. Als Junge wäre sie in eine Klosterschule geschickt worden. Die Möglichkeit bestand auch für Mädchen. Doch ihr Vater hasste die Kirche, und so brachte er sie als Lehrling in der Buchhaltung des jüdischen Kaufhauses unter. Dort schätzte man Marias Fleiß und ihr rechnerisches Talent. Obgleich sie gut aussah, blieb sie eine bescheidene junge Frau. Sie war wohl sehr fromm. Denn über ihrem Bett hing ein gekreuzigter Heiland, und ein schwarzer Katechismus lag auf ihrem Nachttisch.

Marias Lerneifer kam uns Buben sehr zupass. Besonders mir, denn ich musste in wenigen Monaten den Stoff eines Jahres nachholen. Maria half mir dabei. Sie konnte gut erklären und besaß große Geduld.

Bestimmt wäre sie eine gute Lehrerin geworden. Doch dieser Beruf blieb auf dem Land damals Männern vorbehalten. Meist waren es ausgediente Feldwebel oder selbstbewusste junge Gesellen.

Marias Unterweisung in Buchführung brachte mich voran. Von Otto erfuhr ich Einzelheiten zur Warenkunde. So fühlte ich mich gewappnet für die Gesellenprüfung. Zudem fand Herr Ullmann zunehmend Vergnügen daran, mir mittags oder nach Feierabend kniffelige Fragen aus Theorie und Praxis zu stellen.

Am Abend vor der Gesellenprüfung forderte mich Herr Bodenheimer auf, kurz mit ihm im Salon zu bleiben. Auf seine Frage, wie es mir erginge, erwiderte ich, dass ich aufgeregt sei, da mir ein Jahr Berufsschule fehle und ich deshalb nicht den gesamten Stoff des dritten Lehrjahres könne.

»Das ist auch nicht nötig«, erwiderte mein Chef. Er wisse, dass ich klug genug sei und die kaufmännische Materie insgesamt verstünde. »Das Wichtigste aber ist, dass man sich selbst beherrscht.«

Ich überwand meine Scheu und fragte Bodenheimer, was er damit meine.

»Man glaubt oft, man ist perfekt. Doch im Leben passiert ständig Unerwartetes. Im Geschäft, in der Politik …« Er seufzte,

»Welcher normale Mensch hätte sich 1914 vorstellen können, dass der Kaiser und seine Kamarilla vier Jahre Krieg führen, Millionen Menschen umbringen und die Volkswirtschaft fast vollständig ruinieren würden?« Nach einer Pause fuhr er fort: »Auch bei beliebigen Prüfungen muss man auf Unerwartetes gefasst sein. Wenn hier oder da eine Herausforderung, eine Frage, was auch immer auftaucht, dann gilt es, kaltes Blut zu bewahren. ›Der Mensch muss sich zu helfen wissen‹, sagte meine Großmutter. Sie war eine einfache Frau, doch ihr Rat hat mich mein Lebtag begleitet und mir immer … fast immer geholfen.«

Am folgenden Morgen ließ Herr Bodenheimer es sich nicht nehmen, mich von seinem Fahrer direkt vor die Handelskammer vorfahren zu lassen. »Es ist ein Zeichen von Selbstbewusstsein, sein Licht nicht unter den Scheffel zu stellen. Die sollen ruhig sehen, dass dein Chef hinter dir steht.« Ehe ich ausstieg, ergriff er meine Hand, drückte sie fest und gab mir noch einmal die Worte seiner Großmutter mit auf den Weg.

Die schriftlichen Aufgaben, zumal im Rechnen, in der Buchführung und in der Warenkunde, fielen mir leicht. Auch in der mündlichen Prüfung wusste ich auf alle Fragen die richtige Antwort. Mich überkam eine Hochstimmung, als ich ins Büro des Vorsitzenden der Handelskammer, Herrn Pohlmann, gerufen wurde. Der ältere, untersetzte Mann war in einen dunklen Maßanzug gekleidet. Er hieß mich Platz nehmen und blickte mich durch die Gläser seiner Goldrandbrille forschend an. »Seligmann, ich höre, dass du souverän die Prüfung gemeistert hast – und das nach nur zwei Jahren Lehre. Ja, ihr Israeliten seid nicht auf den Kopf gefallen. Zudem hast du ja einen mächtigen Protektor! Doch ehe ich deinen Gesellenbrief unterzeichne, möchte ich dir eine Frage aus dem praktischen Geschäftsleben stellen. Was tust du, wenn du entdeckst, dass in der

Buchhaltung Gelder unterschlagen werden – und dies mit dem Wissen des Geschäftsführers geschieht?«

Mir stieg das Blut zu Kopf. Herr Pohlmann unterstellte, dass in jüdischen Firmen Geld unterschlagen wurde! Am liebsten wäre ich davongelaufen. Ich fühlte Tränen aufsteigen.

›Der Mensch muss sich zu helfen wissen.‹ Ich atmete durch. Mehrmals. »Wenn ich Unehrlichkeit entdecken würde, würde ich mich an die Handelskammer wenden.«

Der Präsident verzog sein Gesicht zu einem Grinsen. »Du versuchst, den Spieß umzudrehen, Seligmann. Das ist raffiniert. Ihr seid ein schlauer Stamm, das muss euch der Neid lassen.«

Herr Bodenheimer hatte sich über die Prüfungsergebnisse seiner Lehrlinge informieren lassen. Otto Würth hatte mit »gut« bestanden, Maria Eichinger erzielte eine Eins, wie erwartet. Während ich mit Auszeichnung bestanden hatte.

Herr Ullmann, den ich nie zuvor so fröhlich gesehen hatte, las von einem Blatt eine Gratulationsadresse ab. Dabei hob er hervor, unsere Lehrlinge hätten mit ihren Leistungen bewiesen, dass unsere Firma die beste sei und ihr die Zukunft gehöre.

»Bei uns duftet der Fisch vom Kopf«, fiel ihm Herr Bodenheimer trocken ins Wort und erntete dafür das fröhliche Gelächter und den Applaus der Mitarbeiter, den sich unser Prokurist für sich erhofft hatte. Er tat mir leid.

Nach Feierabend nahm mich der Chef wieder in seiner Limousine mit. Wir fuhren jedoch nicht nach Hause, wie ich erwartet hatte, sondern ins Restaurant »Zum Goldenen Löffel«. Wo Herr Bodenheimer bei dem in einen Frack gekleideten Kellner Champagner bestellte. Nachdem die filigranen Kelche gefüllt waren, hob er sein Glas und sprach: »Santé, Ludwig! Du hast meine Erwartungen erfüllt, ja sogar übertroffen. Ich bin fest überzeugt, dass dies erst der Anfang eines glücklichen Zusammenwirkens ist.«

116

Der Chef rief »Vivat!«, während er mit mir anstieß. Ich muss aufpassen, dass ich nicht zu viel trinke wie bei meiner Bar Mizwa, ermahnte ich mich. Doch Herr Bodenheimer ermutigte mich, mir heute keinen Zwang anzutun. Und der Champagner beflügelte meine Stimmung. Nach einer Consommé wurde uns eine hauchdünn geschnittene Entenbrust mit Leipziger Allerlei serviert. Als der Vogel verspeist war, lehnte sich Herr Bodenheimer zurück und ließ sich vom Ober seine Zigarre entzünden, deren Rauch er mit kurzen Zügen einatmete und wieder ausstieß.

Der Chef erklärte mir, warum ihn mein Erfolg dermaßen beglückte. Sein ältester Sohn Gunther studiere in Berlin »Philosophie und ähnlichen Humbug«. Er gebärde sich als Kommunist, der seinem kapitalistischen Vater erlaube, ihn zu alimentieren, »während er in Bierschwemmen herumschwadroniert«.

Seine Tochter Ricarda sei dagegen glühende Zionistin. »Das sind Juden, die sich nach der Vergangenheit sehnen. Sie wollen wieder das Reich Juda aufbauen, das vor zweitausend Jahren von den Römern zerschlagen wurde. Der Prophet der Zionisten ist ein gewisser Herzl, ein gescheiterter Wiener Kaffeehausliterat. Übrigens längst tot.«

Bodenheimer bestellte eine Flasche Bordeaux. Er kostete den Wein genießerisch. Während der Kellner die bauchigen Rotweingläser einschenkte, seufzte mein Chef auf. »Warum um Himmels willen hört Gott, falls es ihn gibt, was ich stark bezweifele, nicht damit auf, unser Volk mit einer nie endenden Kette von Propheten zu beglücken … oder, um es ehrlicher zu sagen, zu strafen, die unsere Menschen dermaßen meschugge machen, dass die anderen uns geradezu hassen müssen?!«

Rabbiner Dr. Cohn und Kantor Loew, aber auch Vater wären über diese Gotteslästerung entsetzt gewesen. Doch der Chef war ein kluger und erfolgreicher Geschäftsmann. Und zumindest teilweise hatte er recht: Tatsächlich wurden wir Juden von vielen schief angesehen … ich musste an meinen Lehrer Hoffmann denken.

Lazarus Bodenheimer prostete mir aufs Neue zu. Ich wollte mein Glas ergreifen und warf es dabei fast um. Ich durfte nichts mehr trinken, doch ich konnte die Einladung des Chefs nicht zurückweisen. Also stieß ich mit ihm an. Er rief: »Santé!«

Ich nippte am Wein. Er schmeckte betörend. Nicht süß wie der Kiddusch-Wein in Ichenhausen, sondern herb und fordernd. Ich nahm einen kräftigen Schluck. Derweil verbreitete sich Herr Bodenheimer weiter über seine Tochter. Ricarda sei eine begabte Schülerin, doch seit sie die »zionistische Seuche« befallen habe, denke sie nur noch an die Einwanderung in die »asiatische Wüstenei«. Wenn sie das Lyzeum abgeschlossen habe, wolle sie nach Palästina.

»Und was denkst du, Ludwig?«, fragte er schließlich.

»Ich möchte Kaufmann werden wie Sie, Herr Bodenheimer.«

»Das ist Musik in meinen Ohren, Ludwig!«

Die Gläser ließen beim Anstoßen einen herrlichen nachklingenden Ton hören. Ich fühlte mich zunehmend beschwingt, während Herr Bodenheimer weiterhin das Wort führte. Er sprach über Politik und Geschäfte, dabei kehrte er immer wieder, wie eine Katze zur Milch, zum Judentum zurück.

Nachdem er mit einem tiefen Zug sein Glas geleert und es entschlossen abgestellt hatte, legte er seine Hand kurz auf meine Schulter. »Ludwig, ich muss dir was sagen.« Er atmete tief durch. »Mein Sohn Friedrich, mein Zweitgeborener, ist im Feld gefallen. Gleich zu Anfang … Er war ein herrlicher Junge. Pflichtbewusst, dabei fröhlich und freundlich zu jedermann. Fritz war der geborene Kaufmann. Von klein an interessierte ihn die Firma. Nach dem Unterricht und in den Ferien kam er immer in mein Kontor. Aus der Schule machte Fritz sich nicht viel. Nach dem Einjährigen warf er hin. Das Kaufhaus war sein

Leben. Keine Politik, keine Synagoge, keine Spintisierereien! Er wollte Geld verdienen, und schon als Lehrling dachte er mit mir darüber nach, neue Kaufhäuser in Stuttgart, Augsburg, München zu bauen. Dann kam der vermaledeite Krieg. Fritz hat sich von dem nationalen Rausch anstecken lassen und der Lüge des Kaisers geglaubt: ›Ich kenne keine Parteien und auch keine Konfessionen mehr!‹ Fritz hat sich freiwillig gemeldet. Und dafür mit seinem jungen Leben bezahlt. Als wir von seinem Tod erfuhren, ist bei uns das Licht erloschen.«
Bodenheimer fuhr sich mit dem Taschentuch kurz übers Gesicht. Er wandte sich mir zu. »Ludwig! Als du bei uns zu Hause aufgetaucht bist, war uns, als ob dieses Licht wieder aufleuchtete. Darum hat meine Julie dich aus vollem Herzen, ohne mich zu fragen, eingeladen, bei uns zu wohnen.« Nun erzählte der Chef von seiner Frau. »Sie ist die Tochter einer gebildeten Augsburger Familie. Musisch und feinfühlig. Und dann nimmt sie einen rauen Kerl wie mich … Ich verehre meine Frau. Aber manchmal ist sie zu zart für das harte Leben.« Er trank einen Schluck Rotwein. Während er sein Glas abstellte, sann Herr Bodenheimer nach, ehe er fortfuhr: »Fritzens Tod hat meine Julie fast zerbrochen … sie hat lange gebraucht, wieder ins Dasein zurückzufinden. Du tust ihr gut, Ludwig.«
Nachdem wir eine Weile stumm dagesessen waren, orderte Herr Bodenheimer die Rechnung, zahlte und wollte unverzüglich das Restaurant verlassen. Allein meine Beine gehorchten mir nicht mehr vollständig. Doch das Mitleid mit Herrn und Frau Bodenheimer hielt zumindest meinen Kopf klar.
Auf einen Wink des Chefs ergriff der Kellner beim Verlassen des Restaurants meinen Arm. Draußen übernahm mich der Fahrer und platzierte mich neben meinem Chef. »Fahren Sie langsam, Franz«, sagte Herr Bodenheimer. Obgleich sich der Chauffeur an seine Mahnung hielt, begann sich mein Kopf zu drehen, und mir wurde schlecht. Herr Bodenheimer merkte es und meinte

ungerührt: »Ein ordentlicher Rausch gehört zu einem bestandenen Examen. Mach' dir keine Gedanken, Ludwig.«

Das konnte ich auch gar nicht, denn mein Kopf war nunmehr leer. Ich versuchte lediglich mit aller Kraft meinen Würgreiz zu beherrschen. Was mir fast gelang. Der Chef tat so, als ob er nicht bemerkte, dass mir etwas hochkam.

Franz putzte rasch mein Hemd ab und führte mich in mein Zimmer. Ich schleppte mich, so schnell ich konnte, in den Waschraum. Als ich später im Dunkeln auf meinem Bett lag, beschleunigte sich das Drehen in meinem Kopf zu einem rasenden Kreisen. Mich würgte es wieder. Ich musste erneut zur Toilette. Danach war mir etwas leichter. Ich schwor mir, nie wieder Alkohol zu trinken.

Da hörte ich das leise Geräusch sich nähernder Schritte. Herr Bodenheimer trat im offenen Hemd ins Zimmer. Er kam ans Bett und knipste die Nachttischlampe an. Das Licht blendete mich, doch zugleich bremste es den Schwindel in meinem Kopf.

»Wie gut, dass du hier bist, Ludwig. Damit ich mich um dich kümmern kann«, sagte er mit einem Lächeln.

»Danke, Herr Bodenheimer.«

Wenige Tage später legte mir Herr Ullmann einen Arbeitsvertrag vor und forderte mich auf, das Schriftstück sorgfältig zu lesen. Ich sollte ein Jahr zur Probe als Assistent des Prokuristen tätig sein.

Da ich erst fünfzehn Jahre alt war, musste ohnehin Vater meinen Arbeitsvertrag unterzeichnen. Er würde das Dokument zuvor genau studieren. Dennoch überflog ich das Papier. Ich sollte ab 1. Juli 1922 ein monatliches Gehalt in Höhe von 150 Reichsmark erhalten. Das war sechsmal so viel wie bisher. Ich beschloss, von meinem ersten Geld Vater und Heiner einen Seidenbinder zu kaufen; für Mutter wollte ich in der Damenabteilung einen Schal aus demselben Material erwerben. Und für Thea eine große Haarschleife.

Als ich am späten Schabbatnachmittag vom Training beim SSV heimkehrte, herrschte bei Familie Bodenheimer Niedergeschlagenheit. Der Chef hatte durch einen Anruf aus Berlin erfahren, dass Reichsaußenminister Walther Rathenau von Attentätern umgebracht worden war.

»Wer kann ein derartiges Verbrechen wagen? Rathenau war ein deutscher Patriot durch und durch, der stets danach strebte, seinem Heimatland zu dienen!«

Die Stille, die nun folgte, wurde von Ricarda durchbrochen, die bislang nur selten in meiner Gegenwart etwas gesagt hatte.

»Was kümmert es diese Leute, ob Rathenau oder irgendein anderer Jude was leistet?« Mit erhobener Stimme imitierte die junge Frau den Kampfruf: »Schlagt tot den Walther Rathenau, die gottverdammte Judensau!«

»Halt den Mund!«, schrie Bodenheimer auf. »Ich dulde diese Hetzrede nicht in meinem Haus.«

Doch seine Tochter ließ sich nicht einschüchtern. »Diese Verbrecher scheren sich nicht darum, was du duldest! Für die sind wir alle Feinde, die sie freudig erschlagen.«

Der Hausherr sprang mit erhobenem Arm auf. Doch er beherrschte sich. Ratlos stand er inmitten des Salons.

Ricarda trat zu ihrem Vater: »Pardon, Papa. Ich will dich nicht erzürnen. Du kennst die Wahrheit so gut wie ich. Die ganze Welt hasst uns. Nicht nur in Berlin …«

»Und ihr Zionisten werdet uns von dem Hass ebensowenig erlösen wie alle falschen Propheten …«

»Nein – wir scheren uns nicht drum. Sollen sie uns hassen und sich selbst obendrein. Das ist uns egal. Wir werden einen eigenen Judenstaat aufbauen …«

»… den ich und andere Geschäftsleute finanzieren dürfen.«

»Wir wollen keine Almosen, Papa. Wir errichten unser Land mit unserer Hände Arbeit.«

»Juden als Bauern!«, Bodenheimer warf sich wieder in seinen Sessel. »Das sind doch Phantasien.«

»Nein, das war stets Wirklichkeit. In der Bibel. Und jetzt in Palästina, wo es immer mehr jüdische Dörfer gibt.«

»Die von Baron Rothschild unterhalten werden!«

»Rothschild betreibt dort ein Weingut. Darüber wird geredet. Aber Dutzende jüdische Dörfer und die neue jüdische Stadt Tel Aviv …« – das Bild mit den weißen Häusern, das mir einst Herr Brader geschenkt hatte, kam mir in den Sinn – »… werden von dir und den meisten Juden nicht einmal zur Kenntnis genommen!«

Ich wollte nicht Zeuge des Streits zwischen Herrn Bodenheimer und seiner Tochter werden. Doch noch bevor ich mich in mein Zimmer zurückziehen konnte, erklärte Ricarda, sie werde sich nicht davon abbringen lassen, nach Palästina auszuwandern. Als Bodenheimer einwarf, das werde sie nur über seine Leiche tun können, entgegnete sie fest: »Ein toter Jude ist genug, Vater! Du wirst mich nicht hindern können, in unser altes Land zu gehen. Niemand kann das.« Entschlossenen Schritts verließ sie den Salon.

Noch nie hatte ich mich so einsam und traurig bei Bodenheimers gefühlt.

Reichsaußenminister Walther Rathenau war umgebracht worden, weil er Jude war. Was Ricarda über den Hass gegen uns gesagt hatte, hatte ich noch nicht bedacht. Aber Deutschland war doch unsere Heimat!

Ricarda Bodenheimer hatte ein klares Ziel. Ich fühlte, dass sie ihren Willen durchsetzen würde. Doch ahnte nicht, dass ich Ricarda in wenigen Jahren in Palästina wiederbegegnen würde.

Montags am späten Vormittag wurde ich in das Büro des Chefs zitiert. Ich fürchtete, dass er auf den Streit über Rathenaus Tod zurückkommen würde.

Doch Herr Bodenheimer empfing mich leutselig lächelnd und rief mir ein »Masl tov!« zu.

»Du hast einen Bruder bekommen, Ludwig. Er ist heute Nacht zur Welt gekommen. Dein Vater hat mich soeben telefonisch davon unterrichtet.« Herr Bodenheimer hieß mich Platz nehmen und bot mir einen Wacholderschnaps an, den ich eingedenk meines kürzlichen Rausches dankend ablehnte. Doch er ließ meinen Widerspruch nicht gelten. »Am Schabbat ist der Jude Rathenau zu seinen Vätern versammelt worden, heute wurde der Israelit Seligmann geboren. Unser Volk lebt weiter!« Bodenheimer schenkte mir das klare Getränk ein. Seine ansonsten zigarrenraue Stimme klang nun fast jugendlich hell, als er mir beim Anstoßen »Le Chaim!« zurief. Der Schnaps brannte in meiner Kehle.

Herr Bodenheimer bestimmte, dass Franz mich umgehend zum Bahnhof bringen solle. Bis nach der Brit Mila, der Beschneidung meines Bruders, solle ich in meinem Vaterhaus bleiben.

»Wage es nicht, zwischendurch hier in der Firma zu erscheinen! Ich und Herr Ullmann und alle Mitarbeiter werden uns bemühen, bis zu deiner Rückkehr das Geschäft auch ohne dich über die Runden zu bringen.«

Zum Abschied steckte mir mein Chef ein Kuvert zu, das er als Marschverpflegung bezeichnete. Es enthielt hundert Reichsmark. Während ich in Bodenheimers Limousine zum Bahnhof chauffiert wurde, hätte ich am liebsten die ganze Welt umarmt. Der Herr schenkte mir und meiner Familie wieder seine Gnade!

Heinrich empfing mich in Ichenhausen am Bahnhof. Er lachte über meine Verwunderung. »Da staunst du! Bodenheimers Sekretärin hat uns angerufen und deine Ankunftszeit mitgeteilt. Du bist inzwischen wohl ein großer Maxe in eurer Firma geworden. Doch bild dir nix ein: Hier in Ichenhausen wirst du immer die Nummer zwei hinter mir bleiben!«

Anspannung und Traurigkeit waren von Vater gewichen. Er wirkte auf mich so stark, wie ich ihn als Kind zuletzt am Anfang des Krieges erlebt hatte. Mutters Gesicht strahlte, als ich in ihren Biedermeier-Salon trat, wo sie auf dem Sofa ruhte. Der Säugling schlummerte in einer Wiege neben ihr, umsorgt von Lieserl, während meine Schwester Thea ihr Brüderchen verzückt anblickte.

Mutter wies Lieserl an, mit Thea das Zimmer zu verlassen. Meine Schwester sträubte sich zunächst, und erst als ich ihr versprach, bald mit ihr zu spielen, folgte sie widerwillig dem Kindermädchen.

Mutter hieß mich, ihr einen Kuss zu geben. Ich beugte mich zu ihr nieder und spürte ihre warmen Wangen. Bei ihr fühlte ich mich geborgen. Allein bei Mutter überkam mich die unbedingte Sicherheit der Liebe. Ich bewunderte den kleinen Menschen, der bereits vollständig ausgebildete Fingerchen samt Nägeln hatte, selbst einige dunkle Haare. Wenn der Säugling seine schwarzen Augen unter dunklen Wimpern aufriss, starrten sie ins Leere. Mutter genoss meine Begeisterung für den kleinen Bruder.

Von Vater erfuhr ich, dass auch ihm ein Lehrjahr geschenkt worden sei, doch sei dies bei einem Einjährigen mit sechs Klassen Gymnasium die Regel gewesen. Ich dagegen hätte schon mit fünfzehn die Lehre mit einem »Ausgezeichnet« beendet. Dies sei selbst ihm nicht gelungen. Lazarus Bodenheimer habe ihm versichert, mir stünde in seinem Haus eine hervorragende Zukunft bevor.

»›Ludwig ist wie für uns gemacht‹, hat er mir gesagt. Du solltest diese Gelegenheit unbedingt wahrnehmen.«

Heiner war von Vater unterrichtet worden, und so überraschte es mich nicht, dass er mich sogleich anging, als wir allein waren. »Ludwig, du versuchst dich vor deiner Familienpflicht zu drücken. Das Versprechen, das du mir gegeben hast, willst du brechen. Das habe ich nicht anders von dir erwartet. Vater und ich werden unser Geschäft allein führen und Erfolg haben.«

Am achten Tag nach der Geburt fand im Gemeindesaal der Synagoge die Brit Mila statt. Mit dieser religiösen Zeremonie wurde mein Bruder wie jeder gesunde jüdische Knabe in den Bund der Beschnittenen aufgenommen. Ein Großteil der Gemeinde, Frauen wie Männer, war anwesend. Bis auf Mutter, die sich, wie es Sitte war, in Gesellschaft anderer Ichenhausenerinnen in einem Nebenraum aufhielt.

Das kleine Menschenkind, in weiße Tücher gewickelt, wurde in den Gemeindesaal getragen, wo es Mutters Bruder Simon in den Schoß gelegt wurde, der auf dem rotsamtenen Sessel des Propheten Elias Platz genommen hatte. Er war der Pate des Kindes.

Alle Männer unserer Familie, also erstmals auch ich, umringten Simon mit meinem Brüderchen. Nächst meinem Vater stand der Mohel, Herr Emanuel Wertheimer aus Augsburg, der die Beschneidung vornehmen würde. Rabbiner Dr. Cohn sprach den Segen: »Ewiger, unser Gott, gesegnet seiest Du, Herr der Welt, der Du uns diese Beschneidung aufgegeben hast.«

Der Mohel ergriff das Messer. Herr Wertheimer wickelte den Säugling aus seinen Windeln, worauf dieser prompt zu schreien begann. Doch der grauhaarige Mann im Gebetsschal strahlte eine Ruhe aus, die sich auf das Kind und die Anwesenden übertrug. Sanft fuhr er über den Leib meines Bruders. Der Kleine verstummte.

Nun sprach Herr Wertheimer den Gebetsspruch: »Wir danken Dir, Herr der Welt, dass Du uns aufforderst, in den Bund mit unserem Urvater Abraham einzutreten.«

Mit einer raschen Bewegung der linken Hand ergriff der Mohel das Schwänzle des Knaben. Ich wollte wegschauen, doch mein Blick blieb gebannt auf den Säugling und den Beschneider gerichtet. Der zog das blitzende Messer mit einer geschmeidigen Bewegung über das Gliedchen und hielt im Nu die Vorhaut hoch, die er in eine kleine Silberschale plumpsen ließ.

Ehe mein Brüderlein erneut anheben konnte zu schreien, benetzte der Mohel die Lippen des Säuglings mit einem in Zuckerwasser getauchten Wattebausch, an dem das Kind saugte. Unterdessen tupfte Herr Wertheimer routiniert das Zipfelchen mit einem Gazeband. Abschließend hüllte er den Kleinen wieder in seine Windel und überreichte ihn Onkel Simon. Der Pate wiegte seinen Neffen unbeholfen hin und her.

Der Rabbiner trat auf Onkel Simon zu. Er tauchte seinen Zeigefinger in einen mit Wein gefüllten Becher und ließ zwei Tropfen auf Kopf und Körperchen des Beschnittenen fallen. Mit fester Stimme verkündete der Rabbiner: »Du trägst den Namen Jakob. Wie in der Thora bist du der Sohn des Isaak Raphael. Möge dir ein langes, glückliches und friedliches Leben auf dem Pfad des Herrn beschieden sein.«

Die Gemeinde antwortete mit einem vielstimmigen »Amen!« Ich hörte mich ebenfalls das Wort sprechen. Ehe ich über meine bebende Stimme nachdenken konnte, füllte Abraham Loews Tenor den Raum. Er sang die traditionelle Weise: »Simen tov u Masl tov« – Gutes Omen und viel Glück. Männer, Frauen und Kinder fielen in die Melodie ein. In buntes Papier gewickelte Bonbons wurden unter die Jungen und Mädchen verteilt.

Nun wurde Mutter in Begleitung der lebhaften Thea von mehreren Freundinnen in den Saal geführt. Als sie auf einer Bank Platz genommen hatte, reichte ihr Simon vorsichtig den kleinen Jakob. Geübt stützte Mutter das Köpfchen des Säuglings und drückte ihn an sich. Sogleich schmiegte sich Thea an die Mutter und den gewickelten Bruder, der wieder kräftig zu krähen anhob.

Am liebsten wäre ich auch zu meiner Mutter getreten, doch Heinrich hätte mich verlacht. So blieb ich an der Seite Vaters und meines älteren Bruders.

Nach dem Gesang und der obligatorischen Rede von Rabbiner Dr. Cohn baten die Gäste Vater, ebenfalls zur Gemeinde zu sprechen. Papa versuchte auch heute, einem öffentlichen Auftritt zu entgehen. Doch als seine Freunde darauf bestanden, willigte er schließlich ein.

»Unser Sohn heißt Jakob«, begann er. »Zum Andenken an meinen seligen Großvater und selbstverständlich an unseren Stammvater. Wir haben unserem Sohn auch den Namen Kurt gegeben. Das heißt im Altdeutschen ›mutiger Ratgeber‹. Unser Kurt ist Jude und Deutscher. Er und seine Generation sollen die Menschen wieder zum Frieden führen.«

Ich war, ebenso wie auch Heinrich, stolz auf Vater. Mutters Gesicht drückte Zufriedenheit aus. Doch anders als Vater es ersehnte, sollte Kurt kein Mann des Friedens, sondern ein Krieger werden.

Als ich mich wenige Stunden nach der Brit-Mila-Feier mit meinem alten Schulranzen auf den Weg nach Ulm machen wollte, trat Mutter in mein Zimmer. Das Lächeln war aus ihrem Gesicht gewichen. Sie berührte meine Stirn und erteilte mir ihren Segen.

Nachdem sie mich eine Weile schweigend angesehen hatte, hob sie an: »Ich hab' mich lang gequält … aber du bist mir der nächste Mensch neben Vater. Darum muss ich dir sagen, was mir auf der Seele liegt …«

Mein Gesicht wurde heiß. Ich ahnte nichts Gutes.

Mutter wusste, dass mir in Ulm alle Möglichkeiten offenstanden. Trotzdem bat sie mich nun inständig, nach Hause zurückzukehren. »Es geht nicht um mich, sondern um die Existenz unserer Familie. Vater ist immer noch nicht vollständig gesund

und daher nicht in der Lage, das Geschäft zu führen. Heinrich hat große Pläne und ein noch größeres Mundwerk, trotzdem ist er noch kein Mann. Das Geschäft braucht deinen klugen Kopf und deine ordnende Hand.«

Ihre Worte ließen mich verzweifeln, denn ich wusste, dass Vater und erst recht Heinrich sich nichts von mir sagen lassen würden. Das versuchte ich Mutter zu erklären, doch sie wollte meine Worte nicht gelten lassen. »Ich weiß, dass mein Ludl mit Gottes Hilfe alles kann«, beharrte sie.

Ich verstand Mutters Sorgen und wäre ihr gerne beigestanden. Doch was sie von mir erwartete, konnte ich nicht erfüllen. So machte ich mich bedrückt auf den Weg nach Ulm.

Herr Bodenheimer hatte zunächst gehofft, dass das Attentat auf Außenminister Rathenau die Deutschen »aufwecken« würde. Doch er sah sich bald enttäuscht. »Die Rechtsradikalen, die Freikorps, die politischen Verbrecher können ungehindert Mord und Totschlag verüben und unser Land ins Unglück stürzen.«

Zudem fehle seit dem Tod Rathenaus der Regierung ein Mann, der etwas von Wirtschaft verstand. »Jetzt haben Idioten und notorische Schuldenmacher wie Hugo Stinnes freie Bahn.« Die Folge sei eine immer raschere Geldentwertung, die das Vermögen der meisten Bürger vernichte. Sie könnten sich immer weniger leisten.

»Der Umsatz unseres Kaufhauses sinkt und wird in nächster Zeit rapide fallen«, resümierte der Chef. Ich wollte wissen, welche Folgen dies haben werde. Bodenheimer sah mich ernst an. »Wir müssen sparen. Gleichzeitig müssen wir so viele Kredite wie möglich aufnehmen.«

Er quittierte meinen verständnislosen Blick mit einem schiefen Lächeln, ehe er mir Auskunft gab. Je rascher das Geld an Wert verliere, desto mehr würden sich Anleihen lohnen. Denn am

Ende werde man dank der Inflation – erstmals begriff ich die Bedeutung des Wortes – den Banken weniger Wert zurückerstatten, als man sich nun ausleihe. Daher benötige er jetzt Kredite. »Um damit Waren und Immobilien zu erwerben. Denn das Material behält im Gegensatz zum abschmelzenden Geld seinen Wert. Und wenn die Inflation eines Tages vorbei sein wird, werden wir ein gutes Geschäft gemacht haben.« Bodenheimer mahnte, mich seines Vertrauens würdig zu erweisen und kein Sterbenswörtchen, nicht einmal eine Andeutung, gegenüber irgendjemandem, nicht einmal gegenüber meiner Familie, verlauten zu lassen.

Es dauerte eine Weile, bis ich begriff, dass der Chef nun das betreiben wollte, was er den Spekulanten vorwarf.

In den folgenden Wochen erfuhr ich, dass Sparen die Entlassung von Menschen bedeutete. Herr Ullmann kämmte die Liste der Angestellten durch. Die wichtigsten Faktoren waren ihm Fleiß und Lohn. Wer durch das Raster dieser Formel fiel, erhielt ein Kündigungsschreiben.

Ich stellte mir vor, dass ein Mann in Vaters Alter und Verfassung ebenfalls seine Stelle verloren hätte, einerlei, was er ehedem für das Kaufhaus und Deutschland geleistet hatte. Doch Herr Ullmann ließ mir keine Zeit zum Nachdenken. Er erteilte mir stets neue Aufträge, um ein »optimales Sparpotenzial« zu gewährleisten. Unterdessen verhandelte Herr Bodenheimer mit seiner Bank und der Städtischen Sparkasse über Kredite und den Erwerb von Liegenschaften.

»Ein guter Kaufmann darf nie seine Hände in den Schoß legen. Er muss jede sich bietende Gelegenheit nutzen, seine Geschäfte zu konsolidieren, und gleichzeitig nach neuen Investitionsmöglichkeiten Ausschau halten, die eine Mehrung des Vermögens erlauben«, belehrte mich Herr Bodenheimer. Ich war stolz darüber, dass er mich ins Vertrauen zog.

Kurz darauf wurde meine Bewunderung für den Chef erschüttert. Otto Würth verriet mir nach dem Training, dass im Rahmen der Entlassungswelle, die größtenteils ältere Mitarbeiter betraf, auch Constanze Obermeyer von der Arbeit entbunden worden war.

Die außergewöhnlich schöne junge Frau hatte ein Jahr vor uns die Lehre abgeschlossen. Sie arbeitete bislang als Verkäuferin in der Damenwäscheabteilung.

Otto erzählte mir nun, Bodenheimer habe Constanze während ihrer Lehrzeit geschwängert und ihr Schweigen mit Geld erkauft. Während der letzten Monate vor und nach der Geburt sei sie bei ihren Eltern gewesen, die nun ihr Kind betreuten. Danach habe Constanze die Lehre im Kaufhaus beendet und sei weiter dort beschäftigt worden. »Jetzt hat er wohl die Gelegenheit genutzt, sein Liebchen loszuwerden.«

War sich Otto dessen ganz sicher? »Sie ist rausgeschmissen worden. Das ist der Beweis!«, erwiderte er.

Ich war wie vor den Kopf geschlagen. Bislang hatte ich Lazarus Bodenheimer für einen integren Mann gehalten. Doch nun entpuppte er sich als Lump, der die Abhängigkeit eines Lehrmädchens ausnutzte, um seine Frau zu betrügen, die er zu lieben vorgab. Obendrein hatte er die Geliebte hinausgeworfen.

Mein Vater besaß nicht die Geschäftstüchtigkeit meines Chefs. Ich erkannte, dass ich mir zunehmend die wenig schmeichelhafte Beurteilung der kaufmännischen Talente meines Vaters durch Herrn Bodenheimer zu eigen gemacht hatte. Doch Papa war ein gläubiger Jude und ein guter Ehemann. Musste man wählen zwischen weltlichen Gütern wie Geld, Besitz und Vergnügen oder einem anständigen Leben als gläubiger Jude, als rechtschaffener Mann?

Ich erwog, Herrn Bodenheimer ins Gewissen zu reden, um ihn von seinem unredlichen Handeln abzubringen. Doch das unerschütterliche Auftreten des Chefs und ein Rest Vernunft hielten mich davon ab. So verrichtete ich weiterhin meine Arbeit als Assistent des Prokuristen. Aber meine Schwärmerei für den Kaufhausbesitzer wich einer zunehmenden Missbilligung.

Ende Februar 1923 erhielt ich einen Brief meiner Mutter, in dem sie mich abermals dringend bat, nach Hause zurückzukehren, um unseren Besitz zu retten, ehe es zu spät sei. Kurz entschlossen ging ich zu Herrn Bodenheimer und bat ihn, meine Kündigung anzunehmen. Vaters Geschäft sei wegen der Inflation – inzwischen war das Wort jedem geläufig – auf meine Mithilfe angewiesen.

Der Chef aber wollte meine Begründung nicht gelten lassen. »Da wirst du wenig ausrichten können, Ludwig. Dein Vater ist ein rechtschaffener, altmodischer Landjude. Er hat seinem Vater widerspruchslos gehorcht, das Gleiche erwartet er nun von dir. Er wird niemals deinen Rat und dein Wissen annehmen. Genauso gut kannst du den Mond anbellen.«

Ich ahnte, dass Herr Bodenheimer recht hatte. Trotzdem war ich entschlossen, Mutter nicht zu enttäuschen und ihrem Hilferuf zu folgen. Das sagte ich dem Chef.

Herr Bodenheimer verzog seine Lippen zu einem schiefen Lächeln. »Ich wär' froh, wenn du mein Sohn wärst, Ludwig. Aber du bist noch nicht erwachsen, wenn du bei einer Lebensentscheidung auf die Bitte deiner Mutter hörst. Denn mit deiner Rückkehr kannst du ihr auf Dauer nicht helfen.«

Doch der Chef war bereit, meinen falschen Beschluss zu respektieren, denn er wolle mir das Herz nicht unnötig schwer machen. Ich solle jedoch nicht zögern, in seine Firma und zu seiner Familie zurückzukehren, wenn ich eingesehen hätte, dass mein Platz hier sei. Zum Abschied schenkte er mir tausend Reichsmark.

Am Abend kam Herr Bodenheimer in mein Zimmer. Stumm reichte er mir eine stählerne Uhr am Lederband.

»Es ist die Bar-Mizwa-Uhr meines gefallenen Sohns. Nach Fritzens Gesellenprüfung wurde sie durch eine goldene Uhr ersetzt … die ist mit ihm im Feld geblieben. Die Bar-Mizwa-Uhr dagegen lag bis heute auf meinem Schreibtisch. Nutzlos. Wenn du sie trägst, hätte sie wieder einen Zweck. Das wäre gewiss im Sinne von Friedrich.«

Während ich mich bei ihm bedankte, musste ich mit den Tränen kämpfen. Als Herr Bodenheimer mir die Uhr an meinen linken Unterarm anlegte, sah ich, dass auch seine Augen feucht waren.

Ich hatte ihn wegen seiner Affäre verachtet. Nun spürte ich, dass er mich lieb hatte – ebenso wie ich ihn.

Ich konnte nicht länger die Frage unterdrücken, warum der Chef sich mit Constanze eingelassen hatte und sie später bei der ersten Gelegenheit hinauswerfen ließ.

Bodenheimer war fassungslos. »Eine niederträchtige Verleumdung! Kein Wort ist wahr. Antisemitischer Dreck!« Er atmete schwer.

»Wer hat diese Lüge in die Welt gesetzt? Sag mir, wer das war, Ludwig! Ich schmeiße diesen Saukerl raus!«

Mein Gesicht brannte. Ich durfte Otto auf keinen Fall verraten. Auch wenn er offenbar eine Lüge verbreitet hatte. Derweil rief der Chef: »Die Gojim morden unseren Ruf. Und wir Juden sind zu fein oder zu feig, sie zu entlarven. Damit sie das nächste Mal wieder einen von uns in die Gosse stoßen können … heute mich und morgen dich, Ludwig!«

Das wollte ich nicht glauben, doch ich begriff, dass man einen Menschen nicht voreilig verurteilen durfte.

Inflation

Mutter war glücklich über meine Heimkehr. Heiner, der mich nach meiner Gesellenprüfung des Verrats geziehen hatte, weil ich nach Ulm zurückgekehrt war, meinte nun, Bodenheimer

132

habe mich wohl nicht mehr brauchen können: »Jetzt sind wir dir plötzlich wieder gut genug!«

Vater hieß mich zu Hause willkommen, kümmerte sich aber kaum um mich. Als ich ihm vorschlug, die Buchführung zu übernehmen, damit er sich freier bewegen könne, dankte er mir, ging jedoch nicht auf das Angebot ein.

Jeden Morgen zog er mit Heiner und unserem Hausknecht Max los. Der Wagen, den unser alter Gaul Fritz zu ziehen hatte, war mit Ware vollgepackt. Ich versuchte mich derweil im Haus nützlich zu machen, ohne recht zu wissen, wo und wie. Zunächst richtete ich mich in der Dachstube ein, die Heiner nach seiner Rückkehr von der Metzgerlehre bezogen hatte. Denn inzwischen hatte er sich in unserem alten Knabenzimmer ausgebreitet und mein Bett auf den Speicher verbannt.

Mutter merkte, dass ich mir überflüssig vorkam, sie redete mir gut zu und bat mich, ihr und Kurt zu helfen. Mein kleiner Bruder mit seinen pechschwarzen Äuglein war niedlich, doch der Säugling wurde von Mutter und Lieserl gut versorgt.

Herr Bodenheimer hatte meine Lage richtig eingeschätzt: Für mich gab es zu Hause keine vernünftige Beschäftigung. Ich rang mit meinem Stolz: Sollte ich nach Ulm zurückkehren und dem Chef meinen Irrtum eingestehen?

Eines Abends forderte mich Heiner auf, ihn ins »Weiße Ross« zu begleiten. Ich fürchtete neuen Streit und wollte auch kein Bier trinken. Doch mein Bruder erklärte, wir müssten über eine wichtige Familienangelegenheit reden.

In der Gastwirtschaft kam Heinrich sogleich auf unsere Situation zu sprechen. Er wirkte so bedrückt, wie ich ihn seit seiner Lehre nicht mehr gesehen hatte.

»Vater ruiniert uns vollkommen«, brach es aus ihm heraus. Er berichtete, dass Vater die Bedeutung der Inflation nicht begreife. »Du weißt, dass ich Vater liebe – ihm ohne Wenn und Aber folge. Aber ich kann nicht länger tatenlos zuschauen, wie er unser Geschäft systematisch kaputt macht und die Ersparnisse der Familie bis auf den letzten Pfennig verloren gehen!«

Zu Kriegsbeginn habe Vater das gesamte Vermögen, das Großvater und Urgroßvater zusammengetragen hatten, in Kriegsanleihen angelegt. »Das haben damals viele getan. Aus Vaterlandsliebe und wegen der guten Zinsen.« Doch als die Menschen, vor allem die Kaufleute, die stetige Geldentwertung erkannten, hätten sie ihre Kriegsanleihen trotz des Verlustes verkauft.

»Alle außer Vater!«, rief mein Bruder. »150 000 Reichsmark waren noch 1918 ein Vermögen, dessen Zinsen eine Familie hätten ernähren können. Heute sind sie nur noch ein Fünftel wert. Noch kann man für das Geld zumindest Ware oder ein kleines Haus kaufen. Aber wenn Vater das nicht tut, kriegst du für unsere Ersparnisse bald nicht einmal mehr einen Laib Brot.«

Ich fragte, ob Heiner Vater nicht gewarnt hätte. »Hirsch! Was denkst du, was ich seit einem Jahr Tag für Tag mache?« Heiner ballte die Fäuste und schlug sie gegen seine Schläfen. »Ich bitte und bettle und flehe Vater an. Doch er kann es nicht verstehen. Das begreif' ich nicht. Er ist doch so ein gescheiter Mann.«

Mein Bruder nahm einen großen Schluck aus seinem Seidel. »Er will nicht auf mich hören. Egal, was ich ihm sage!«

Heinrich hatte wiederholt versucht, Papa dazu zu überreden, ihn zumindest einen Teil unseres Vermögens nach seinen Vorstellungen verwalten zu lassen. Doch der hatte das empört zurückgewiesen. Seit dem Tod seines Vaters 1902 habe er die Geschäfte der Familie als ehrlicher Kaufmann geführt und das Vermögen vermehrt. Er denke nicht daran, sich von seinem unreifen Sohn in riskante Geschäfte treiben zu lassen.

Heiner war verzweifelt und ratlos. »Vater glaubt, es geht so weiter wie zu seiner Lehrzeit vor fünfunddreißig Jahren. Er will einfach nicht wahrhaben, dass sich die Zeiten und das Geldwesen geändert haben.« Er leerte sein Bierglas in einem Zug. »Sogar meine Bitte, für unser Geld Ware zu kaufen und vorzuhalten, bis das Geld wieder was wert ist, lehnt er rundweg ab. Auf diese Weise verspielt er alles Geld und die ganze Ware!«

Ich hatte nicht geahnt, dass unsere Situation so ernst war. Was konnte ich tun? Ich schlug Heinrich vor, dass ich mit Vater reden würde.

»Tapfer, Ludl! Es ist aussichtslos, Vater zum Umdenken zu bewegen. Aber wenn du glaubst, dass du es tun musst, versuch's.«

Die Aufregung ließ mich in dieser Nacht lange nicht einschlafen. Als ich endlich wegdämmerte, bedrängten mich unruhige Träume. Mit bangen Gefühlen wagte ich mich am folgenden Morgen in Vaters Kontor und schlug ihm vor, unsere Ersparnisse in Ware anzulegen und diese einzulagern.

»Kein Wort mehr!«, brüllte Vater. »Ich habe schon Geschäfte für meinen Vater gemacht, als du und dein Bruder noch nicht geboren wart. Niemals habe ich es gewagt, meinem Vater selig ein Widerwort zu geben. Genauso werdet ihr euch aufführen. Sonst werf' ich dich und Heiner aus dem Haus!«

Ich entschuldigte mich und sagte ihm, unsere Ehrerbietung als Söhne und die Sorge um unsere Familie bewege Heinrich und mich, das Gespräch mit ihm zu suchen. Er hieß mich, augenblicklich das Zimmer zu verlassen.

Da Vater sich nicht von seinem Irrweg abbringen ließ, mussten wir dringend etwas unternehmen, um unsere Familie vor dem Ruin zu bewahren. Nur was?

Heiner und ich schlenderten zum Stadtschloss und grübelten. Die Inflation verschlang unsere Ersparnisse, während gewiefte Kaufleute wie Herr Bodenheimer die Krise als Gelegenheit nutzten, um ihr Vermögen zu mehren. Die Grundidee war simpel: mit geliehenem Geld Ware zu erwerben und sie erst zu veräußern, wenn das Geld seine Kaufkraft wiedergewann.

Genauso mussten wir's machen. Doch Vater war nicht bereit, sich zu verschulden und Ware einzulagern. Und wir waren zu jung, um Kredite aufzunehmen.

»Du musst Mutter überreden, ihren Schmuck zu verkaufen«, verlangte Heinrich. »Das Geld reicht, einen Haufen Schmattes zu bekommen.« Doch diese Idee kam für mich nicht infrage. Worauf mein Bruder mich »Muttersöhnchen« schimpfte.

Plötzlich blieb Heiner stehen. »Ich hab's! Du lässt dir von Bodenheimer Ware auf Kredit geben. Er kennt dich und vertraut dir.« Doch gerade deshalb verwarf ich die Idee des Bruders. Herr Bodenheimer liebte mich wie einen Sohn. Ich dachte nicht daran, ihn auszunutzen.

Da Mutter mitbekam, dass mein Hiersein lediglich zu Zank mit Vater führte, ließ sie mich wieder ziehen, »damit du dein Leben führen kannst, Ludl«.

Ich hoffte, dass Herr Bodenheimer mich gnädig aufnehmen würde. Doch völlig sicher war ich nicht. Vor lauter Aufregung musste ich ständig auf die Toilette. Endlich fasste ich mir ein Herz und meldete mich im Kontor des Chefs. Prompt trompetete Herr Bodenheimer: »Willkommen, Ludwig!« Er kam ins Sekretariat und führte mich in sein Zimmer. Die Vorzimmerdame schloss diskret die Tür.

Noch ehe ich mich setzte, bekannte ich: »Sie hatten vollkommen recht, Herr Bodenheimer …« Mit einer Handbewegung wischte er das Gewesene beiseite. Nachdem wir uns gesetzt hatten, schwiegen wir eine Weile. Dabei bemerkte ich, dass der Chef nach meinem linken Arm schielte, wo ich die Bar-Mizwa-Uhr seines Sohnes trug. Seine Züge hellten sich auf. »Du lebst und bist gesund. Das ist entscheidend. Alles Übrige werden wir regeln.«

Herr Bodenheimer erklärte, ich solle unverzüglich wieder meine Stelle als Assistent von Herrn Ullmann antreten. Wenn ich mich dabei weiterhin bewährte, würde sich gewiss bald eine Gelegenheit ergeben, in einer Abteilung eine leitende Position einzunehmen. Ich hatte nicht vergessen, dass die Firma die Wirtschaftskrise nutzte, um ältere Mitarbeiter zu entlassen.

Herr Bodenheimer schmiedete wieder Pläne für meine Zukunft. Ich solle nun erst einmal eine Weile praktische Erfahrungen im Kaufhaus sammeln. Sobald der Irrsinn der galoppierenden Inflation sich gelegt hätte und die Wirtschafts- und Geschäftslage übersichtlich geworden wäre, werde er mich, wie er es von vorneherein vorhatte, auf eine private Handelsakademie nach Stuttgart schicken, damit ich mir auch die theoretischen Grundlagen des Wirtschaftslebens aneignen sollte. Doch der Chef spürte, dass mir seine überströmende Fürsorge etwas peinlich war. Daraufhin erklärte er mit gewollt strenger Miene: »Das sind Blütenträume. Vor den Lohn haben die Götter den Schweiß gesetzt. Zunächst musst du dich wieder in deiner alten Stellung bewähren …« Er lächelte unwillkürlich. »Und nun auf zu neuen Taten, Seligmann.«

Herr Ullmann überlegte eine Weile, bevor er mir die Aufgabe übertrug, auf der Basis seiner umfangreichen Unterlagen, darunter sauber ausgeschnittene Zeitungsartikel, Prognosen zu den Einkaufs- und Verkaufspreisen in den kommenden Wochen und Monaten zu entwerfen. »Niemand kann das Ausmaß der sich überschlagenden Geldentwertung genau voraussagen. Umso wichtiger sind daher Anhaltspunkte für die Kalkulation unserer Preise. Das ist auch nötig, um die Personalkosten und damit die Gehälter unserer Mitarbeiter planen zu können.«

Bei dieser Gelegenheit kam der Prokurist auf meinen Lohn zu sprechen. In den drei Wochen seit meiner letzten Bezahlung habe das Geld weiter an Wert verloren. In Absprache mit Herrn Bodenheimer plane er, künftig den Lohn für unsere Mitarbeiter zu staffeln. Ein Teil des Gehalts solle für lebensnotwendige Ausgaben regelmäßig ausgezahlt werden, für den Rest werde man Gutscheine ausgeben. Die Angestellten könnten dafür im Warenhaus Textilien und andere Güter erwerben, die sie privat oder auf dem Schwarzmarkt tauschen oder veräußern könnten. So bliebe der Geldwert ihres Lohns weitgehend erhalten.

Nach der Arbeit nahm mich Herr Bodenheimer in seinem Wagen mit nach Hause. Der Chef hatte offenbar seine Frau von meiner Rückkehr unterrichtet, denn mein Bett war bezogen und mein Zimmer hergerichtet.

Im Speisezimmer war der Esstisch heute außergewöhnlich festlich eingedeckt. Mitten auf der Tafel prangte ein Blumenbouquet, und ein französischer Rotwein schwamm in einem bauchigen Glasgefäß. Frau Bodenheimer und selbst Ricarda hatten elegante Kleider angelegt. Der Hausherr ließ den Wein aus dem Dekanter in unsere Gläser einschenken.

Lazarus Bodenheimer erhob den Becher in meine Richtung, Frau Julie und seine Tochter folgten. »Der verlorene Sohn ist heimgekehrt. Sei willkommen, Ludwig! Du wirst mit aller Zuneigung empfangen – das darfst du nie vergessen.«

Die Worte des Chefs bedrückten mich, denn ich empfand sie als goldene Fessel. Doch gleichzeitig war ich Herrn Bodenheimer, seiner Frau und Ricarda dankbar. Während zu Hause Angst und Starrsinn regierten, nahmen die Bodenheimers mich mit Wärme und Freude auf. Dafür dankte ich ihnen mit unsicheren Worten.

Das Mahl mundete mir hervorragend. Doch ich achtete darauf, mich beim Trinken des süffigen Weines zu beherrschen, um nicht als Saufbold zu erscheinen oder gar Unbedachtes auszusprechen.

Julie Bodenheimers Gesicht verriet mir, dass sie die Muttergefühle, die sie für ihren Sohn Fritz gehegt hatte, weiterhin mir schenkte. Selbst Ricarda wirkte gelöst. Trotz des missbilligenden Hüstelns ihrer Mutter sprach sie kräftig dem Burgunder zu. Ihre Wangen röteten sich zunehmend. Sie lächelte sogar, was ihr reizend stand.

Unvermittelt hob sie ihr Glas in meine Richtung und sprach: »Le Chaim, Ludwig! Ich freue mich, dass du zu uns zurückgekehrt bist. Aber der rechte Platz für uns Juden ist unsere biblische Heimat. Nur dort sind wir willkommen. Israel braucht gerade junge, tüchtige Juden wie dich … und mich.« Sie genehmigte sich einen ordentlichen Schluck. Mir schoss das Blut in den Schädel, gleichzeitig trommelte das Herz gegen meine Rippen.

»Dass du von dem zionistischen Hirngespinst besessen bist wie die jüdischen Zeloten, wissen wir, Ricarda. Aber lass' Ludwig damit in Frieden! Er hat in unserer Firma eine glänzende Zukunft vor sich.« Bodenheimers Stimme wurde eisig. »Ludwig – in unserer Gegenwart – einen unziemlichen Antrag zu machen, ist ungehörig. Verlasse bitte die Tafel.«

Ricardas Züge erstarrten. Doch sie zwang sich, ruhig zu erwidern: »Du darfst nicht alles, was sauber ist, beschmutzen, Vater. Gegen das Schicksal kämpfst du vergeblich. Unsere Feinde werden euch auslöschen, wie sie es mit Walther Rathenau getan haben. Entweder ihr geht nach Palästina, oder die Judenhasser werden euch dorthin treiben.«

Ricarda erhob sich betont langsam und schloss die Türe leise hinter sich. Am liebsten wäre ich ihr nachgelaufen, aber ich traute mich nicht.

Nach dem ergebnislosen Zwischenspiel in Ichenhausen hatte ich endlich wieder eine feste Anstellung in meinem erlernten Beruf und Aussicht auf eine »glänzende Zukunft«. Bei den Bodenheimers hatte ich ein neues Zuhause gefunden, auch wenn dort gestritten wurde wie in jeder Familie.

Selbst der pedantische Herr Ullmann hatte sich über meine Rückkehr gefreut. Ich wollte mich seines Vertrauens durch gute Leistung würdig erweisen. Der Prokurist wies mich an, möglichst viele Fakten und Daten zu sammeln. »Wissen und genaue Arbeit sind Macht, Ludwig.«

Mit unseren Tabellen hechelten wir der immer rascher galoppierenden Inflation hinterher. Bodenheimer belehrte mich über die Ursachen der Geldentwertung. Durch die Kriegsanleihen hatte Deutschland Milliarden Schulden angehäuft. Durch Kriegsreparationen kamen weitere 269 Milliarden Reichsmark an Schulden hinzu. Die Finanzierung des Streiks im französisch besetzten Rheinland verschlang wöchentlich weitere Milliarden. Die Reichsbank ließ die Notenpresse sausen – ohne Deckung zu besitzen. So verlor das Geld fast seinen gesamten Wert.

Unsere Berechnungen waren bereits bei ihrer Fertigstellung durch die sich überschlagende Geldentwertung Makulatur. Dennoch lieferten die Auflistungen uns zumindest Anhaltspunkte für Preiskalkulationen. Und die Berechnungen bestätigten Herrn Bodenheimer in seiner Einschätzung, dass im Feuer der Inflation die gesamten Geldmittel verbrennen würden.

Der Chef überließ das Tagesgeschäft nun vollständig seinem Prokuristen. Er selbst konzentrierte sich darauf, wo und wie er konnte, Kredite einzusammeln, um damit Waren, Grundstücke und Häuser zu erwerben, wie er mir abends gelegentlich erzählte.

Der Prokurist wusste über die Warenbestände und über die sich täglich ändernde Finanzsituation besser Bescheid als jeder andere – einschließlich des Chefs. Da Herr Ullmann die Auseinandersetzung mit den Angestellten scheute, verließ er sich zunehmend auf mich, denn ich kam mit Menschen aus und verbreitete gute Laune, so gut es ging. So schickte er mich zunächst probeweise in Abteilungen, in denen er zuvor den Leiter gekündigt hatte oder in denen es Beschwerden gab.

Als Erstes wurde ich in die Kinderbekleidungssektion versetzt. Der Leiter der Abteilung war nach 38 Jahren aus seinem Dienstverhältnis entlassen worden. Ich verstand die Erbitterung der Verkäufer. Zunächst meinte ich, meinen neuen Kollegen erklären zu müssen, dass ihr langjähriger Chef gehen musste, weil das Kaufhaus in der Inflation sparen müsse. Doch kaum hatte ich einen Satz gesagt, als einer der Mitarbeiter sich vor mir aufbaute und erklärte: »Den Herrn Scheinle haben sie nach fast vierzig Jahren Arbeit rausgeworfen, weil er Katholik ist. Damit für Sie als Jud' eine Stelle frei wird!«

Mich packte die Wut, dass alles auf meinen Glauben geschoben wurde. Zunächst wollte ich den Mann anfahren, doch ich begriff, dass es sinnlos war, einen Streit zu beginnen. Bereits im Gymnasium hatte ich erfahren müssen, dass man als Jude stets in der Minderheit war. So zwang ich mich, ruhig zu antworten: »Ich bin nur aushilfsweise hier. Die Stelle wird an einen von Ihnen gehen. Lassen Sie uns arbeiten und überlegen, was wir verbessern können.«

Ich nahm mir vor, den Kerl, der mich beleidigt hatte, nicht als neuen Abteilungsleiter vorzuschlagen.

Die Kinderwarensektion war in einem katastrophalen Zustand. Die Inflation zwang die Kunden zu sparen, wo sie konnten. Am einfachsten erreichten sie dies bei Kinderkleidung – statt Neues anzuschaffen, benutzte man einfach die ausgewachsenen Sachen der älteren Geschwister oder Verwandten. Nur wenige Familien besaßen genug Geld, um neue Kleidung oder Spielzeug zu kaufen. So hatte die Abteilung kaum etwas zu tun. Die Verkäufer räumten Ware um und dekorierten, um Beschäftigung vorzuspiegeln. Neben dem entlassenen Abteilungsleiter hätte man auch die Hälfte der übrigen Verkäufer entbehren können. Dadurch wäre die Wut der Mitarbeiter weiter gewachsen. Herr Ullmann würde die Malaise anhand seiner Zahlen rasch erkennen und die naheliegenden Konsequenzen ziehen.

Vor dem Einschlafen kam mir eine Idee. Da ich wusste, dass Herr Ullmann stets um halb acht Uhr in seinem Büro war, wartete ich anderntags um diese Zeit bereits auf ihn. »Was treibt Sie denn so früh zur Arbeit?«, wollte er wissen.

Ich schilderte ihm die Lage in der Abteilung. Er hatte sie anhand seiner Zahlen schon geahnt. Nun stellte ich ihm meinen Plan vor. Man könne weitere drei Angestellte entlassen – die Folge wären Angst und Ärger.

»Damit müssen wir fertig werden«, erklärte der Prokurist.

Nun erläuterte ich ihm meine Alternative: Statt sie zu entlassen, sollten die drei Mitarbeiter zeitweilig in anderen Abteilungen eingesetzt werden. Etwa im Warenlager oder in der Arbeitskleidungsdivision. »Und wenn unser Geschäft wieder Fahrt aufnimmt, womit Herr Bodenheimer in Kürze rechnet, dann haben wir unsere qualifizierten Leute, statt neue Kräfte anlernen zu müssen.«

Herr Ullmann bat mich, meinen Plan exakt niederzuschreiben und mit Zahlen zu belegen, die er dann prüfen wolle. Genaue Zahlenwerte gab es nicht – noch nicht. Trotzdem verfasste ich ein dreiseitiges Memorandum, das ich Ullmann übergab.

Als ich sein Büro verlassen wollte, hielt er mich zurück und gab mir auf, drei Mitarbeiter der Kinderwarenabteilung zu bestimmen, die versetzt werden sollten. Er habe bereits angeordnet, dass sie im Warenlager beschäftigt würden.

Ich bat Herrn Ullmann, selbst mit den Betroffenen zu sprechen, da er Prokurist und ich noch keine siebzehn Jahre alt sei. Doch er behauptete, in seinem Büro unabkömmlich zu sein.

Also musste ich den Unheilsboten geben. Ich wählte zwei kräftige junge Verkäufer für die Arbeit im Lager aus. Als Dritter hätte Richard Becker dazu gepasst, der mich vor wenigen Tagen beleidigt hatte. Doch ich wollte nicht als rachsüchtiger Jude gelten. Daher beließ ich ihn auf seinem Posten und bestimmte stattdessen einen anderen.

Warum war ich so ängstlich? Warum wollten wir Juden immer die Guten geben? Um den Antisemiten keinen Grund für ihren Hass zu liefern. Doch die scherten sich einen Dreck um unser Verhalten. Für sie waren wir Raffer und Gottesmörder, Halsabschneider – egal, wie anständig wir uns aufführten.

Meine Umgruppierungsidee gefiel dem Prokuristen. So schickte er mich als Nächstes in die Haushaltswarenabteilung. Hier verhielt es sich ähnlich wie bei den Kindersachen: Wer kaufte in der Not schon neues Geschirr und Hausrat?
Doch wir konnten nicht schon wieder vier Mann ins Lager versetzen lassen. Im Gespräch mit Herrn Ullmann entstand der Plan, hochwertiges Porzellan in unser Sortiment aufzunehmen, denn es gab durchaus Kunden, die auch jetzt genug Geld für Luxus besaßen. So würde unser Kaufhaus bei geringerem Umsatz mehr verdienen als an wenigen Haushaltsgeräten. Nach diversen Kalkulationen stimmte Herr Ullmann zu. In der Folge waren wir mit Einkaufsplänen und dem Umbau der Haushaltswarensektion beschäftigt.
Herr Bodenheimer ahnte, dass die Idee von mir kam, denn Ullmann sei eine perfekte Rechenmaschine ohne einen Funken Fantasie. Meine Initiative bestätigte den Besitzer in seinem Urteil.
»Ludwig, du bist ein echter Kaufmann! Du hast Schwung, kannst denken … und was am wichtigsten ist, du kannst mit Menschen umgehen.« Zudem hob der Chef meine Ehrlichkeit und Reife hervor. Bodenheimers Lob machte mich verlegen.
Der Chef erklärte, er wolle es nicht bei »guten, doch folgenlosen Worten« belassen. Er versprach, dass er mich am Tage meines achtzehnten Geburtstags vom Assistenten zum stellvertretenden Prokuristen befördern würde. »Dann kann sich Ullmann ausschließlich auf die Zahlen konzentrieren, während du dich vor allem um die Kunden und Mitarbeiter kümmerst.«

Ich dankte ihm für sein Vertrauen und hoffte, bis dahin genug Erfahrung zu sammeln.

»Jedenfalls bist du noch nicht vergreist«, lachte Bodenheimer. »Sicher wirst du Fehler machen, aber verlass dich drauf, Ullmann wird dein Tun mit Argusaugen überwachen. Und auch ich werde aufpassen – es ist mein Geschäft. Die Verantwortung wird dich schnell erwachsen werden lassen. Und überhaupt: Kaiser Franz Joseph hat mit achtzehn Jahren den österreichischen Thron bestiegen und fast siebzig Jahre regiert. Da kann ich von dir erwarten, dass du mit achtzehn den Posten eines stellvertretenden Prokuristen in meinem Kaufhaus ausfüllst.«

Zudem kündigte der Chef an, dass ich für mein erfolgreiches Personalmodell eine Gehaltserhöhung plus eine Prämie erhalten würde. »Doch Geld, zumindest deutsches Geld, gleicht heute einer Schimäre. Eine Million wird am Ende der Woche die Hälfte ihres Wertes eingebüßt haben. Daher werde ich dir eine spezielle Gratifikation zukommen lassen.«

Herr Bodenheimer federte von seinem Sessel hoch und verließ das Zimmer. Wenige Minuten später betrat er wieder den Raum. In seiner Rechten hielt er ein weißes Kuvert, das er mir mit breitem Lächeln in die Hand drückte. Ich ergriff es zögernd. »Mach' es auf, Ludwig. Ein Kaufmann muss auch einem geschenkten Gaul ins Maul schauen.«

Ich riss den Umschlag auf. Er war voller grün-weißer Banknoten. Mein Gesicht erglühte, meine Finger bebten.

Herr Bodenheimer nahm wieder in seinem Sessel Platz und lehnte sich behaglich zurück. »Das sind amerikanische Dollar. Tausend Dollar! Die sind stabil wie Gold. Heute habe ich den Grundstock deines Privatvermögens gelegt.«

Als ich am kommenden Morgen im Büro des Prokuristen anlangte, war ich noch immer aufgeregt. Wie würde Herr Ullmann reagieren, wenn Herr Bodenheimer mich in einem Jahr zu seinem Stellvertreter machen würde? Vermutlich würde er es ohne Murren hinnehmen, wie alles, was sein Chef anordnete. Noch mehr beschäftigte mich die Frage, was ich mit Bodenheimers Geschenk anfangen sollte. Tausend Dollar waren in der Tat ein kleines Vermögen. Besonders jetzt in der Inflation, wo man auf dem Schwarzmarkt für Dollar, Schweizer Franken und Gold scheinbar alles kaufen konnte.

Doch mir fehlte es bei den Bodenheimers an nichts. Ich musste mich davor hüten, mit meinem wertvollen Geld Geschäfte machen zu wollen, die nicht astrein oder zu riskant waren.

Die laufende Zuarbeit für den Prokuristen brachte mich auf andere Gedanken. Ich musste weiterhin Daten und Zahlen für Herrn Ullmann sammeln. Gelegentlich gab er mir auf, da und dort im Kaufhaus nach dem Rechten zu sehen. Eine Überraschung erlebte ich in der Lebensmittel- und Feinkostabteilung. Die Kunden waren bereit, alles Essbare zu erwerben und jeden Preis dafür zu bezahlen. Sie hatten ihre Geldquellen – wohl auch Dollars. Das Warenangebot war begrenzt, dennoch fehlten Verkäuferinnen – hier bedienten vor allem Frauen. So konnte ich einige Mitarbeiterinnen aus der gegenwärtig weniger frequentierten Damenkonfektion zur Feinkost umleiten und damit zum Erhalt ihrer Arbeitsplätze beitragen.

Unterdessen überschlug sich die Inflation. Der Geldwert stürzte ins Nichts. Aus Millionen wurden Milliarden. Jeder Arbeitslose war Milliardär – ohne, dass es ihm zum Sattwerden gereicht hätte. Die Notenpresse raste, dennoch kamen die Firmen nicht damit nach, die frischen Geldscheine unter ihren Arbeitern und Angestellten zu verteilen. Kaum war der Lohn ausbezahlt, begann der Wettlauf der Hausfrauen um die Beschaffung von Lebensmitteln und der notwendigsten Güter des Alltags. Die Inflation war dermaßen irrwitzig, dass selbst die eben noch Millionen kostenden Briefmarken durch Aufdrucke zu milliardenteuren Zeichen aufgewertet wurden. Alle hofften, der Wahnsinn müsse bald ein Ende haben, doch er ging explosionsartig weiter. Immer mehr Männer, die alle Ersparnisse verloren hatten und nicht wussten, wovon sie ihre Frauen und Kinder ernähren sollten, liefen politischen Rattenfängern hinterher. Die Kommunisten bekamen wieder Zulauf. In Sachsen planten sie einen Aufstand und in Hamburg versuchten sie eine Revolution.

In Bayern dagegen dominierten ihre Feinde, die Königs- und Kaisertreuen, die Freikorps, die Völkischen. Sie waren fast allesamt Judenfeinde. Bewaffnet mit Gewehren, in Stahlhelm und grauer Uniform, flitzten sie auf Lastwagen durch die Städte, selbst in Ulm an Bayerns Grenze. Besonnene Leute machten einen Bogen um diese Landsknechte.

Anfang November verkündete in München ein fanatischer österreichischer Antisemit gemeinsam mit General Ludendorff die Absetzung der Reichsregierung und drohte, mit seiner Soldateska nach Berlin zu marschieren, um die dortige »Judenrepublik« zu vernichten. Diese Nachricht beschäftigte die Bodenheimers. »Dann geht es uns allen an den Kragen. Selbst solchen Patrioten wie dir, Vater«, meinte Ricarda. Doch Lazarus Bodenheimer gab sich überzeugt, dass die »Regierung und das Militär dem Spuk des verrückten österreichischen Gefreiten und des Hochverräters Ludendorff ein rasches Ende bereiten werden«.

Tatsächlich berichteten die Zeitungen am folgenden Tag, dass die Bayerische Landespolizei im Herzen Münchens den Aufmarsch der Rebellen zusammengeschossen habe. Ludendorff sei festgenommen, sein Kumpan Hitler auf der Flucht, und die meisten seiner Anhänger seien tot oder verwundet.

Doch Ricarda gab sich überzeugt, dass die Nazis – es war das erste Mal, dass ich dieses Wort vernahm – und ihre Gesinnungsgenossen nicht ruhen würden, bis sie Erfolg hatten. Ihr Vater war anderer Ansicht. »Die Hochverräter werden vor Gericht gestellt und abgeurteilt, falls sie überlebt haben. Dann kehrt endlich Ruhe ein, und wir bauen ein ordentliches, freies Deutschland auf!«

Herr Bodenheimer hatte wieder einmal recht behalten. Nur wenige Tage nach dem Münchner Putsch trat eine Geldreform in Kraft. Für tausend Milliarden Reichsmark bekam man eine Rentenmark. Vier neue Mark und zwanzig Pfennig waren jetzt einen Dollar wert.

Noch in der Nacht vor dem Eintreten der Reform ließ der Chef die Belegschaft alarmieren und ihr mitteilen, dass sie am Morgen um sechs Uhr im Kaufhaus antreten solle. Nach Herrn Ullmanns Plan wurde die im Lager deponierte Ware in die Abteilungen geschafft und neu ausgepreist.

Als die Kunden ab dem späten Vormittag mit den frischen Rentenmarkscheinen ins Kaufhaus stürmten, erwartete sie nach einem Jahr wieder ein vollständiges Angebot. Rasch füllten sich alle Abteilungen mit Kaufhungrigen. Sie erwarben, was sie bekommen konnten. Die Lagermitarbeiter mussten fortwährend neue Ware in die einzelnen Abteilungen schaffen. Jetzt wurden alle Verkäufer und Lageristen gebraucht. Ich war stolz darauf, ihre Entlassung verhindert zu haben.

Herr Ullmann benahm sich für seine Verhältnisse geradezu ausgelassen. Überschlägig kalkulierte er den Umsatz und stellte erfreut fest, dass dieser noch nie so hoch gelegen habe, selbst nicht bei Preisnachlass-Aktionen vor dem Krieg. Als ich meinte, wenn der Käuferansturm anhalte, könne man die gekündigten Abteilungsleiter wieder einstellen, warnte mich der Prokurist jedoch vor dieser voreiligen Annahme. Gleichwohl orderte er nach Rücksprache mit Herrn Bodenheimer bei den Fabriken so viel Ware, wie diese im Angebot hatten. Mir erteilte er die Aufgabe, den Monatsumsatz unter unterschiedlicher Nachfrage zu kalkulieren.

Es war klar, dass die Rentenmark für Stabilität sorgen würde. Doch ich begriff, dass man eine Voraussage nicht am Schreibpult ausrechnen konnte. So eilte ich in die einzelnen Abteilungen unseres Kaufhauses. Welches Leben, welche Kauffreude, welche Zuversicht! Es war unübersehbar, dass die Kunden auf die eine oder andere Weise zumindest einen Teil ihrer Ersparnisse – anders als Vater – über die Zeit der Inflation gerettet hatten. Nun waren sie darauf versessen, ja geradezu gierig, sich endlich ihre Wünsche zu erfüllen. Dieses Verlangen würde nicht morgen aufhören, sondern andauern. Wenn Herr Bodenheimer in der Lage war, mir tausend Dollar zu schenken, dann verfügte er sicher über erhebliche Geldreserven, die er nun in die Firma stecken konnte. Daher ging ich in meiner Kalkulation für Herrn Ullmann von einem anhaltenden, ja einem zunehmenden Kaufverhalten der Kunden aus. Das war kein Strohfeuer, sondern ein Käufer-Brand.

Die Umsätze der kommenden Tage und Wochen zeigten, dass meine Einschätzung richtig war. Eines Abends erzählte mir Herr Bodenheimer, dass er nun von einem Teil seiner Kreditschulden befreit und im Besitz von Grundstücken und Gebäuden in Augsburg und Stuttgart sei. Jetzt plane er den Bau neuer Kaufhäuser in diesen Städten. Hätte Vater doch auf Heiner und mich gehört und Ware eingelagert und Kredite aufgenommen wie alle versierten Kaufleute! Dann wäre zumindest ein Teil unserer Ersparnisse gerettet worden.

In den folgenden Wochen normalisierte sich das Alltagsgeschäft auf hohem Niveau. Ich pendelte zwischen dem Büro von Herrn Ullmann und den einzelnen Abteilungen, wo er mich als »Feuerwehrmann« einsetzte. Die Kinderwarenabteilung hatte wieder ihre volle Personalstärke, die Verkäufer kehrten vom Lager zurück, wo neue Mitarbeiter eingestellt wurden. Herr Becker, der mich als jüdisches Protektionskind denunziert hatte, gab mir nach wie vor zu verstehen, dass er mich nicht leiden mochte. Daher schlug ich einen anderen Kollegen für die Stelle des Abteilungsleiters vor.

Die einkehrende Normalität ließ mir mehr Zeit für mich. Im Sommer hätte ich gerne mehr Fußball gespielt. Nun im Winter nahm ich mir vor, jeden Tag in der Bibel von Kantor Loew ein Kapitel zu lesen. Zunächst wiederholte ich meinen Bar-Mizwa-Abschnitt Jitro. Die Zehn Gebote forderten ja nicht nur, Vater und Mutter zu ehren und Gott anzuerkennen, sondern auch den Schabbat zu heiligen, nicht die Ehe zu brechen und kein falsches Zeugnis wider andere zu geben. Herr Bodenheimer war ein kluger Geschäftsmann, doch er ließ seine Mitarbeiter, auch die Juden, am Schabbat für sich arbeiten und Geld verdienen. Ein Kaufhaus musste am Samstag geöffnet bleiben, da an diesem Tag der größte Umsatz erzielt wurde.

Zum Lichterfest Chanukka ging ich abends in die Synagoge am Weinhof mit ihren vier prächtigen Kuppeln. Am ersten Abend berichtete der Rabbiner in seiner Predigt vom Aufstand der jüdischen Makkabäer gegen die griechischen Besatzer. Dabei drohte das Öl in der Heiligen Flamme im Tempel zu versiegen, doch durch ein Wunder hielt es eine Woche und einen Tag – was der Anlass zu den acht Chanukka-Feiertagen war. Als Ricarda mitbekam, dass ich allabendlich die Synagoge zum Lichtentzünden besuchte, schloss sie sich mir an. Ich war aufgeregt, denn Ricarda war eine attraktive schlanke Frau mit dunklen um den Kopf gewundenen Zöpfen und leuchtenden kobaltblauen Augen. Sie überragte mich um eine halbe Haupteslänge. Auf dem Weg in den Tempel hängte sie sich bei mir ein, was meine Wangen erglühen ließ.

Auch in der Ulmer Synagoge saßen die Frauen wie in Ichenhausen auf der Galerie, getrennt von den Männern. Ich nahm mir vor, mich ausschließlich auf die Gebete zu konzentrieren, doch wie daheim hob sich mein Blick unwillkürlich zur Frauenempore. Statt meiner Mutter sah ich nun Ricarda Bodenheimer, die in der zweiten Reihe saß und größer war als ihre Nachbarinnen. In Ichenhausen verlieh mir der Anblick Mutters Sicherheit und Geborgenheit, hier machte mich Ricardas Gegenwart nervös.

Sie bemerkte, dass ich nach ihr Ausschau hielt, und erwiderte meinen Blick mit einem aufmunternden Lächeln ihrer breiten Lippen. Mein Gesicht entflammte erneut. So zwang ich mich, die Augen zu senken. Doch meine Gedanken flogen empor zu meiner Begleiterin.

Wieder zu Hause, holte Ricarda einen kleinen silbernen Chanukka-Leuchter hervor und platzierte ihn samt Kerzen auf der Tafel im Salon. »Dies ist der Leuchter meines Bruders Fritz«, erläuterte sie mir. »Es ist mir ein Herzenswunsch, dass du wieder Lichter auf ihm entzündest.«

Ich wandte ein, dass ihr Bruder gefallen sei.

»Eben darum. Die Chanukkia soll durch dich wieder einen Nutzen bekommen.«

Ich bat sie, zuvor ihre Eltern zu fragen. Doch Ricarda wischte meinen Einwand mit einer entschiedenen Geste beiseite, die mich an ihren Vater erinnerte. »Ich war seine Schwester. Niemand stand Fritz so nahe wie ich. Zünde die Lichter an, Ludwig.«

Ich tat, wie sie mich hieß, und sprach den Segen: »Gelobt seist du, Herr, der Wunder geschehen ließ in jenen Tagen und Zeiten.« Und ergriff das erste Licht.

Da betrat Herr Bodenheimer, gefolgt von seiner Frau, den Salon. Er starrte Ricarda und mich verblüfft an. »Ihr frönt dem alten Aberglauben.«

Seine sachliche Stimme regte mich nicht weniger auf als seine Bemerkung. Doch ich brachte nicht den Mut auf, ihm zu widersprechen. Anders als seine Tochter.

»Wir sind Juden, Vater.«

»Was uns nicht verpflichtet, allen überkommenen Schmonzes mitzumachen«, gab er zurück.

»Du selbst hat Fritz den Leuchter geschenkt, Vater.«

»Ja. Aber er hat ihm nicht geholfen.«

»Das ist geschmacklos!«, rief seine Tochter.

Ehe Herr Bodenheimer darauf antworten konnte, ergriff Julie Bodenheimer das Wort. »Mich freut es, dass Ludwig Fritzens Leuchter wieder benutzt.«

Ricarda warf mir einen auffordernden Blick zu. Ich entzündete die Lichter. »Und jetzt sing unser Chanukka-Lied, Ludwig!«, sagte sie fest.

Leise hob ich an: »Maos Zur Jeshu'ati ...«

»Wenn wir schon Lichter zünden, dann bitte mit Gottes Segen. Vielleicht hilft er uns in Zukunft«, meinte Herr Bodenheimer endlich.

Auf seine Anweisung brachte das Hausmädchen koscheren Wein und goss die Gläser ein. In flüssigem Hebräisch sprach der Hausherr den Segen über dem Wein.

Seine Tochter lächelte mich an. Ricardas Willenskraft war der ihres Vaters zumindest ebenbürtig.

Im Dezember nahm das Geschäft einen weiteren Aufschwung. An den Adventvorabenden wurden Preisnachlässe gewährt – die Umsätze stiegen jeweils. Wir bereiteten uns auf den Höhepunkt des Weihnachtsgeschäfts vor.

Mitte des Monats erhielt ich einen kurzen Brief Mutters. Sie teilte mir mit, dass Thea und der kleine Kurt wohlauf seien. In zwei Tagen wollte sie mich um drei Uhr nachmittags im Café »Prinz Otto« beim Bahnhof treffen.

Als ich die kleine Frau mit den entschlossenen Zügen vor einer Tasse Kakao sitzen sah, ging mir das Herz auf. Ihr Gesicht erhellte sich bei meinem Anblick. »Mein Ludl! Wenn du da bist, ist alles gut«, sprach sie in ruhigem Ton.

Doch was sie zu sagen hatte, war schmerzlich. Die Inflation hatte alle unsere Ersparnisse verschlungen. Das gesamte Familienvermögen und ihre Mitgift waren verloren. Heinrich verdiente kein Geld, doch er weigerte sich, als Metzger oder als Gehilfe ihres Bruders zu arbeiten.

»Wir sind vollständig auf Simons Unterstützung angewiesen. Wir selbst haben nichts mehr. Ludl, du musst unverzüglich heimkommen, um uns zu ernähren. Wir können nicht auf Dauer von den Almosen aus Berolzheim leben.«

Ich hatte vergeblich versucht, Vater zu helfen. Auch Heinrich war an seinem Starrsinn gescheitert. Nun berichtete Mutter, dass Papa erneut nicht imstande war zu arbeiten. »Der Krieg und die Krise haben die Seele meines geliebten Mannes tief verletzt. Ich brauche fast meine ganze Kraft, um meinem Isaak beizustehen. Ich hoffte schon, das Schlimmste sei vorüber, aber euer Vater ist in einem sehr, sehr ernsten Zustand.«

Am liebsten wäre ich aufgesprungen, um Mutter in meine Arme zu schließen, doch das durfte ich nicht in der Öffentlichkeit.

Mutter hielt sich nicht mit Selbstmitleid auf. »Mein Kind, ich weiß, dass ich ein großes Opfer von dir verlange. Aber ich sehe keinen anderen Ausweg, als dich aufzufordern, deine Sohnespflicht zu erfüllen und deinem kranken Vater und mir beizustehen.«

Bei ihren Worten kam mir mein Bar-Mizwa-Abschnitt in den Sinn: »Ehre Vater und Mutter.« Ich ahnte, welchen Preis ich zahlen würde. Doch jetzt durfte ich nicht zaudern. Ich versprach Mama, ihr zu folgen.

»Sie macht dir ein schlechtes Gewissen und setzt dich damit gewaltig unter Druck!«, beschied Herr Bodenheimer. »So verzweifelt, wie sie es schildert, ist die Lage nicht. Deine Mutter ist eine geborene Engel. Die zählen zu den reichsten Viehhändlerfamilien in Franken. Die Inflation hat sie sicher noch wohlhabender gemacht. Sie könnten deine Familie ohne Schwierigkeiten so lange unterstützen, bis dein Bruder die Dinge wieder ins Lot bringt.«

Herr Bodenheimer hatte wohl recht. Wie in allen geschäftlichen Angelegenheiten. Aber hier ging es um meine Kindespflicht. Ich hatte Mutter mein Wort gegeben.

Mein Chef verlor allmählich die Geduld. »Ich kann dich nicht zwingen, bei uns zu bleiben. Du bist schon einmal wegen der Nötigung deiner Mutter nach Ichenhausen zurückgekehrt und gescheitert. Danach hast du mir gesagt, ich hätte recht gehabt. Jetzt bist du genau in der gleichen Situation. Begehe nicht den gleichen Fehler. Wir haben dich wie einen Sohn aufgenommen, Ludwig. Vielleicht war das falsch. Ich erwarte, dass du dich klar entscheidest. Mit Verstand für deine Zukunft oder aus falsch verstandener Sentimentalität für ein Dasein als Landjude, deren Zeit unweigerlich abgelaufen ist.«

Herrn Bodenheimers Zuneigung und seine Kraft bewegten mich. Ich bewunderte seine Klugheit. Seine schöne, starke Tochter kam mir in den Sinn. Aber nichts konnte meiner Liebe und Anhänglichkeit an Mutter gleichkommen.

Als ich abends meine Habseligkeiten packte, quälte mich die Frage, ob ich die tausend Dollar behalten durfte. Herr Bodenheimer hatte mir das Geld als Wechsel für die Zukunft in seinem Hause geschenkt. Diese brach ich mit meiner Heimkehr ab. Also musste ich ihm seine Prämie zurückgeben, so sehr ich das Geld für einen Neustart in Ichenhausen gebraucht hätte.

Ich legte den Umschlag mit den Banknoten auf seinen kleinen Sekretär im Salon und schrieb auf das Kuvert »Herzlichen Dank für alles, Herr Bodenheimer. Ihr Ludwig«.

Am frühen Morgen wollte ich aus dem Haus schleichen. Doch als ich mit meinem kleinen Koffer aus dem Souterrain kommend in den Flur trat, erwartete mich Ricarda. Sie umarmte mich wortlos. Ich getraute mich nicht, sie an mich zu drücken, obgleich alle meine Sinne mich dazu trieben.

Dann trat sie einen Schritt zurück. Auch ihre Wangen waren gerötet, als sie mit rauer Stimme sagte: »Ich kann verstehen, dass du von hier weggehst, Ludwig. Aber kehre nicht nach Ichenhausen zurück, sondern wandere in unsere alt-neue Heimat aus, ins Land Israel.«

Elternhaus

Im Zug waren alle meine Gedanken bei Ricarda. Ich stellte mir vor, wie wir zwei auf einem Dampfer nach Palästina fuhren. Dieses Bild schwand auch nicht, als ich meine glückliche Mutter wiedersah.

Am folgenden Tag überreichte mir Mama einen dicken Einschreibebrief mit Absender des Kaufhauses Bodenheimer & Co., Ulm. Doch statt meines Arbeitszeugnisses enthielt er ein Schreiben mit dem privaten Absender Lazarus Bodenheimers. Mit blauer Tinte schrieb der Chef: »Ludwig, das Geld hast du dir mit deiner Arbeit redlich verdient. Es gehört dir. Nutze es klug. Die Tür zu meinem Haus steht dir immer offen. Schäme dich nicht, wieder heimzukehren.«

Der Brief enthielt die tausend Dollar. Den Umschlag mit dem Geld in Händen musste ich weinen.

Der Brief bewies, dass mein Chef ein anständiger Mann war. In unserer Familie wäre jeder an seiner Stelle auf ewige Zeit beleidigt gewesen. Herr Bodenheimer dagegen lud mich ein, zu ihm zurückzukehren, obgleich ich ihn enttäuscht hatte.

Zu Hause hatte sich wenig geändert. Vater ging es wieder schlecht. Er stand spät auf und brütete dann schweigend im Salon vor sich hin. Lediglich zum Abendgebet in der Synagoge verließ er das Haus, um gleich danach wieder heimzukehren. Vater sprach fast nur noch mit Mutter. Um Heiner und mich, aber auch um unsere jüngeren Geschwister kümmerte er sich nicht.

Heinrich ging früh aus dem Haus und kehrte erst spät zurück. Er wich mir aus.

Ich hatte erneut alles aufgegeben, um Mutter nicht zu enttäuschen. Jetzt versuchte sie mir Mut zu machen, wusste jedoch nicht wie. Sie hatte wenig Zeit für mich. Denn von unseren drei Hausangestellten war nur das Kindermädchen Lieserl geblieben. Zum Unterhalt der anderen fehlte uns das Geld. Max Lechner, der dreißig Jahre als Vaters Kutscher und Hausknecht gearbeitet hatte, und unsere Köchin Margreth hatten gehen müssen.

Ich suchte bei Herrn Loew Rat. Er bat mich in sein Zimmer unter der Treppe der Synagoge. Der kleine Raum wurde von einem massiven Schrank beherrscht, in dem, wie ich wusste, die rituellen Gewänder des Kantors hingen, der lange weiße Kittel für den Jom Kippur, die goldbestickten Kleider für die Hohen Feiertage sowie ein schwarzer Kaftan für den Gang zur Synagoge. Davor stand ein kleiner Holztisch mit zwei einfachen Schemeln. Auf einem Wandbord reihten sich schwarz gebundene Gebetsbücher, auf deren Rücken goldgedruckte hebräische Buchstaben prangten.

Als der Kantor mich fragte, was mich zu ihm führe, sprudelte es aus mir heraus. Ich berichtete, dass Herr Bodenheimer mein Scheitern vorhergesagt hatte.

»Das sehe ich vollkommen anders!«, unterbrach er mich. Ich war überrascht, wie bestimmt Herr Loew sprach. »Ich glaube nicht, dass dein Platz in der Stadt ist. Du hast einen klugen Kopf und bist ein empfindsamer Junge, der die Menschen liebt, Ludwig.«

Herr Loew erklärte, er habe nach meinem Verstummen bei der Bar Mizwa mit Hauptlehrer Brader über mich und Heiner gesprochen. Mir brannte das Gesicht. Warum erinnerte er mich an mein Versagen?

»Damit du dir über dein Wesen klar wirst, Ludwig.« Seine Stimme war nüchtern. »Die meisten Bar-Mizwa-Jungen sind nicht so gescheit wie du. Sie lernen ihre kurzen Reden auswendig und leiern sie mehr oder minder fehlerlos herunter. Du dagegen hast die Nerven verloren …«

»Weil ich Wein getrunken habe.«

»Dein Bruder Heinrich hat auch dem Wein zugesprochen, doch er hat dich dank seiner Nervenstärke und seiner Geistesgegenwart vor einer Blamage bewahrt.«

Er sah mir in die Augen, als er fortfuhr. »Im Beruf kommt es, wie meist im Leben, weniger auf Intelligenz an als auf ein robustes Nervenkostüm und gelegentlich auf eine Portion Rücksichtslosigkeit. Beides geht dir ab. Männer, die im Beruf vorankommen wollen, nehmen keine Rücksicht – auch nicht auf ihre Mutter.«

Da Herr Loew sah, wie sehr mich seine Worte schmerzten, erklärte er mir deren Sinn, indem er aus den »Sprüchen der Väter« zitierte: »›Wer ist reich? Der mit seinem Los zufrieden ist‹ … Man soll sich mit seinem Dasein und seinen Gaben bescheiden.«

Der Kantor kam auf sich selbst zu sprechen. Seine Stimme sei ausgebildet und wohlklingend genug, um in den großen Synagogen Münchens, Frankfurts, Breslaus, ja Berlins zu bestehen. »Doch das ist nur in zweiter Linie wichtig. In einer großen, reichen Gemeinde ist Durchsetzungskraft unentbehrlich.«

Er senkte den Blick. Seine Stimme verlor ihren gewohnten melodischen Klang, wurde heiser. »Die besitze ich nicht, darum lebe und singe ich in Ichenhausen und erfreue hier die Menschen mit meiner Stimme. Hoffentlich.«

Ähnlich verhielte es sich mit Rabbiner Cohn. »Als Vorsitzender der Deutschen Rabbinerkonferenz hätte er in jedem Tempel wirken können. Aber dort wäre er gezwungen gewesen, sich mit den Reichen und Einflussreichen zu arrangieren. In unserer Gemeinde dagegen verkörpert er die unumstrittene religiöse Autorität.«

Der Kantor blickte mich wieder an. »Um als Kaufmann in Ulm oder gar in München oder Frankfurt erfolgreich zu sein, muss man hart sein wie ein Stein und kalt wie Eis. Das bist du nicht, Ludwig. Bleibe hier in Ichenhausen. Bei mir, deiner Familie und Dr. Cohn.«

Die Wärme kehrte in Kantor Loews Miene zurück. Er beschwor mich, mit meinem Bruder Frieden zu machen. »Heinrich ist rau. Doch er ist ehrlich. Gemeinsam werdet ihr hier euren Weg gehen und damit reich werden – jedenfalls im Sinne der Thora.«

So schonungslos hatte noch niemand mit mir gesprochen. Auch wenn mich sein Urteil schmerzte, gestand ich mir ein, dass der Kantor recht hatte.

Kaufmann

Als ich lange nach Einbruch der Dunkelheit Schritte auf der Treppe hörte, stieg ich von meiner Dachkammer in unser altes Bubenzimmer hinab.

»Was willst du hier?« Heiners Atem roch nach Bier.

»Mit dir reden.«

»Lass mich in Ruh', ich bin müde.«

Was bildete er sich ein? Am liebsten hätte ich ihm den Rücken gekehrt. Doch ich wollte mich unbedingt mit meinem Bruder aussprechen.

»Ich habe den ganzen Abend auf dich gewartet, Heiner.«

»Ich musste arbeiten.«

»In der Gastwirtschaft?«

»Werd' nicht frech, du Lausbub! Magst wohl den feinen Herrn aus Ulm geben?«

»Ich habe bei Bodenheimer gekündigt, um mit dir in Ichenhausen unsere Firma wieder aufzubauen, wie wir es uns vorgenommen haben …«

»Wie soll das gehen?«

»Ganz einfach. Wir besorgen uns Ware bei Sulzer und bei anderen Textilfirmen und verkaufen sie weiter an Geschäfte und Bauern.«

»Aber ich kriege den Warenkredit nur, wenn ich einen Vorschuss leiste, und ich habe kaum einen Pfennig in der Tasche«, begehrte er auf. Als ich schwieg, erzählte Heinrich, dass er gezwungen sei, seinen Lebensunterhalt als Lagerarbeiter bei Sulzer zu verdienen. Einen Teil des Lohnes gebe er den Eltern ab. Auf diese Weise könne er kaum das Startkapital für ein Warenpaket ansparen.

»Wie viel brauchst du?«

»Tausend Mark!«

»Die hab' ich.«

Im schwachen Licht der Nachttischlampe sah ich Heiners Züge nicht, doch sein Ton drückte Verblüffung aus, als er antwortete: »Du Hundling!« Dann trat er grinsend auf mich zu.

»Hast wohl beim Bodenheimer was auf die Seite geschafft …?«

»Bist du meschugge?!«

»Pardon, Ludl. Du bist auch ein Seligmann. Vater hat uns so erzogen, dass wir uns lieber die Hand abbeißen, als andere zu betrügen.«

Endlich verstanden wir uns. Ich erzählte Heinrich, dass das Geld eine Prämie meines Chefs war.

»Und ich muss beim Sulzer schuften!«

Jetzt kam es mir darauf an, einen Plan für unser Geschäft zu schmieden.

»Wir brauchen keinen Plan, wir brauchen das Geld«, entgegnete mein Bruder.

»Wenn ich damit zu Sulzer gehe und einen Wechsel signiere, kriege ich die Schmattes, Heiner.«

»Du bist doch noch nicht volljährig, du Lauser.«

»Du auch nicht, Heiner. Das ist man erst mit einundzwanzig.«

»Aber mit achtzehn bin ich geschäftsfähig.«

Am folgenden Morgen um neun Uhr sprachen wir in der Textilfirma vor. Herr Gustav Sulzer akzeptierte gerne meine 250 Dollar als Anzahlung. Anschließend signierte Heinrich einen Wechsel über 1000 Mark mit einer Laufzeit von neunzig Tagen und einem Zinssatz von sechs Prozent.

Zunächst dachte ich daran, Heinrich einen Schuldschein zeichnen zu lassen. Aber dann beschloss ich, meinem Bruder zu vertrauen wie er mir. Ich wollte die Schmattes sogleich in unser Warenlager transportieren, um noch am gleichen Tag die Chaise anzuspannen und bei den Bauern zu hausieren.

Doch Heinrich war dagegen. »Mich bringen keine zehn Pferde zu den Saubauern.«

Stattdessen besorgte sich mein Bruder einen Musterkoffer, mit dem er die Textilgeschäfte in der Umgebung aufsuchen wollte. Im Anzug mit weißem Hemd und elegantem Binder.

Und ich? »Du kommst mit, damit du bei mir etwas Gescheites lernst, statt im Kaufhaus rumzustolzieren wie ein Gockel auf dem Misthaufen.«

Heinrich war ein hervorragender Verkäufer. Er trat entschlossen auf, als wäre er der Textilfabrikant persönlich. Stets blieb er gegenüber den Ladenbesitzern höflich, doch machte er zugleich die eigene Überlegenheit deutlich. Seine Geschäftspartner ließen sich von ihm überzeugen und erwarben zumeist bereitwillig seine Schmattes.

Woher rührte die Kraft meines Bruders? Heinrich war der Erstgeborene, dagegen kam ich trotz meiner Energie nicht an. Ich dachte an den Vers aus den Sprüchen der Väter, mich mit meinem Los zufriedenzugeben. Mir fehlte Heiners Selbstvertrauen. Ich war froh darüber, dass er es für unsere Geschäfte einsetzte. Meine Stärke war meine Lebenslust und meine Freude im Umgang mit den Menschen. Die wollte ich für unsere Firma nutzen. Doch anders als Heinrich mangelte es mir an der Kraft, mich gegenüber anderen durchzusetzen. Und wenn mein Bruder sich mir entgegenstellte, fühlte ich mich ohnmächtig.

Dank Heinrichs Verkaufstalent hatten wir in weniger als zwei Wochen unsere Ware vollständig an den Mann gebracht. Es dauerte weitere vierzehn Tage, ehe wir das Geld einkassiert hatten.

Wir ließen die Zeit nicht ungenutzt. Ich investierte noch einmal 250 Dollar für ein weiteres Schmattes-Paket. Dank meiner Erfahrung bei Bodenheimer verlangte und erhielt ich nunmehr einen Nachlass von fünf Prozent, den ich ebenfalls in Ware umsetzte.

Falls Heinrich davon beeindruckt war, ließ er es mich jedenfalls nicht merken. Stattdessen wollte er wissen, wie viele Dollar ich noch besaß.

Ich nannte lediglich weitere 250 Dollar.

»Ergibt zusammen 750. Das kannst du Mutter oder Kurti erzählen. Ein Geschäftsmann wie Bodenheimer gibt sich nicht mit Dreiviertelportionen ab. Der legt tausend Dollar auf den Tisch. Selbst für eine halbe Portion wie dich.«

Heinrich verlangte, dass ich mein Dollarvermögen vollständig in unser Geschäft investierte, um ein Auto zu kaufen, mit dem

wir seinen Wirkungsbereich und seinen Auftritt entscheidend verbessern könnten. »Wenn ich mit dem Gaul vorfahre, muss ich gar nicht erst in den Laden gehen. Denn die behandeln mich wie einen Kutscher.«
Heiner verstand es, seine Selbstsicherheit zu inszenieren.

Trotz seines Drängens rückte ich meinen Dollarschatz aber nicht gänzlich raus. Eine letzte Reserve wollte ich für mich bewahren.
Heinrich gab sich schließlich mit 750 Dollar, also mehr als 3000 Reichsmark, zufrieden. Ende April 1924 erwarben wir in der Opel-Niederlassung in Stuttgart einen »Laubfrosch«. Der Spitzname des zweisitzigen Coupés rührte von seiner knallgrünen Lackierung. Das kleine Automobil kostete 3500 Mark. Wir zahlten tausend Mark an; die folgenden zwei Jahre hatten wir monatlich hundert Mark abzustottern.
Ehe wir in die württembergische Metropole aufbrachen, um den Wagen zu holen, hatte ich mir auf dem Landratsamt in Günzburg einen Führerschein sowie meinen Wandergewerbeschein besorgt. Die beiden Verwaltungsakte nahmen weniger als eine halbe Stunde in Anspruch. Als mich der Beamte nach meiner Fahrpraxis fragte, gab ich an, ich hätte diese im Auto von Herrn Dr. Herrligkoffer in Ichenhausen gesammelt. Siegl ließ mich im Gegenzug für das Ankurbeln des Motors gelegentlich mit dem Wagen seines Vaters eine Runde drehen, wobei er mir die Fahrfunktionen zurief. Heinrich hatte seine Fahrübungen bei den Auslieferungsfahrten der Firma Sulzer absolviert.
Wie selbstverständlich setzte er sich ans Steuer und chauffierte uns von Stuttgart aus über die Schwäbische Alb zum vertrauten Ulm und von dort in die sanfte Hügellandschaft unserer schwäbischen Heimat. Der Fahrtwind war weit schärfer als bei einer Kutschentour. Ich liebte den kalten Zug, der mir schier den Atem raubte.

Als wir uns Ichenhausen näherten, zeigte der Kilometerzähler 96. Wir hatten in gut zwei Stunden knapp hundert Kilometer zurückgelegt.

Als wir in unseren Hof einfuhren, sprang uns Wotan wild bellend entgegen. Heiner hatte die schwarz-weiß gefleckte Dogge aus Anlass von Kurts Geburt angeschafft. »Damit unser Brüderchen von den Frauen des Hauses nicht zu arg verhätschelt wird wie du, Ludl.« Doch der Hund kümmerte sich zunächst wenig um meinen kleinen Bruder, sondern gebärdete sich als Hüter des Hauses. Er hing vor allem an Heiner.

Nachdem mein Bruder den Wagen zum Halten gebracht und seine Fahrerhaube abgelegt hatte, wandte er sich an mich. »Hoffentlich hast du gut aufgepasst, wie ich chauffiert habe.« Er feixte. »Wenn ich das Auto nicht brauche, borge ich es dir. Aber vorsichtig fahren, wenn ich bitten darf.«

Der Laubfrosch machte es uns möglich, an einem Tag bis zu vier Geschäfte in unterschiedlichen Orten aufzusuchen. Heiner feilte ständig an seiner Verkaufsmethode. Bei Absalom Grünfeld, Ichenhausens bestem Schneider, ließ er sich zwei Maßanzüge und ein halbes Dutzend weißer Hemden mit Monogramm fertigen. Besuche in Augsburg, Ulm und Stuttgart nutzte er zum Kauf teurer aber dezenter Krawatten. Auch verbesserte er seine Manieren und verfeinerte sein Auftreten. Er sprach deutlich und in kurzen Sätzen.

Heinrich schmeichelte den Ladenbesitzern nicht, pries unsere Schmattes nicht an. Vielmehr suggerierte mein Bruder, wir hätten die beste Ware zu angemessenen Preisen. »Ich gebe nicht den billigen Jakob. Ich bin Heinrich Seligmann«, belehrte er mich.

Woher nahm er seine Arroganz? »Die steckt mir im Blut. Also musst du sie auch haben.«

Zudem habe er Vater oft auf seinen Verkaufsfahrten begleitet, der nach Heiners Ansicht zu sehr auf die Fragen der Kunden eingegangen sei. »Das Ergebnis war, dass sie immer neue Wünsche ersannen. Als Vater die Geduld verlor und den Bauern und Ladenschacherern deutlich sagte, was sie kaufen sollten, machten sie, was er wollte. Genau das tue ich auch. Ich fahre mit meinem Auto und meinem kleinen Bruder vor, bin eleganter als sie und kenne meine Ware. Also haben sie zu tun, was ich ihnen sage.«

Heiners Erfolge waren unbestreitbar. Und er besaß einen guten Geschmack. Wie auch ich liebte er edle Textilien. Neben dem Fußball genossen wir beide Musik, vor allem die Oper. Wir waren vernarrt in Wagner. Die »Meistersinger« waren mein Lieblingsstück. Sobald wir von guten Aufführungen hörten, fuhren wir nach München oder Stuttgart, wo ich die Oper von meinen Besuchen mit Familie Bodenheimer kannte.

Endlich konnten auch wir uns Parkettplätze leisten und in anständigen Hotels übernachten. »Ich verdiene genug, um im besten Haus abzusteigen«, schwadronierte mein Bruder. Er bestand darauf, dass wir uns in München im Hotel »Bayerischer Hof« am Promenadeplatz einquartierten. Dort kostete ein bescheidenes Doppelzimmer 52 Mark.

Auch die Opernkarten waren kostspielig. Wir arbeiteten gerne für den Kunstgenuss. Doch das außergewöhnlich teure Hotel und das arrogante Publikum im »Spatenhaus«, das wir nach der Aufführung aufsuchten, blieben mir fremd.

Heinrich hingegen genoss die elegante Atmosphäre. »Wenn Vater nicht in Ichenhausen eingemauert wäre, könnten mich keine zwölf Pferdestärken in das Kaff zurückzerren«, tönte er. Mir erging es umgekehrt. Ich war froh, dass unser Laubfrosch uns am folgenden Morgen in unsere Heimatstadt zurückbrachte. Wie üblich saß Heinrich am Steuer des von mir anbezahlten Autos.

Ich wollte mich schnell aus Heinrichs Herrschaft lösen. Er tat alles, um mir seine Überlegenheit zu demonstrieren. Doch als Kofferträger bei seinen Verkaufstouren war ich mir zu schade.

Eines Tages schaffte ich einen Teil unserer Ware, hauptsächlich Arbeitskleidung und Herrenhosen, in das Lager im Rückgebäude unseres Hauses. Nachmittags bat ich Vater, mir mitzuteilen, in welchen Dörfern es sich für mich lohnen würde, mit Schmattes zu hausieren. Zunächst winkte er ab. Er befürchtete wohl, dass ich ihn überreden wollte, gemeinsam mit mir loszuziehen. Das hätten sein Stolz und seine angegriffene Gesundheit niemals zugelassen.

So erzählte ich Vater, dass Heinrich seinen Erfolg als selbstständiger Vertreter im Textilgeschäft auf die Verkaufserfahrungen mit ihm zurückführte. Nun wolle ich, wie einst Vater, mein Glück als Hausierer versuchen.

Mein Ansinnen entlockte Papa ein schwaches Lächeln. Schließlich meinte er, die Bauern in den Dörfern Klein- und Großkötz sowie in deren Umland würden gut verdienen. Er sah auf die Wanduhr. »In ein bis zwei Stunden sind sie mit der Feldarbeit fertig und haben Zeit bis zur Viehfütterung am Abend. Da habe ich immer meine Schmattes verkauft.« Er sah mich wohlwollend an und gab mir ein »Masl tov« mit auf den Weg.

Ich verlor keine Zeit. Im Nu hatte ich den alten Fritz vor die Chaise gespannt, etwas Ware aufgeladen, und »Hü hott« ging es im Trab auf der Landstraße nach Norden. Für die vorbeiziehende Landschaft hatte ich an diesem Tag keinen Blick. Meine Gedanken waren darauf fixiert, meine ersten Schmattes selbstständig und auf eigene Rechnung zu verkaufen.

Nach einer halben Stunde Fahrt langte ich in Großkötz an. Bei wem sollte ich beginnen? Vor dem größten Bauernhof hatte ich ein wenig Furcht. Vielleicht fuhr der Besitzer mit seiner Frau nach Augsburg oder Ulm und kaufte dort für die ganze Familie ein. Es war wohl klüger, mein Glück bei einem kleineren Bauern zu versuchen.

Gerade als ich die Zügel wieder fahren lassen wollte, erschien ein Mann in mittleren Jahren an der Haustür. »Den kenn' mer doch! Des isch der Gaul vom Isaak Seligmann. A anständiger Jud'.« Er streckte den Zeigefinger nach mir aus. »Und du bischt sei Sohn.«

»Ja, der Ludwig.«

»Kommsch rein und bringsch dei Zeug glei mit!«, forderte er mich auf. Der Hausherr erkundigte sich eingehend nach Vater. Ich berichtete ihm, dass er gegenwärtig nicht wohl sei.

Bauer Mostler nickte. »Der Saukrieg! Zwei von meine Neffe sind gfalle. Meim Vetter Johann hat der Franzos' ses Bei' weggeschosse.« Als Nächstes erzählte er mir von seiner ältesten Tochter Theresa, die kurz vor der Entbindung stand. Er hatte wohl noch mehr zu berichten. Auch die Bäuerin wusste viel zu sagen.

Endlich nahm ich mir das Wort und pries meine Ware an, was eine Reihe von Fragen auslöste. Ich dachte an Heinrichs Mahnung, mich nicht auf Gespräche einzulassen. So empfahl ich dem Bauern, zwei Arbeitsanzüge und eine Hose zu kaufen.

»Ja, du bischt luschtig, Jung-Seligmann. Glaubscht wohl, ich ernt' Gold statt Gerschte. Noi, des goht ned. Beschtefalls oine!«

Den Preis des Arbeitsanzugs bezeichnete er als Wucher. Das regte mich auf. Ich nannte die Preise in Ulm und den Geschäften der umliegenden Kleinstädte wie Burgau.

Das spornte den Landmann zu einer ausführlichen Entgegnung an. Er endete mit der Feststellung, nun sei es Zeit, das Vieh zu füttern.

»Herr Mostler«, begehrte ich auf, »ich bin gelernter Kaufmann und kenn' mich aus. Die Arbeitshosen sind gute Qualität und preiswert.«

»Vielleicht. Kannscht gern wieder vorbeischaue, irgendwann werd' mer scho was brauche. Nur heit hen mer koi Zeit mehr für di.«

Ich sah auf meine Uhr. »Seit zwei Stunden hocke ich hier. Und jetzt schmeißen Sie mich raus, ohne mir etwas abzukaufen.«

»I schmeiß' di net naus. Kannscht gern bleibe«, grinste Mostler. Das durfte ich mir bei meinem ersten Kundengespräch nicht bieten lassen, es wäre ein schlechtes Omen. Aber zwingen konnte ich den Bauern nicht. »Das hätten Sie mit meinem Vater nicht gemacht.« Ich ärgerte mich über den hohen Ton meiner Stimme.

»Freili ned. Der Isaak isch a Reschpektsperson, und du bischt a Lauser.«

»Ich bin auch ein Mensch!«

»Sei ned glei beleidigt. Also gut, i nehm' d' Hos. Aber zum halbe Preis.« Das folgende Gefeilsche dauerte eine weitere halbe Stunde. Am Ende blieb mir nichts übrig, als dem Mostler 25 Prozent Rabatt zu gewähren, wenn ich nicht leer ausgehen wollte.

Der Bauer sah, wie mir zumute war. Daher bot er mir zum Abschied einen Klaren an, den ich in einem Zug herunterstürzte. Der Schnaps wirkte nur kurzfristig. Als ich mich auf die Chaise schwang, packte mich erneut Traurigkeit und Wut. Ohne die Berufung auf Vater wäre ich ganz leer ausgegangen. Ich musste mir eine eigene Verkaufsmethode zurechtlegen.

Eigentlich war es jetzt fürs Hausieren zu spät. Doch ich versuchte es weiter. Ich wollte, ich musste etwas verkaufen, um Vater nicht zu enttäuschen.

Doch an diesem Abend blieb mir der Erfolg versagt, obgleich ich bis in die Dunkelheit versuchte, wenigstens noch eine Schmatte loszuwerden.

Nachdem ich den alten Fritz abgespannt hatte, schlich ich in mein Zimmer, da ich niemandem begegnen wollte.

Kurz darauf öffnete Heinrich die Tür meiner Dachstube. Doch er verhöhnte mich nicht. »Ich seh' dir an, wie dir zumute ist. Beim Metzger ging's mir jahrelang noch schlimmer. Lass' das Hausieren sein, Bruder. Die Zeit ist vorbei. Das spürt auch Vater. Aber er kann's nicht zugeben, und das macht ihn schwermütig. Er ist halt schon ein älterer Herr. Aber du bist jung. Vertu' nicht dein Leben damit, den Bauern hinterherzurennen.«

»Was soll ich denn deiner Meinung nach anfangen?«

»Ist doch klar. Wir machen weiter und werden damit immer mehr Erfolg haben. Selbst ich habe nicht gedacht, dass ich so prächtig verkaufen würde. Wenn du mich ein Jahr lang begleitest, bringe ich dir bei, wie auch du unsere Schmattes an den Mann bringst. Und zwar in Geschäften, später vielleicht sogar in Kaufhäusern, aber nicht bei den knickrigen Bauern. Wenn ich merke, dass du so weit bist, kannst du den Laubfrosch haben. Ich werde mir dann eine größere Maschine zulegen.«

Stattdessen fuhr ich fort, meine Schmattes bei den Bauern anzubieten. Zunehmend gewann ich Routine und bekam ein Gespür dafür, wer nur schwatzen wollte und wer tatsächlich Interesse hatte zu kaufen. Auch beim Feilschen um den Preis wurde ich notgedrungen sicherer. Ich ließ mich nur noch selten unter Druck setzen. Wurde die Rabattforderung unverschämt, verließ ich das Haus.

Dennoch erzielte ich weniger als ein Fünftel von Heinrichs Umsätzen. Derweil zahlte er mir meinen Kredit auf Heller und Pfennig zurück und beteiligte mich unaufgefordert an seinen Verkaufserträgen.

Auf diese Weise versuchte er mich zu locken, ihm als Gehilfe zur Hand zu gehen. Da hausierte ich lieber bei meinen Bauern. Gelegentlich suchte ich kleine Textilgeschäfte in der Umgebung auf. Um ernst genommen zu werden, stellte ich Pferd und Wagen abseits ab und begab mich zu Fuß zum Laden.

Seit Ostern kickte ich wieder in der Jugendmannschaft des FC Ichenhausen. Die ersten Wochen musste ich an meiner Form arbeiten, denn in Ulm hatte ich immer seltener beim SSV trainiert.

Zudem hatte ich begonnen zu rauchen, was unserem Übungsleiter sogleich auffiel. »Ludwig, verbrenn' dein Talent nicht wie einen Glimmstängel«, mahnte mich Herr Sauter.

Da mein Ehrgeiz größer war als das Rauchvergnügen, erlaubte ich mir nicht mehr als zwei Zigaretten täglich. Gleichzeitig trainierte ich mit aller Energie. Zunächst quälte mich die Rennerei, doch bald gewann ich wieder Luft und die Lust am Spiel mit dem Ball, den Mannschaftskameraden und Dribblings mit den Gegnern. Karl Seiff, der nach seiner Lehre sich um eine Stelle bei der Polizei bewarb, und die anderen Kameraden der Jugendauswahl nahmen mich mit offenen Armen auf. Und auch mein alter Spezi Siegl Herrligkoffer freute sich darüber, dass wir wieder mehr Zeit miteinander verbringen konnten.

Doch es war bei Weitem nicht so viel wie früher. Denn Siegl musste für sein Abitur büffeln. Hätte die Not nach dem Krieg uns nicht zur Sparsamkeit gezwungen, würde ich jetzt mit ihm meine Reifeprüfung ablegen. Andererseits wären mir die aufregenden Lehrjahre in Ulm und der Umgang mit Familie Bodenheimer entgangen.

»Ein Narr bereut das Vergangene, ein Weiser dagegen versucht die Zukunft zu formen«, hatte Kantor Loew mir einmal mit auf den Weg gegeben. Da ich erst abends nach der Heimkehr vom Hausieren trainieren konnte und Siegl um diese Zeit lernen musste, sahen wir einander wochentags selten. Lediglich am Schabbat nach Synagoge und Mittagessen fanden wir Zeit zum Schwatzen und für ernsthafte Gespräche.

Siegls Zukunft war vorgezeichnet. Er würde Medizin studieren wie sein Vater und sein Großvater, um später deren Praxis samt den Belegbetten im kleinen städtischen Krankenhaus am Ort zu übernehmen.

In wenigen Jahren würde der Siegl der Stadtdoktor sein. Heinrich würde unseren Familienbetrieb führen. Und ich? Ich dachte nicht daran, die zweite Geige im Duett mit meinem Bruder zu spielen. Da Heiner genug verdiente, konnte ich nach Ulm zu Bodenheimer zurückkehren. Er würde mich bestimmt wieder bei sich aufnehmen. Dieses Mal würde ich ihm eine schriftliche Zusicherung geben, dass ich nicht kündigen würde. Doch nachdem ich ihn schon zweimal verlassen hatte, würde er mich nicht mit wichtigen Posten wie dem des zweiten Prokuristen betrauen. Und ich müsste Mutter mit dem kleinen Kurt im Stich lassen – Heinrichs Launen ausgeliefert.

Nicht nur Sohnesliebe hielt mich in Ichenhausen. Hier war ich geboren, beschnitten worden und hatte meine Bar Mizwa begangen. Hier lebten meine Familie und meine Freunde. Ich war Mitglied des Fußballclubs ebenso wie des Synagogenchors. Kantor Loew war mein Mentor und Vorbild. Ich liebte unsere Synagoge: Sie war Mittelpunkt der Gemeinde, meines Glaubens, meiner Seele.

An Jom Kippur, dem höchsten Feiertag, standen zwei Stadtpolizisten in bayerischer Paradeuniform Ehrenspalier an der Synagogenpforte. Christliche Ichenhausener drängten sich beim Gottesdienst am »längsten Tag«, wie sie ihn nannten, auf den Galerien, um die feierliche Zeremonie mitzuerleben. Ich liebte unser sanftes schwäbisches Land, wollte hier leben und eines Tages eine Familie gründen. Ich wollte in Ichenhausen bleiben, ohne Heinrichs Lakai zu sein. Doch abschauen konnte ich mir bei meinem Bruder durchaus einiges.

Jeden Morgen um sieben Uhr ging ich zum Gottesdienst, um gemeinsam mit weiteren Männern den Minjan, das mindestens zehnköpfige Beterquorum, zu bilden. Wir sprachen das

Achtzehner-Gebet und legten die Tefillin auf Stirn und linkem Arm an. Dabei sah ich allmorgendlich Herrn Loew und unseren neuen Rabbiner, Herrn Dr. Neuwirth, der nach dem Tod von Dr. Cohn dessen Nachfolger geworden war. Der Kantor war froh, dass ich wieder in den Schoß der Gemeinde und zum jüdischen Glauben zurückgefunden hatte. Aber ich war stets Gott und meinem Judentum treu geblieben.

Nachdem er sich meines Hierbleibens vergewissert hatte, bat mich Emanuel Neuwirth ins Rabbinat. Sein Amts- und Wohnhaus stand quer zur Synagoge. Der schlanke, hochgewachsene Mann saß trotz seines fortgeschrittenen Alters kerzengerade in seinem pedantisch aufgeräumten Arbeitszimmer hinter einem Schreibtisch. In den deckenhohen Regalen standen nicht nur hebräische Religionsbücher, auch die deutschen Klassiker waren vertreten. Ich sah die Buchrücken der Ausgaben von Goethe, Schiller, Meyers Konversationslexikon, die vielbändige »Geschichte der Juden« von Heinrich Graetz. Gegenüber hing im Goldrahmen ein Gemälde Jerusalems inmitten der Judäischen Wüste.

Dr. Neuwirth war ein gepflegter, bartloser Mann. Der Rabbiner amtierte erst seit wenigen Monaten als Nachfolger von Dr. Aron Cohn, der seit den 1870er-Jahren das religiöse Leben der Gemeinde dominiert hatte und bei Jud' und Christ hohes Ansehen genossen hatte. Dr. Neuwirth sprach ruhig, sein Blick war offen.

»Moritz Meinfelder, der ja nun länger als ein halbes Jahrhundert der Schammes dieser Synagoge ist und die meisten Juden besser kennt als sie sich selbst, hat mir berichtet, dass Sie ebenso wie Ihr Vater ein gesetzestreuer Jude sind.«

»Ich versuche es zumindest.«

»Versuche zählen nichts«, gab Dr. Neuwirth zurück. »Der Ewige, gepriesen sei Er, hat uns seine Gebote gegeben, und wir haben ihnen widerspruchslos zu folgen.«

Das taten wir, aber warum ließ Gott meinen Vater trotzdem nicht gesunden?

Der Rabbiner würde meine Frage als Anmaßung empfinden, da der Mensch nicht befugt sei, den Ratschluss des Allmächtigen zu beurteilen.

»Ich habe Sie hergebeten, um mit Ihnen über eine konkrete Aufgabe zu sprechen. Es gibt eine Zeit zum Scheiden und zum Sterben. Für jeden von uns.«

Dr. Neuwirth sah mir in die Augen. »Neben dem Rabbinat ist mir der Dienst an den Kranken, Sterbenden und Toten die wichtigste Berufung. Als ich das Amt des Gemeinderabbiners übernahm, wurde ich auch Mitglied der Chewra Kadischa. Die Heilige Gesellschaft kümmert sich um die Verstorbenen. Wie Sie wissen, beerdigen wir Juden unsere Toten binnen 24 Stunden nach ihrem Ableben, außer am Schabbat. In dieser knappen Frist gilt es, den Leichnam zu waschen, herzurichten und einen würdigen, ewigen Platz auf unserem Friedhof zu finden. Das ist eine unentbehrliche Pflicht. Sie sind erst achtzehn, doch ich bin überzeugt, dass Sie die Glaubenskraft für diese Aufgabe besitzen. Daher möchte ich Sie bitten, ebenfalls unserer Heiligen Gesellschaft beizutreten.«

Ich hatte noch nie einen Toten gesehen. Und jetzt sollte ich die Verstorbenen unserer Gemeinde in Händen halten, sie herrichten und auf ihrem letzten Weg begleiten?

Der Rabbiner sah wohl, wie mir zumute war. »Sie müssen keine Angst haben. Die Toten fügen niemandem Leid zu. Sie werden ihnen fortan helfen, ihre letzte Ruhe zu finden. Das wird auch Ihnen guttun.« Die Worte des Rabbiners ließen keinen Widerspruch gelten.

Beim Donnerstagstraining verletzte sich der Rechtsaußen der Ersten Mannschaft, Helmut Reut, den Knöchel. Der Trainer bestimmte mich zu seinem Ersatzmann. Ich kannte Helmut kaum und wünschte ihm nichts Schlechtes, doch zugleich war ich von dem überwältigenden Wunsch erfüllt, endlich in der Ersten Mannschaft mein Talent zu beweisen.

Als ich beim Schabbatgottesdienst für mein Wohl und das meiner Familie betete, ertappte ich mich dabei, dass ich am liebsten hinzugesetzt hätte: »Lieber Gott, bitte lasse mich morgen in der Ersten Mannschaft spielen.«

Vater, Kantor Loew oder gar Rabbiner Dr. Neuwirth wären über die Vorstellung empört gewesen, dass ich den Allmächtigen mit solchen Nichtigkeiten belästigen könnte, die zudem die Fortdauer der Verletzung eines anderen Menschen bedeuteten. Trotzdem wollte ich morgen unbedingt gegen unsere Erzfeinde aus Günzburg antreten.

Lauf, Ludwig, lauf!

Als ich sonntags um halb zwei auf dem Fußballplatz erschien, teilte mir Herr Sauter mit, dass er mich heute als Rechtsaußen aufstellen würde.

»Bleib' ruhig, Ludwig. Das ist das Wichtigste«, schärfte er mir ein. »Du bist der Schnellste auf dem Feld. Warte auf der Außenposition auf ein Zuspiel, nimm die Kugel ruhig an und stürm' los. Niemand kann dir folgen. Du kannst alle Günzburger Schlafmützen überlaufen. Am Strafraum bremst du ab, schaust dich um. Ist der Feidl Simon frei, passt du ihm den Ball butterweich zu. Der hat einen gewaltigen Bumms. Ist er gedeckt, kurvst du in die Mitte und haust die Pille selbst ins Tor. Aber keine Hast! Lass' dir Zeit, Wiggerl.«

Trotz seines Zutrauens war ich mordsaufgeregt, als wir auf den Platz liefen und von den Zuschauern bejubelt wurden. Es mögen wohl tausend Männer gewesen sein, die dicht an dicht um den Rasen standen und unsere Elf mit lauten Hoch- und Hurrarufen empfingen. Für Frauen gehörte es sich nicht, sich mit Fußball abzugeben.

Günzburg war Kreisliga-Erster. Ich rief mir die Worte unseres Trainers ins Gedächtnis. Als Kreismeister über hundert Meter konnte mir niemand folgen – wenn ich den Ball nicht verstolperte.

Die Günzburger trabten in ihren grünen Trikots mit schwarzen Hosen auf den Platz. Es waren zumeist reifere Männer um die dreißig mit kräftigen Oberschenkeln; bei einigen wurde ein Bauchansatz sichtbar. Ich würde sie hinter mir lassen. Diese Gewissheit löste meine Verkrampfung.

Anfangs kamen wir Ichenhausener nicht ins Spiel. Die Grün-Schwarzen beherrschten das Geschehen, verteilten die Bälle von den Außenläufern schnell an die Stürmer. Bald flogen die Schüsse auf unser Tor. Doch die Bälle gingen daneben oder waren ungenau. Unser Keeper Walter Schober fing sie sicher. Doch dann erwischte der Günzburger Halbrechts den Ball freistehend vor unserem Kasten. Mit einem mächtigen Schuss knallte er ihn halbhoch knapp neben den Pfosten. 0:1. Der Ball zappelte im Netz.

Ich sah auf Friedrich Bodenheimers Uhr – gerade sechzehn Minuten gespielt. Das konnte heiter werden. Doch unser Trainer reagierte sofort. »Zurück, Saubande!«, dirigierte er die drei Läufer brüllend in die Verteidigung.

Dadurch wurde unsere Abwehr stabiler, aber wir Stürmer bekamen von hinten keine Vorlagen und standen uns an der Mittellinie die Beine in den Bauch. Immerhin brachten die Günzburger keinen Ball mehr in unseren Kasten. Ihre wenigen Torschüsse wurden von Walter sicher pariert.

In der Halbzeitpause nahm uns der Trainer im Vereinsheim am Rande des Feldes ordentlich auseinander. Ich hatte nicht geahnt, dass Herr Sauter so laut brüllen konnte. »Saukerle! Jedes Rindvieh hat mehr Hirn als ihr. Erst lasst ihr das Goal offen wie ein Scheunentor. Dann mauert ihr's zu wie mit Zement. Ihr Läufer-Deppen vergesst, was ihr tun müsst: Laufen! Herrgottkruzifixsakrament noch mal! Und die Herren Stürmer halten ihren Mittagsschlaf. Faule Hunde! Da müssen der Wolf und der Manfred, die Halbstürmer, eben nach hinten und sich die Bälle vor dem Strafraum holen, um den Klaus, den Feidl Simon und den Seligmann Ludwig damit zu füttern. Den Ludwig hab' ich extra aus der Jugend g'holt, weil er der Schnellste ist. Wenn ihr ihm die Kugel gebt, lässt er alle stehen und flankt sie dem Simon oder haut sie selber rein.«

Nach der lautstarken taktischen Belehrung hämmerte der Trainer uns ein, dass wir besser und schneller seien als die fetten Günzburger Säckl. »Wir müssen die Gelegenheit packen, sie vor unseren Zuschauern wegzuputzen. Der Rückstand von 0:1 hat nix zu bedeuten, wenn ihr euren Respekt vor den Flaschen ablegt und nach vorn stürmt.« Er sah in unsere Runde: »Und vergesst mir den fixen Ludwig nicht.«

Mir erschien es, als ob der Trainer das Schicksal unserer Elf, ja die Ehre Ichenhausens auf meine Schultern hob. Das bedrückte mich – zunächst. Doch dann kam mir in den Sinn: »Es gibt eine Zeit zum Kämpfen.« Jetzt war sie da. Gott hatte mir schnelle Beine geschenkt, ich musste sie nutzen.

Ab Beginn der zweiten Halbzeit rangen die Kameraden um jeden Ball. Ich bekam eine ordentliche Vorlage, nahm die Kugel auf und rannte los. Kurz vor dem Torraum sah ich mich um, wollte auf unseren Mittelstürmer flanken, doch der Ball sprang mir vom Fuß wie einem Zehnjährigen. Der Günzburger Verteidiger lachte mir ins Gesicht.

Na warte! Einige Minuten später holte ich mir noch vor der Mittellinie auf halbrechts die Pille, umdribbelte leichtfüßig meinen Gegenspieler und stürmte vor. Bis zum Strafraum waren es vierzig Meter. Je weiter ich lief, desto mehr Luft gewann ich. Dabei klangen mir die Rufe der Zuschauer in den Ohren: »Lauf, Ludwig, lauf!« Das verlieh mir noch mehr Kraft.

Die beiden Verteidiger standen vor dem Strafraum, ich zog in die Mitte und überlief sie spielend. Nun baute sich nur noch der Torwart vor mir auf. Mir fielen Sauters Worte ein: »Lass dir Zeit, Wiggerl!«

Ich bremste meinen Lauf. Sah zum Keeper, der mir entgegenrennen wollte, um meinen Schusswinkel zu verkürzen. Dabei wurde die rechte Torecke frei. Ich umspielte ihn und schob den Ball in den leeren Kasten.

»Ludwig! Ludwig! Wiggerl!«, jubelten die Zuschauer. Die Mannschaftskameraden kamen auf mich zu. Ihre anerkennenden Schläge peitschten auf meine Schultern und auf meinen Rücken.

Während ich mit den anderen zum Mittelkreis lief, erkannte ich Heinrich am linken Spielfeldrand. Mein Bruder brüllte aus Leibeskräften: »Ludwig! Ludwig! Ludwig Seligmann!« und reckte dabei beide Fäuste hoch.

Mein Ausgleichstor beflügelte unsere Elf. Wir steigerten uns in einen Spielrausch hinein. Fast alles gelang uns. Immer wieder wurde mir der Ball zugespielt, mehrmals sprintete ich los und ließ unter dem Jubel unserer Zuschauer die Gegenspieler stehen. Am Ende gewannen wir 2:1. Durch das Match gegen die Günzburger hatte ich mich ins Herz meiner Mitbürger gespielt. Die Jubelchöre »Lauf, Ludwig, lauf!« begleiteten mich während der Jahre, die ich für den FC Ichenhausen kickte, ja, mein gesamtes Leben. Sie spendeten mir selbst in dunklen Tagen Kraft.

Als Heinrich und ich spätabends, von Schnaps und Bier befeuert, in unser Haus taperten und uns dabei lärmend unterhielten, dauerte es nicht lange, bis Vater uns im Hausmantel entgegentrat.

»Ihr seid beschickert! Das gehört sich nicht für Juden!«
»Lass', Vater«, rief ihm Heinrich, vom Alkohol erkeckt, zu.
»Der Ludwig hat heut' beim Fußball mehr für uns Juden getan
als ihr mit eurem ewigen Beten und Geducke vor den Gojim!«
Vater erstarrte. Derart respektlos hatte sein Erstgeborener noch
nie zu ihm gesprochen.

Heilige Gesellschaft

Zwei Wochen später erschien Moritz Meinfelder noch vor dem
Morgengottesdienst bei uns. Als ich ihm öffnete, sprach er die
Worte »Baruch dayan ha'emet« – Gesegnet sei der Richter der
Wahrheit. Dann teilte mir der Synagogendiener mit, dass Ruben
Wasserstein im Morgengrauen seinem Leiden erlegen war.

Heinrich, mit dem ich eine Geschäftsreise nach Kempten vereinbart hatte, zeigte auf seine Weise Verständnis dafür, dass ich
ihn nicht auf die Verkaufstour begleiten konnte. »Es genügt dir
wohl nicht, Fußballheld zu sein, Ludl. Du willst auch noch bei
der Chewra Kadischa den Todesengel spielen. Aber irgendje-
mand muss die ja unter die Erde bringen …«
Nach dem Morgengebet in der Synagoge folgte ich dem Rabbiner und Moritz Meinfelder zum Haus von Ruben Wasserstein. Mir war bang zumute. Wie würde ich mich angesichts
des Toten verhalten? Ich durfte vor den Männern der Chewra
Kadischa nicht die Fassung verlieren.
Vor dem Haus wartete die zweispännige schwarze Bestattungs-
kutsche, an deren beiden Seiten jeweils ein weißer Davidstern
prangte. Auf dem Bock saß Max Bachmann, ein klein gewach-
sener Herr mit Buckel.
Im Haus empfingen uns Raphael Oettinger, die Seele der Chewra Kadischa, Gustav Gerstle, Salomon Frank, Daniel Epp-

stein und eine Handvoll weiterer Männer. Einige Frauen kümmerten sich um die Witwe.

Rabbiner Dr. Neuwirth sprach zunächst mit Frau Wasserstein – ohne ihr die Hand zu reichen. Denn im Angesicht des Todes – auch auf dem Friedhof – gab man sich nicht die Hand. Wir betraten das stickige Schlafzimmer, wo der Tote auf seinem Bett lag. Am Kopfende brannten Kerzen in Messingleuchtern. Ich wollte im Hintergrund bleiben, um den Leichnam nicht ansehen zu müssen, doch Moritz Meinfelder schob mich sanft, aber bestimmt nach vorne. So sah ich, wie Raphael Oettinger die Augen des Verstorbenen zudrückte. Gemeinsam mit dem Rabbiner stimmte er das Totengebet an. Wie die anderen Männer fiel ich in die Melodie ein.

Danach breitete Oettinger ein Leintuch auf dem Fußboden aus. Nun bedeutete mir Herr Meinfelder, ich solle den Männern helfen, den Leichnam auf das Tuch zu betten. Notgedrungen musste ich dabei den Verstorbenen erneut ansehen. Der Anblick des seelenlosen Körpers nahm mir die Angst vor dem Toten.

Angeführt von Herrn Oettinger legten wir das Bündel Mensch auf eine Eisenbahre und trugen den Leichnam vor das Haus, wo Herr Bachmann die Tür des Totenwagens öffnete. Wir schoben die Bahre hinein. Max Bachmann verschloss den Wagen und begab sich behände auf den Kutschbock. Er ergriff die Zügel, während der Rabbiner und Raphael Oettinger an seiner Seite Platz nahmen. Die Kutsche setzte sich in Bewegung. Wir anderen folgten ihr zu Fuß Richtung Friedhof.

»Das ist der einzige Gang, bei dem es niemandem in den Sinn kommt, den anderen zu überholen, um der Erste zu sein«, bemerkte Salomon Frank.

Vor dem Friedhofstor half ich Raphael Oettinger, den Verstorbenen auf einen kleinen, schwarz verhangenen Holzkarren zu betten. Wir schoben den vierrädrigen Handwagen vor das Aussegnungshäuschen, dessen Pforte bereits geöffnet war, und trugen die Leiche die Stufen hinauf ins Innere, wo wir sie auf einem nackten Eisengestell abluden und aus dem Leintuch wickelten.

Nachdem wir den Toten gewaschen hatten, rieben wir ihn mit einem rohen Ei ein. Das Ei sei ein Symbol des Lebens, das dem Toten mitgegeben werde, ehe er im Grab seine letzte Ruhestätte fände, erklärte mir der Rabbiner.

»Der Friede der Toten ist heilig«, fuhr er fort. »Daher darf er unter keinen Umständen gestört werden.« Das Auflösen eines Grabes sei Juden ein Frevel.

Der Verstorbene wurde mit Wein befeuchtet, ehe er in ein Leichenhemd und eine Hose gekleidet wurde. Abschließend wickelten wir ihn in seinen Gebetsschal, dessen Fransen als Zeichen des Todes abgeschnitten wurden. Am Ende wurden zwei Kerzen entzündet.

Raphael Oettinger bat mich, gemeinsam mit ihm die Totenwache zu übernehmen. Die anderen Männer verließen den kleinen Raum.

Wir saßen eine Weile schweigend. Herr Oettinger bemerkte, dass mein Blick immer wieder zur Leiche wanderte. Ich hatte die Angst verloren, statt ihrer erfasste mich nun Ratlosigkeit.

»Den Tod versteht kein Mensch, Ludwig. Auch nicht unser Rabbiner. Du bist jung, hast tausend Wünsche, wirst heiraten, deine Frau wird Kinder zur Welt bringen, du begründest eine Existenz, behältst deine Träume auch im Alter, wirst krank, willst gesund werden, und mit einem Mal ist es aus. Jedem ergeht es so, und doch will es keiner glauben«, erklärte mir Raphael Oettinger. Dann schwieg er. Sein Gesicht gewann eine Ruhe, die durch das weiche Kerzenlicht noch betont wurde. Ohne mich anzusehen, fuhr er fort: »Ich hab's aufgegeben, den Tod begreifen zu wollen. Aber ich weiß, dass das, was wir tun, einen Sinn hat. Je länger ich mit dem Tod zu tun habe, desto mehr bin ich für jeden Tag dankbar, den mir der Ewige schenkt.«

Am späten Nachmittag erschien der Rabbiner mit dem Männerquorum der Heiligen Gesellschaft. Wir betteten den Toten in einen Einheitssarg, der aus sechs ungehobelten Brettern bestand.

Stimmen wurden hörbar. Bald fanden sich die Menschen des Trauerzugs auf dem Friedhof ein. Rabbiner Dr. Neuwirth nickte uns zu. Das war das Signal, den Sarg auf den Karren zu heben und diesen behutsam über das ansteigende Gräberfeld zur Grabstelle zu rollen.

Vor der offenen Grube stand der Rabbiner, auf dem Kopf einen Zylinder, um die Schultern den langen Gebetsschal mit den Fransen des Lebenden. Ruhig trug er seine Rede vor. Seine Sätze drangen nicht zu mir vor. Stattdessen dachte ich an die Worte Raphael Oettingers: Kein Mensch versteht den Tod. Auch kein Rabbiner.

Danach stimmte Kantor Abraham Loew inbrünstig das Totengebet »El mole Rachamim«, Herr der Gnade, an. Die Witwe des Verstorbenen schluchzte auf. Die sie umgebenden Frauen stützten sie, als wir den Sarg an zwei Seilen herabließen und mit Schaufeln Erde darauf häuften. Der dumpfe Klang der auf das Holz stürzenden Klumpen und Steine hörte sich an wie ein letztes irdisches Trommeln.

Beim Verlassen des Gottesackers wusch ich meine Hände mit Wasser aus dem kupfernen Gefäß. Vor dem Tor dankte ich Raphael Oettinger. Er hatte mich gelehrt, wie wertvoll mein Leben war.

Abends lud mich Heiner ins »Weiße Ross« ein. Die Verkaufszahlen stiegen von Monat zu Monat. Statt sich über seinen Erfolg zu freuen, ärgerte sich mein pedantischer Bruder, dass er notgedrungen unsystematisch vorgehen musste. Wiederholt wurde er von seinen Geschäftskunden nach Schmattes gefragt, die die Firma Sulzer nicht in ihrem Sortiment hatte.

»Wir brauchen mehr Lieferanten. Die musst du doch durch Bodenheimer kennen. Aber du fauler Hund spielst lieber Fußball oder schickst unsere Leute zur Hölle.«

Ich ließ Heinrich schimpfen. Mit dem Einkauf hatte ich im Kaufhaus nicht viel zu tun gehabt. Darum kümmerte sich Herr Ullmann oder der Chef persönlich, wenn es sich um größere Lieferanten handelte.

Bei uns erledigte ich die Buchhaltung. Es war für uns wichtig, günstige Hersteller mit breitem Warensortiment ausfindig zu machen. Bei dieser Arbeit war ich nicht auf Heiner angewiesen. Doch er wollte natürlich dabei sein, um mir auch hier seine kaufmännischen Fähigkeiten zu beweisen. Auf seinen Verkaufstouren sollte ich ihn ohnehin begleiten.

Am folgenden Morgen brachen wir zu einer Reise nach Südwesten auf. In Krumbach gelang es selbst Heinrich nicht, Herrenkleidung zu veräußern. Die beiden Läden hatten Bedarf an Damenkonfektion. »Siehst du!«, schrie Heinrich. Er wollte sogleich nach Ulm fahren, um auf gut Glück bei Textilfirmen Tacheles zu reden und Geschäfte zu tätigen.

Ich machte ihm deutlich, dass es klüger sei, sich zunächst in den Branchenbüchern Frankfurts und Berlins einen Überblick zu verschaffen. »Unter Berlin macht's der hohe Herr nicht.« Als ich ihm entgegnete, dass nicht nur Bodenheimer, sondern die großen Kaufhäuser wie Nathan Israel, Tietz, Wertheim auf diese Weise vorgingen, schwenkte er um.

»Dann müssen wir das genauso machen. Aber wir knattern nicht mit dem Laubfrosch rauf, sondern reisen Erster Klasse mit dem Zug.«

Verliebt

Abends kehrten wir im »Gasthof Lamm« in Mindelheim ein. Da ihm doch noch zwei ordentliche Abschlüsse gelungen waren, war mein Bruder in aufgeräumter Stimmung. Während er das zweite Glas Bier genoss, sah er mich amüsiert an.

»Hast du vor lauter Synagoge, Singen, Kicken und Mama-Anhimmeln überhaupt noch Zeit für die Frauen? Oder machst du noch alles mit dir selbst aus wie ein kleiner Bub?«

Zu Hause hätte ich ihm eine gelangt. Heinrich grinste: »War nicht ernst gemeint.« Er betrachtete mich. »Mein mustergültiger Bruder hat also noch nicht gevögelt.«

Mir stieg erneut das Blut zu Kopf. Ich schämte mich. Und Heiner tat alles, um meinen verletzten Stolz zu reizen. Unverfroren sah er die Kellnerin an. Ihm entging nicht, dass ich seinem Blick verschämt folgte.

»Herr Ludwig hat also Interesse an Frauenzimmern, traut sich aber nicht an sie ran. Gefällt dir die Serviermamsell?«

Nun hatte ich Grund, sie offen zu besehen. Die dunkelblonde Frau war etwa in Ricardas Alter, doch deutlich kleiner. Sie bewegte sich natürlich, geschmeidig. Und als sie zu uns hersah, erblickte ich ein offenes Gesicht mit fröhlichen hellen Augen. Heinrich lachte auf. »Die würde dir schmecken, Ludl, du geile Nudl.«

Mit einem Mal setzte er eine ernste Miene auf. Ohne ein Wort oder ein Handzeichen, allein mit seinem Blick brachte er die junge Frau dazu, an unseren Tisch zu kommen. Heiner fixierte sie. »Loisle, du machst meinen Bruder schwach, doch der Bursch ist schüchtern wie ein Reh. Er traut sich nicht, es dir zu sagen. Jedenfalls nicht hier. Kümmer dich um ihn.« Ehe sie ein Wort erwidern konnte, bestimmte Heiner: »Heut'!« Er ließ sie nicht aus den Augen. »Bring uns zwei Schnäpse und dann richt's mir ein Zimmer her.«

»Freilich.« Sie wandte mir ihr Gesicht zu. Ihr frecher Blick nahm mir die Angst.

Die Furcht kehrte zurück, als ich in meinem Bett lag und auf Loisle wartete. Vielleicht hatte sich Heinrich einen Spaß mit mir gemacht und amüsierte sich mit ihr, während ich hier einsam ausharrte.

Ich wusste nicht, wie ich mit einer Frau umzugehen hatte. Darum war ich damals Ricarda nicht gefolgt. Brauchte ich dafür Heinrichs Rücksichtslosigkeit? Würde ich bei Frauen und im Geschäftsleben immer auf meinen älteren Bruder angewiesen bleiben?

Jede Viertelstunde fuhr ich beim Schlag der Kirchenglocke auf. Da öffnete sich die Tür, und Loisle glitt ins Zimmer. Sie stellte sich vor das Bett und lachte. Das machte mir Mut. »Dass ihr Mannsbilder so viel Angst vor dem ersten Mal habt …« Sie kicherte. »Ihr könnt doch ned schwanger wern.«

Dann nickte sie mir zu. »Lieg' ned da wie a toter Aff', mach' Platz.« Ich tat wie geheißen, worauf Loisle an meine Seite schlüpfte. Ihr Leib war warm, und ihre festen Hände waren wissend.

Beim Frühstück berührten mich Heinrichs Hänseleien nicht. Ich war glücklich, fühlte mich noch immer von Loisles anschmiegsamem, verlangendem Körper umfangen, roch ihren süßsauren Duft und spürte ihre weiche Haut.

Mein Bruder grinste mich an. »Heut' Nacht hat unser Zögling wohl seine Bar Mizwa im Bett gehabt. Hoffentlich hast du sie nicht so versaut wie damals in der Synagoge.« Er schlürfte lächelnd seinen Kaffee. »Loisle«, rief er dann. Sie trat in den Speiseraum. Heinrich besah sie von Kopf bis Fuß. »Hat sich der Ludl ordentlich angestellt?«

»Der Ludwig ist ein feiner Bursch«, sprach sie, während sie mich zärtlich ansah.

»Das hast du alles nur mir zu verdanken«, stellte Heinrich daraufhin fest.

Am Sonntag nach dem Mittagessen machte ich mich mit dem Laubfrosch auf den Weg nach Mindelheim. Ich sehnte den Moment des Wiedersehens mit Loisle herbei.
Bei Einbruch der Dämmerung erreichte ich den Gasthof und stellte mein Auto ab. Als ich die Wirtschaft betrat, wurde mein Mund trocken. Endlich würde ich die Geliebte wiedersehen.
Loisle entdeckte mich gleich, als ich in den halb leeren Schankraum trat. »Is' des a Freud', Ludwig«, rief sie mir zu. Kaum hatte ich Platz an einem leeren Tisch genommen, war sie bei mir. Ihr Anblick nahm mich derart gefangen, dass ich ihre Worte zunächst nicht verstand. Loisle bemerkte meine Entrücktheit. Sie trat näher, stellte ein Bier ab und musterte mich eindringlich. »Kommt dein Bruder noch?«
Ich schüttelte den Kopf. »Ich bin nur wegen dir hergefahrn, Loisle. Ich hab's vor Sehnsucht nimmer ausgehalten.« »Heut' können wir ned zusammenkommen, Ludwig … leider.«
»Aber warum denn ned, Loisle? Ich hab' die ganze Woche nur an dich gedacht …«
»Weil ich heut' auf d'Nacht den Franz treff'. Meinen Verlobten …« Sie kehrte zur Theke zurück.
Alle Kraft schwand aus meinem Körper. Ich zwang mich, aufrecht sitzen zu bleiben. Erst nach einer Weile fand ich die Kraft, mich zu erheben und die Wirtschaft zu verlassen. Dabei warf ich einen letzten Blick auf Loisle.
Die Abendkühle gab mir Luft zum Atmen, doch mein Kopf blieb leer. Mit einem Mal vernahm ich Loisles Stimme. Ich hatte sie nicht kommen gehört, sah sie plötzlich neben mir stehen. War alles nur ein Missverständnis gewesen?
Doch ihr verlegener Ton nahm mir sogleich jede Illusion. »Ludwig, des war schön mit dir. Es war dei erstes Mal und des-

halb hast dich verliebt.« Sie lächelte mich ein bisschen wehmütig an, während sie weitersprach. »Aber mit uns zweien kann's eh nix werd'n. Du bist a Jud', und deine Leut' werden's nie zulassen, dass du a Schickse heirat'st, noch dazu a Stub'nmädle und Bedienerin wie mich. Und meine Leut' woll'n auch kein' Jud in der Familie. Der Franz is katholisch wie i. Des passt scho!«

Sie drückte mir fest die Hand und lief zurück in die Wirtschaft.

Ich warf mich auf den Autositz. Als ich in der Dunkelheit erwachte, zeigte das Leuchtzifferblatt meiner Fritzuhr 2.35 Uhr. Den Motor mit der Kurbel anzulassen, war mir zu mühsam. Ich blieb sitzen. Die Leere wich einem Schmerz, der trotz der Kälte auf meiner Haut brannte.

Das Licht des heraufziehenden Morgens und die Scham über die Abweisung trieben mich an, endlich meinen Laubfrosch zu starten. Als ich nach acht Uhr in unseren Hof einfuhr, rief mir Heinrich entgegen: »Na, Herr Hurenbock, geruht er mit seiner Vögelei fertig zu sein?«

Als ich nicht antwortete, trat mein Bruder an den Wagen. »Was ist mit dir los?« Ich musste es ihm erzählen

»Mach' dich wegen dem Mensch nicht verrückt. Wenn sie was taugen tät, hätt' ich sie dir nicht geschenkt.«

Da er spürte, wie sehr mich seine Worte verletzten, fuhr er fort: »Nix für ungut, Brüderchen. Bald wirst du nicht mehr wissen, wer die Kleine war.«

Heinrich irrte. Ich würde Loisle nie vergessen. Nicht die Lust, die sie mir geschenkt hatte, und nicht den Schmerz, den sie mir zufügte.

Aufbruch

Um nicht zu Hause Trübsal zu blasen, begab ich mich mit Heiner auf Verkaufsreise. Nachdem wir in Günzburg Benzin getankt und die Zündkerzen gewechselt hatten, fuhren wir zunächst nach Laupheim.

Dort suchten wir auf der Hauptstraße das Geschäft für »Exclusive Damen- und Herrentextilien. Neueste Moden« auf.

Heinrich, der einen dunkelblauen Zweireiher trug, verschaffte uns sogleich einen Termin mit dem Besitzer, Herrn Eichelseder. In ruhigem Ton sprach er die erste Verkäuferin als »meine Dame« an. Er wies auf seine unaufschiebbaren Verpflichtungen hin und gab sich überzeugt, dass sie aufgrund ihrer Erfahrung und Tüchtigkeit den nötigen Einfluss besaß, auch ein sehr kurzfristiges Treffen mit ihrem Chef möglich zu machen. Der geschmeichelten »Dame« gelang das umgehend. Das Gespräch mit Herrn Eichelseder allerdings verlief nicht so erfolgreich, wie Heiner es sich vorgestellt hatte. Anhand der Muster erkannte der routinierte Geschäftsmann sogleich, dass unsere Schmattes ausschließlich von der Firma Sulzer kamen.

»Die kann ich mir dort genauso bestellen wie Sie. Wenn Sie mir etwas verkaufen wollen, müssen Sie mir einen jüdischen Preisnachlass gewähren.« Der Geschäftsmann lachte über unsere verdutzten Gesichter: »Sie müssen mit dem Preis unter meinen gehen.«

Herr Eichelseder verriet uns, dass er von Vertretern und Geschäftspartnern als Jude beschimpft werde, obgleich er als guter Christenmensch jeden Sonntag in die Kirche gehe. »Aber ich bin gescheiter als die Gojim – und die Juden obendrein!«

Heinrich stopfte die Warenmuster in den Koffer und wollte mir diesen in die Hand drücken. Stattdessen bot ich dem Ladenbesitzer an, dass wir unter seinem Preis bleiben würden. Er nannte eine so geringe Summe, dass sie nicht stimmen konnte.

Darauf forderte ich einen höheren Preis, der aber immer noch unter dem lag, für den Herr Eichelseder die Schmattes bei Sulzer bezog.

Heinrich wollte nicht mittun. Zusätzlich verlangte der Ladenbesitzer drei Prozent Skonto, was bei unserem Nachlass nicht möglich war. Doch ein Prozent mussten wir gewähren.

»Idiot!«, zischte mich Heiner an, als wir aus dem Geschäft traten. »Wozu hast du den ganzen Kladderadatsch gemacht?«

»Weil ich nie aufgebe.«

»Wenn wir nach deiner Methode weitermachen, sind wir in Nullkommanix pleite, Ludl.«

Wir mussten andere Fabrikanten auftun. Ich bestand darauf, umgehend nach Ulm zu fahren.

Heinrich mochte nicht zu Bodenheimer. Doch schließlich sah er die Notwendigkeit ein, sich Rat zu holen.

Der Chef ließ uns eine Weile warten, ehe er uns empfing. Er war aufgeräumt und zuvorkommend. Wir wurden mit Kaffee und Cognac bewirtet. Er erkundigte sich nach meinem Wohlergehen und betonte, ich besäße nach wie vor sein ungeteiltes Vertrauen und wäre jederzeit als Mitarbeiter willkommen.

Dann wandte er sich Heinrich zu. Unter Bodenheimers Blick fühlte sich mein Bruder sichtlich unwohl. Ich spürte, wie er dennoch versuchte, Selbstsicherheit zu demonstrieren.

»Wenn man euch beide sieht, kommt man nicht auf die Idee, dass ihr Brüder seid. Ludwig, ein lebensfreudiger Geselle, der Menschen mag und sie so für sich gewinnt. Und Sie, Herr Seligmann, ein ernsthafter, zurückhaltender Zeitgenosse …«

Ich warf ein, dass Heinrich ein hervorragender Vertreter sei.

»Wir benötigen keine Vertreter. Doch gute Verkäufer können wir brauchen.«

»Ich suche keine Arbeit bei Ihnen, Herr Bodenheimer«, fuhr Heiner auf.

»Weshalb kommen Sie dann her?«

Ehe Heinrich grob werden konnte, wandte ich mich an den Chef. »Das war meine Idee, Herr Bodenheimer. Ich wollte Sie wiedersehen … und Ihren Rat erbitten.« Er reagierte mit einem breiten Lächeln. »Heinrich und ich arbeiten als selbstständige Vertreter. Doch wir vertreiben nur die Textilien der Firma Sulzer in Ichenhausen …«

»Ein ordentlicher Betrieb.«

»Ja, aber die haben nur ein begrenztes Angebot und obendrein eigene Vertreter …«

»Ich verstehe. Ihr seid auf der Suche nach Lieferanten … Das ist eine eigene Wissenschaft. Denn ein günstiger Einkaufspreis ist die Basis des Gewinns. Vor allem muss die Qualität stimmen, sonst verliert man seine Kunden.«

Ich nickte unwillkürlich und sah dabei aus den Augenwinkeln Heinrichs verächtlichen Blick.

Bodenheimer nippte an seinem Cognac, während mein Bruder einen tiefen Schluck nahm. Bedächtig setzte der Kaufmann sein Glas ab. »Es ist zwar nicht Usus, aber ich will euch helfen, Ludwig. Ihr könnt aus unseren Lagerbeständen, die wir zu Großhandelspreisen bezogen haben, Kontingente ordern. Das wird euer Schmattes-Angebot vervielfachen, niemand bei euch in der Provinz wird da mithalten können. Ihr bekommt die Ware zum Einkaufspreis plus einer Unkostenpauschale von fünf Prozent. Das macht kein Großkunde, aber ihr seid keine Konkurrenz. Ludwig hat bei mir einen Stein im Brett. Sind wir uns einig?«

»Danke, Herr Bodenheimer.«

Heiner nickte knapp.

Herr Bodenheimer hob sein Glas. »Le Chaim!«

»Als Arschkriecher bist du richtig gut, Ludl. Egal, ob bei Mutter oder beim Bodenheimer«, bemerkte Heinrich, als wir das Kaufhaus verließen. Ich ärgerte mich, weil ich nicht den Mut gefunden hatte, nach Ricarda zu fragen.

Bei unserer Rückkehr nach acht Uhr abends empfing uns Vater im Salon. Er war sichtlich aufgebracht. In der »Allgemeinen Zeitung« hatte er vom Sieg Paul von Hindenburgs bei der Wahl zum Reichspräsidenten gelesen.

»Das ist ein böses Omen für Deutschland und für uns Juden«, verkündete er.

Heinrich nickte reflexhaft, so wie er es mir bei Bodenheimer verübelt hatte. Doch ich war in derart gehobener Stimmung über die Abmachung mit meinem Chef, dass ich es wagte, Vater zu widersprechen. »Als Feldmarschall wird Hindenburg von allen respektiert. Auch von den Juden.«

»Ich habe dich für klüger gehalten, Ludwig. Du warst doch auf dem Gymnasium …« Entschieden erklärte Vater: »Hindenburg ist ein Blutsäufer. Er und sein Stabschef Ludendorff haben Millionen in den Tod geschickt. Aber 1918, als der Krieg verloren war, hat er sich aus der Verantwortung gestohlen und verlangt, dass jetzt die Politiker die Suppe auslöffeln sollten, die er und Ludendorff uns eingebrockt hatten.« Vater atmete durch. »Ein paar Monate später hat Hindenburg vor dem Reichstag die Dolchstoßlegende fabriziert. Die Heimat sei der siegreichen Front in den Rücken gefallen und habe diese erdolcht.«

Erregt durchquerte er den Raum, ehe er abrupt stehen blieb und mit nach innen gekehrtem Blick feststellte: »Die Deutschen haben einen Verleumder zu ihrem Staatsoberhaupt gewählt.«

Ich konnte mich nicht enthalten zu fragen, was das mit uns Juden zu tun habe. »Sobald es schlimm kommt, dienen wir wieder als Sündenböcke – wie 1916, als Hindenburg und Ludendorff die Judenzählung anzettelten, um uns als Drückeberger zu denunzieren.«

Vaters Verbitterung konnte meiner Zuversicht wenig anhaben. Ich war sicher, dass mit dem Besuch in Ulm eine gute Zeit für unser Geschäft angebrochen war. Und es sah danach aus, dass es auch mit Deutschland voranging. Daran würde der neue Präsident nichts ändern.

Ich sollte recht behalten – zumindest was die kommenden Jahre betraf.

Unsere Umsätze stiegen von Monat zu Monat. Vorbei waren die Zeiten, da ein schlauer Ladenbesitzer unsere Preise in den Verlust treiben konnte. Im Gegenteil, das reiche Sortiment Bodenheimers versetzte uns jetzt in die Lage, eine ordentliche Gewinnspanne zu erzielen.

Heinrich verstand es, unser umfassendes Sortiment in ganz Schwaben gut zu verkaufen. Die Erfolge stiegen meinem Bruder nicht zu Kopf. Weiterhin bereitete er jeden Geschäftsbesuch sorgfältig vor. Statt Warenmuster mitzuschleppen, begnügte er sich mit Stoffproben und Prospektseiten, aus denen wir die Namen der Firmen getilgt hatten.

Während eines Verkaufsgesprächs ließ er sich nicht aus der Ruhe und von seinen Vorstellungen abbringen. Wenn ein Kunde auf einem ruinösen Nachlass bestand, reagierte Heiner kühl bis ins Herz. »Wir verkaufen keinen Tinnef, sondern Qualitätsware. Die hat ihren Preis.« Er packte die Unterlagen ohne Hast wieder ein. Seine Sicherheit beeindruckte die meisten »kleinen Schacherer«, wie er sie mir gegenüber bezeichnete.

Ehe wir das Geschäft verließen, machten die Ladenbesitzer dann ein »letztes Angebot«. Heiner erwiderte, er könne den genannten Preis nicht herabsetzen. Um das Geschäft zu retten, bot nun ich Skonto bei Barzahlung an, was dem Kunden die Möglichkeit gab, sein Gesicht zu wahren.

»Eine Riesenidee, Brüderchen! Ich kann diesen Halsabschneidern nicht nachgeben. Wann immer es hakt, musst du mit deinem weichen Herzelein einspringen.«

Als wir wieder beim Wagen anlangten, fragte mich Heiner, ob ich nicht genug vom Ankurbeln des Motors habe. Ohne meine Antwort abzuwarten, tönte er: »Ich jedenfalls hab' die Schnauze voll davon. Wir brauchen ein Automobil, keinen Frosch. Und wir verdienen genug, um uns ein ordentliches Gefährt leisten zu können.«

Eine Woche später fuhr Heinrich mit einem Chevrolet vor. Die schwarz lackierte Limousine hatte vier Türen. Sie besaß einen elektrischen Anlasser, der die Anstrengung des Ankurbelns überflüssig machte.

Unser Chevrolet war, abgesehen von Dr. Herrligkoffers Wagen, das luxuriöseste Gefährt Ichenhausens. Heinrich fühlte sich auf diese Weise den anderen überlegen.

Ich konzentrierte mich derweil auf die Buchführung. Weit wichtiger aber war die Zusammenstellung und fortwährende Aktualisierung der Orderliste bei Bodenheimer. Das gab mir Gelegenheit, immer wieder mit dem altgedienten Laubfrosch nach Ulm zu meinem Chef zu zuckeln.

Auch Herr Bodenheimer genoss meine Besuche. Er wies mich an, unsere Bestellungen mit Herrn Ullmann abzuwickeln. Der Prokurist forderte exakte Angaben und arbeitete diese schnell und professionell ab.

Unser Erfolg ermutigte Vater, wieder auf bewährte Weise mit dem alten Fritz vor der Chaise loszuziehen, um unsere Schmattes an seine Bauern zu verkaufen. Er schämte sich seiner geringen Umsätze nicht und freute sich gleichzeitig über unsere Arbeit. »Ich bin stolz auf eure Tüchtigkeit«, ließ er mich unverhofft wissen.

Als ich dies Heinrich erzählte, strahlte mein Bruder. Um seine weiche Seite vor mir zu verbergen, setzte er hinzu: »Vater sorgt zumindest dafür, dass Fritz etwas zu tun hat, sonst würde der Klepper längst als Wurst im Metzgerladen hängen.«

Beim abendlichen Essen im Restaurant »Zum Goldenen Löffel« berichtete mir Bodenheimer, dass er demnächst in Augsburg eine Dependance seines Kaufhauses eröffnen werde. »Doch die große Bombe werden wir in Stuttgart zünden. Dort stellen wir ein vierstöckiges Kaufhaus hin. Im kommenden Jahr wird es seine Pforten öffnen. Ein Einkaufsparadies! Ich bin sicher, da werden selbst die sparsamen Schwaben schwach werden. Zumindest ihre Frauen«, setzte er mit einem schelmischen Lächeln hinzu.

Der Chef erzählte mir, dass er Herrn Adolf Meyer aus Weimar mit der Planung des Kaufhauses beauftragt habe. »Ein anerkannter Bauhaus-Architekt.« Auf meine Frage erläuterte Herr Bodenheimer mir die Grundidee dieser modernen Richtung, die ein Bauen gemäß den natürlichen Formen der Natur wie Rundungen und Lichtdurchlässigkeit in Einklang mit den Bedürfnissen des Menschen zu bringen trachtete. Ich ahnte nicht, dass ich in wenigen Jahren hautnah mit der Bauhaus-Architektur in Berührung kommen sollte.

»Das moderne Gebäude mit allem Komfort, die funktionale avantgardistische Architektur, die Mischung von natürlichem und künstlichem Licht, die Präsentation, vor allem aber die Qualität und der günstige Preis meiner Waren werden konkurrenzlos sein. Wir werden Stuttgart im Sturm erobern«, frohlockte Lazarus Bodenheimer. Er sprach kräftig dem Trollinger zu, den ihm der livrierte Kellner bereitwillig einschenkte. Der Genuss des Rotweins machte den Chef immer gesprächiger. Er schwadronierte, der unvermeidliche Durchbruch seiner mutigen Strategie werde ihn in die erste Reihe der Kaufhäuser in Deutschland katapultieren.

»Wir greifen genau im richtigen Moment an! Die Bauzinsen sind moderat, die Konjunktur zieht an, und wir werden die besten Angebote machen. Der Sieg ist uns nicht zu nehmen.« Er erhob sein Glas, ich tat es ihm gleich. Die Trinksprüche wechselten von »Prost« über »Wohlsein« und »Santé« zu »Le Chaim«. Der Ober entkorkte eine weitere Flasche.

Mit einem Mal schlug Bodenheimers Euphorie in Niedergeschlagenheit um. »Ich bin knapp sechzig. In fünf Jahren steh' ich auf dem geschäftlichen Olymp … und wozu das alles?« Mit dem verschwommenen Blick des Angetrunkenen stierte er mich an. »Wozu, Ludwig?« Die Beschickertheit des Chefs raubte mir die Sprache.

»Mein Sohn Gunther geriert sich als Kommunist, beschimpft mich als Ausbeuter und lässt sich von mir aushalten. Ricarda verachtet mich als ›Bücklingsjuden‹, weil ich angeblich vor jedem Goj kusche. Katzbuckle ich vor den Leuten oder respektieren sie mich, Ludwig?«

»Sie werden von allen Angestellten geachtet, Herr Bodenheimer.« Doch noch während ich sprach, fielen mir die Bemerkungen von Otto Würth und dem Verkäufer Becker ein. Bodenheimer kannte diese Vorurteile wie jeder Jude.

Wie ich befürchtet hatte, kam Herr Bodenheimer zuletzt auf seinen gefallenen Sohn Friedrich zu sprechen. Der habe als einziges Kind das Zeug gehabt, sein Werk fortzuführen. Ausgerechnet den habe ihm der Herrgott geraubt. »Und dann erwartet Er, dass ich zum Dank an Ihn glaube. Niemals!!!« Die letzten Worte schrie er. Einige Gäste sahen zu uns herüber, doch Lazarus Bodenheimer kümmerte sich nicht um sie. Er trauerte um seinen Sohn und bemitleidete sich selbst.

Mit einem Mal ergriff er meine Linke, schob den Ärmel hoch und starrte auf Friedrichs Bar-Mizwa-Uhr. Mit plötzlich klarer Stimme sagte er: »Halte die Uhr in Ehren, Ludwig. Sie bedeutet mir alles.«

Die Ernüchterung währte nur kurz. Bodenheimer setzte sein Trinken fort. »Lass' mich allein!«, rief er unvermittelt.

Auf dem Weg zu meinem Laubfrosch kam mir eine alte jüdische Allegorie in den Sinn: Der Teufel züchtete die Rebe aus dem Blut eines Rehs, eines Löwen und eines Affen. Daher ver hält sich der Trinker nach dem ersten Glas scheu wie ein Reh, nach dem zweiten gebärdet er sich wie ein Löwe, nach dem dritten aber führt er sich auf wie ein Affe. Herr Bodenheimer war kein Affe. Ich verstand seine Trauer. Unvermittelt sprang mich die Sehnsucht nach meiner Heimatstadt an. Dort gab es keinen Kaufmann von Format Lazarus Bodenheimers. Auch in Ichenhausen erfuhren die Menschen Leid, Tod und Trauer. Aber man wusste, wo man hingehörte. Bodenheimer jedoch fehlte der Halt der jüdischen Religion und Gemeinschaft. Bodenheimers trunkener Angriff gegen den Ewigen gemahnte mich an Heinrich Heines Gedicht »Belsazar«. Darin wurde der frevelnde König in derselben Nacht von seinen Knechten umgebracht. Ich hoffte, dass Herr Bodenheimer, anders als Belsazar, heil blieb.

Allmorgendlich eilte ich zum Frühgebet in die Synagoge. Am Donnerstagabend sang ich im Synagogenchor. Was mich an meiner Väter Glauben band, waren nicht religiöse Gebote oder einzelne Persönlichkeiten wie Herr Loew oder unsere Rabbiner, sondern dessen Selbstverständlichkeit.

Bei uns in Ichenhausen wurde das Judentum von morgens bis abends, von der Beschneidung, dem Schabbat, den Festen bis zum Beistand für die Kranken und Elenden und Trauernden gelebt. Unser Glaube war mir Freude und Halt – nicht nur bei den rauschenden Simchat-Thora-Bällen im großen Saal des Hotels »Zum Weißen Ross«, wo wir bis in den Morgen ausgelassen unsere Thora feierten.

Ich war Jude, Ichenhausener Bürger und Mitglied der Freiwilligen Feuerwehr. Am wohlsten aber fühlte ich mich als Sportler. Auch nach der Genesung unseres bisherigen Rechtsaußen Helmut Reut beließ mich Herr Sauter in der Ersten Mannschaft.

»Du bist erst achtzehn, aber du hast großes Potenzial. Du bist flink mit den Beinen und im Kopf. Ein Spiel gewinnt man mit dem Hirn. Nutze deine Gaben, Ludwig, dann wirst du ein ganz Großer. Aber wenn du paffst und säufst, verspielst du dein Talent schneller, als ein Furz knallt. Dann werf' ich dich unbarmherzig aus der Mannschaft.«

Als ich mich aus der Umkleidekabine zu meinen neuen Mannschaftskameraden begab, rief er mir nach: »Und jetzt lauf, Ludwig! Zeig', was in dir steckt.«

Auf dem Feld verflog meine Nervosität. Ich liebte es, den anfliegenden Ball an meinen Fuß zu ziehen, ihn zu kontrollieren, zu dribbeln, zu passen, und, wenn sich die Gelegenheit ergab, nach intensivem Blick auf das Tor zu schießen. Nirgends fühlte ich mich so ungezwungen wie auf dem Rasen. Ich hatte selbst nach schnellen Läufen genügend Puste und und eine nie versiegende Lust an der Bewegung und dem Spiel mit der Pille.

Viel ging daneben. Kicken war wie leben, nur einfacher. Hier lernte ich, wie in der Schule und im Beruf, meine Mitspieler und Gegner zu respektieren. Kein Gegenspieler durfte unterschätzt werden, und ich musste auch die eigenen Grenzen erfahren. Den Zufall. Die Aufregung. Da stand ich vor dem leeren Tor und verstolperte die Kugel.

Ebenso wie im Geschäft gab ich nie auf und keinen Ball verloren – auch nicht auf fremdem Platz und selbst nicht gegen scheinbar überlegene Mannschaften. Ich musste mit Kritik auskommen lernen. Meistens hatte Herr Sauter recht, aber nicht immer.

Als ich einmal eine halbe Stunde zu spät zum Training erschien, schickte mich der Übungsleiter nach Hause. Am folgenden Sonntag ignorierte er mich abermals, ich durfte nicht spielen. Ich hatte eine Sauwut, war aber zu stolz, Sauter den Grund meiner Verspätung zu nennen. Als Siegl Herrligkoffer mich danach fragte, berichtete ich ihm, was mich aufgehalten hatte. Doch ich brachte es nicht über mich, es dem Trainer zu sagen, weil es wie eine Ausrede geklungen hätte.

194

Nach der nächsten Übung rief mich Herr Sauter zu sich. »Warum bist du so ein sturer Hund, Ludwig, und sagst mir nicht, dass du für euren Totenverein unterwegs warst? Das kann ich doch nicht riechen!«

Es war ihm sichtlich unangenehm. »Sapperlot! Ihr Bande habt pünktlich da zu sein. Aber wenn was Arges passiert, musst du's mir sagen, du Hammel.«

Am kommenden Sonntag wurde ich wieder als Rechtsaußen aufgestellt.

Zions-Sänger

Abraham Loew leitete unseren Synagogenchor freundlich, doch er achtete nicht weniger auf strenge Disziplin als Herr Sauter. Wir kannten die meisten Weisen von Sulzer und Lewandowski, doch dem Kantor war es wichtig, dass wir die religiösen Gesänge exakt so vortrugen, wie es die Komponisten sich vorgestellt hatten. Dazu hätte es einer Orgel bedurft. Doch da unsere Gemeinde orthodox ausgerichtet war, kam für den Synagogenvorstand und die Rabbiner die Nutzung eines mechanischen Instruments am Schabbat nicht in Frage.

Die Folge war, dass Kantor Loew uns die Weisen vorsang oder, wie ich es schon vom Knabenchor kannte, auf dem Grammophon vorspielte und wir sie daraufhin langsam einstudieren konnten. Es war schön und feierlich, wenn wir die Lieder am Schabbat in der Synagoge vortrugen.

Doch nachdem ich in der Ulmer Synagoge die gleichen Gesänge mit Orgelbegleitung gehört hatte, entflammte meine Begeisterung für die instrumentale Begleitung. Der Takt der Pfeifen führte den Chor melodisch. Die Kraft des Instruments erfüllte den Synagogenbau und versetzte Sänger und Gottesdienstbesucher in erhabene Stimmung.

In unserer Ichenhausener Synagoge dagegen berauschte der Himmel an der Decke meine Seele. Das Firmament stand für meinen Glauben und meine Heimat. Doch die Macht der Orgel fehlte, selbst wenn wir noch so schön Lewandowskis »Halleluja«, Sulzers »Adon Olam«, Herr der Welt, oder Naumbourgs »Etz Chaim«, Baum des Lebens, sangen. Wir mussten Tiefe und heitere Getragenheit entbehren. Das empfand auch der Kantor so. Daher hielt er unsere Auftritte kurz: Wir durften nur jeweils ein Lied vortragen.

Wenige Wochen nach meiner Rückkehr aus Ulm suchte ich Herrn Loew in seinem Synagogenbüro auf und trug höflich meinen Vorschlag vor, in Ichenhausen ebenso wie in anderen großen Synagogen eine Orgel zu installieren. Ihre Kraft würde die Beter fesseln.

Die Miene des Kantors verdüsterte sich. »Wir haben seit jeher unsere Gottesdienste ohne mechanische Instrumente zelebriert. Wir werden sie auch in Zukunft so gestalten.« Meinen Einwand, dass die Synagogen Jahrtausende ohne Strom ausgekommen waren, doch jetzt mit elektrischem Licht erhellt werden, wollte Herr Loew nicht gelten lassen. Ich fragte, ob er je einem Gottesdienst mit Orgel beigewohnt habe?

»Ja, Ludwig, ja, ja, ja!«, brach es aus ihm heraus. »Ich weiß, wie das Instrument wirkt. Ich kenne es noch von meiner Heimatstadt Breslau. Doch die Rabbiner in Ichenhausen machen nicht mit. Auch nicht Dr. Neuwirth, obgleich er sich recht modern gibt. Er verhält sich genau so, wie die Gemeinde es von ihm erwartet. Und die ist erstarrt!«

Nie hatte ich den Kantor so aufgebracht gesehen.

Abends fragte ich Vater, ob er etwas gegen eine Orgel in der Synagoge hätte. »Die brauchen wir nicht. Wir gehen der Gebete wegen in die Synagoge, nicht wegen der Musik.«

»Aber du hast doch in Ulm einen Gottesdienst mit Orgel erlebt …?«

196

»Sicher. In Ulm passen sich die Juden den Christen an. Das haben wir in Ichenhausen nicht nötig.«
Ich verstand Kantor Loews Verzweiflung.

Max Kochmann, mein Banknachbar aus der Volksschule, lud mich ein, beim »Gesangsverein Zion« mitzutun. Doch ich wollte nicht einem weiteren Synagogenchor angehören.
»Schmarrn«, erklärte Max. »Wir singen bei Zion, eben weil wir die ewigen hebräischen Gebetsarien satthaben, die kein Mensch außer den Rabbinern versteht. Bei Zion ham mir unser Vergnügen an der Musik und müssen nicht dauernd heilig sein.«
Er erzählte, dass der Chor weltliche Lieder sang: Schumann, Weber, Verdi, Wagner … »Denn unser Chorleiter Christian Ebner und der Geiger Theodor Banholzer sind Gojim. Wir haben sie angesprochen, weil sie gute Musiker sind. Ihre Religion ist uns egal. Und wir singen grad, was uns gefällt!«
Genau das wollte auch ich – trotz meines Glaubens. Am gleichen Abend fand ich mich im Steinschen Stadtschloss zur Chorprobe ein. Es herrschte eine fröhliche Stimmung. Christian Ebner war ein Musiklehrer von Mitte vierzig, der in der Memminger Realschule unterrichtete. Die Arbeit mit dem Zions-Chor bereitete ihm sichtlich Freude.
Theo und der Klarinettist Ephraim Meinfelder, ein Enkel unseres Synagogendieners, verliehen unserem Chor Schwung. Ich musste mich zunächst daran gewöhnen, dass die weltlichen Komponisten jeweils einen individuellen Begriff von Musik besaßen. Ihnen fehlte die Getragenheit und Feierlichkeit der liturgischen Gesänge von Lewandowski und Co.
Die Vielfalt der weltlichen Musik war befreiend. »Fühl' dich ein, Ludwig, und sing mit deiner ganzen Kraft«, empfahl mir der Chorleiter. Die Umstellung erforderte Konzentration. Doch als ich mich allmählich traute, in Begleitung der Instrumentalisten und Sänger die neuen Weisen anzustimmen, ge-

wann meine Seele eine Leichtigkeit und Freude, die mein Leib ansonsten nur auf dem Fußballfeld erfuhr.

Selbst der getragene Gefangenenchor »Teure Heimat – Flieg, Gedanke« aus Verdis »Nabucco« war nicht in den Fesseln religiöser Feierlichkeit gefangen. Er drückte Seelenschmerz, aber auch Hoffnung aus. Im Reigen der Bässe, der Baritone und meiner Tenorkollegen fand ich dabei einen Weg, mit der Stimme meinem Vergnügen einen eigenen Ausdruck zu geben. In Webers »Freischütz« freute ich mich, als Jäger durch Wald und Fels zu streifen, in Wagners »Tannhäuser« war ich als frommer Pilger unterwegs. Das war wenig Sakrales, vielmehr Drama mit allen Höhen und Tiefen. Die pralle Kraft dieser romantischen Musik bezauberte mich.

Nach den Proben gingen wir nicht nach Hause, sondern schlenderten gemeinsam ins »Weiße Ross«, den »Goldenen Hirsch« oder eine andere Wirtschaft, wo wir beim Bier alte und neue Gesänge von uns gaben. Dabei hörte ich auch manches Zotenlied.

Als mir eines späten Abends Herr Sauter begegnete, meinte dieser verwundert: »I hab' ned g'wusst, dass auch ihr Juden so saufen könnt ... Aber pass' auf, sonst stell i di am Sonntag ned auf. Und jetzt gehst hoam.«

Widerwillig folgte ich unserem Übungsleiter. Glücklicherweise begegneten wir uns fast nie in der Wirtschaft. Wenn es nach Herrn Sauter gegangen wäre, hätte ich neben dem Fußball nur im gediegenen Synagogenchor mitsingen dürfen.

Entgegen der Annahme unseres Trainers hielt sich mein Bierkonsum in Grenzen. Wie bei den meisten Zions-Sängern war bei mir nach dem zweiten Glas Schluss, denn am nächsten Morgen musste ich zum Frühgebet in die Synagoge und danach an der Kalkulation oder in unserem neuen Geschäft arbeiten.

Der Laden hatte seine Entstehung teilweise dem Zufall zu verdanken. Während meiner Lehrzeit hatten Heiner und ich Pläne für eine eigene Textilfabrikation geschmiedet, die an die Vorkriegs-Herstellung von Arbeitskleidung in unserem Hintergebäude anknüpfen sollte. Damals fertigten ein Dutzend Näher unter der Anleitung unseres Schneiders Arbeitstextilien für Herren. Vater hatte die Schmattes unter den Bauern der Umgebung vertrieben. Dienstags bis donnerstags wurden die Arbeitskleider sowie Damenartikel in einem Laden an der Vorderfront unseres Hauses von Vater oder seinem Schneidermeister Herrn Gerstlein verkauft.

Nachdem Vater in den Krieg gezogen war, wurde zunächst die Schneiderei eingestellt und bald darauf auch der Laden geschlossen. Durch meine Erfahrungen in Ulm wusste ich, dass sich für uns die Herstellung von Textilien nicht lohnte. Wir konnten mit den Einkaufspreisen und den Fließbandprodukten einer Fabrik wie Sulzer nicht konkurrieren.

Dabei blieb es – zunächst. Doch die Situation änderte sich, als mich Herr Gerstlein im Frühjahr 1925 kurz vor dem Pessach-Fest ansprach. Er sehe mit Freude, dass unsere Firma wieder reüssiere, und denke dabei mit Wehmut an die guten alten Tage vor dem Krieg zurück, als er und seine Leute für uns gearbeitet hätten. Mittlerweile beziehe er eine kleine Rente und habe seine Werkstätte zugemacht, denn die Kundenakquise sei ihm zu anstrengend.

»Doch Hosen schneidern – das kann ich wie kein anderer. Und ich hab' noch genügend Kraft dazu. Gern würde ich wieder Arbeitskleidung für die Firma Seligmann nähen. Und ich kenne noch zwei andere ältere Herren, denen es ein Bedürfnis wäre, bei Ihnen zu arbeiten. Wir alle wollen etwas Sinnvolles tun.«

Gerstleins letzte Bemerkung elektrisierte mich. Wenn wir ihn und zwei, drei Mann in unserer alten Werkstatt auf Kommission arbeiten ließen, würden sich die Ausgaben in Grenzen halten. Vor allem hätte Vater als Geschäftsinhaber neben seinem gelegentlichen Hausieren eine weitere sinnvolle Beschäftigung. Herr Gerstlein und seine zwei Gehilfen waren glücklich, wieder bei uns beschäftigt zu sein. Ihre Arbeitshosen waren von hervorragender Qualität. Vater zögerte anfangs, denn er durchschaute wohl den eigentlichen Zweck unserer neuen Textilproduktion. Doch die Freude, wieder mit Herrn Gerstlein zu tun zu haben, sowie die Möglichkeit und Notwendigkeit, seine Waren in Ichenhausen und bei den Bauern der Umgebung zu verkaufen, belebten Papa offenkundig.

Erstmals seit Jahren hockte er sich wieder auf die Sitzbank vor seinem Laden mit der Aufschrift »I R Seligmann. Fabrikation von Arbeitskonfektion – Spezialität: Hosen.« Er steckte sich eine Zigarre an und paffte sie mit sichtlichem Genuss.

Vaters neue Lebensfreude bedeutete für mich zusätzliche Arbeit. Denn unsere kleine Privatproduktion musste organisiert werden. Heinrich verkaufte gelegentlich einen Posten unserer Arbeitshosen. Ich selbst reiste fast wöchentlich nach Ulm, um bei Bodenheimer neue Bestellungen aufzugeben und Ware abzuholen.

Zu diesem Zweck erwies sich unser Laubfrosch bald als zu klein und wenig zuverlässig. Nach zwei Jahren häuften sich die Reparaturen. Die Zündkerzen wurden in immer kürzeren Abständen nass und mussten getrocknet und schließlich ersetzt werden, denn ihre Fassungen wurden undicht. Die Achsschenkel schlugen aus, auch sie mussten in der Werkstatt in Günzburg erneuert werden, ebenso die Stoßdämpfer. Schließlich klemmte das Getriebe, sodass ich Heinrichs Rat folgte und den alten Laubfrosch gegen ein neues Modell tauschte.

Dieser Opel besaß einen elektrischen Anlasser, Handgas und ein zurückklappbares Verdeck. Der Motor hatte einen doppelt so großen Hubraum wie der Frosch, entsprechend kräftig beschleunigte er den Wagen.

Es machte mir Spaß, über die Wege zu brausen. Dennoch gelang es mir nie ganz, eine gewisse Furcht beim Autofahren zu überwinden. Anders als mein Bruder Heinrich, der sich hinter dem Steuer als Herrscher der Landstraßen fühlte. Er steuerte unsere Chevrolet-Limousine rasant, doch mit Umsicht.

Ich fühlte mich sicherer, wenn Heinrich am Lenkrad saß. Das bewog mich, nach wenigen Monaten das Opel-Cabriolet wieder zu verkaufen. Dabei verlor ich kaum Geld, denn in der aufstrebenden Konjunktur kamen die Autohersteller mit der Produktion nicht nach. Da ich meinen Opel wenig bewegt hatte, fand sich in Augsburg rasch ein Käufer, der mir einen anständigen Preis bot – ich schlug ein.

Von dem Geld ließ ich mir zwei Maßanzüge, einen eleganten Dreiteiler und einen hellen luftigen Sommeranzug, sowie vier Hemden fertigen. Den Großteil des Geldes aber tauschte ich in US-Dollarnoten um.

Die grünen Scheine Bodenheimers hatten vor eineinhalb Jahren genügt, unser Geschäft wieder aufleben zu lassen. Möglicherweise konnte mir die Dollarreserve eines Tages auch wieder helfen.

Der Zions-Gesang erweiterte den Dreiklang aus Fußballsport, Synagoge – einschließlich der Bestattungsgesellschaft – sowie Beruf zu meinem neuen Lebensakkord. Sooft ich konnte, ging ich nach der Arbeit zum Stadtschloss. An der Stirnseite unseres Probenraums standen zwei Glasvitrinen, in denen vielfältige, stets polierte Pokale ausgestellt waren, die unser Chor in unterschiedlichen Wettbewerben gewonnen hatte. In einem anderen Regal und an den Wänden wurden gerahmte Urkunden gezeigt. Reichte es nicht zu einem der dekorierten Spitzenplätze, erhielt der Chor immerhin einen Teilnahmewimpel. Eine

Auswahl dieser bunten Stoffdreiecke hing an den Wänden, ähnlich wie bei unserem Fußballverein.

Nach kurzer Begrüßung ließ uns der Chorleiter Christian Ebner nach Stimmlage auf einem Podest Aufstellung nehmen, zu unseren Füßen saßen der Geiger und der Klarinettist. Zum Aufwärmen übten wir Tonleitern und Akkorde. Waren unsere Stimmen bereit, bat der Dirigent um Silentium. Der Geiger Theodor Banholzer nannte das Chorlied, Herr Ebner gab mit seinem Taktstock den Einsatz – dann durften wir bereits einstudierte Weisen schmettern. Nachdem wir uns derart warmgesungen hatten, übten Dirigent und Orchesterleiter mit uns neue Stücke ein.

Die Höhepunkte des Chorlebens waren die Feste und Wettbewerbe des Schwäbischen Sängerbundes, dem der Gesangsverein Zion angehörte. Erstmals begleitete ich unseren Chor auf einen Sängertag in Lindau. Wir fuhren gemeinsam mit dem katholischen Chor Sankt Johannes mit der Bahn zum Bodensee. Wie mir meine Chorfreunde erzählten, fand die Veranstaltung aus Rücksicht auf uns Juden am Sonntagnachmittag statt, damit wir die Schabbatruhe nicht verletzen mussten.

Den Sonntagvormittag nutzten wir zu einem Besuch der Blumeninsel Mainau, wo wir uns des milden Herbstwetters erfreuten. Nach einer kräftigen Jause fuhren wir mit dem Raddampfer zurück nach Lindau. In der großen Halle hatten sich an die tausend Zuschauer versammelt.

Als unser Chor in den blumengeschmückten Saal einzog, rief es aus dem Publikum: »Die Juden kommen!« Dies war eine freundliche Begrüßung. Niemandem, weder uns noch dem Publikum, wäre es in den Sinn gekommen, dass dieser Willkommensgruß binnen weniger Jahre in Hass-Rufe umschlagen könnte.

Für den Jägerchor aus dem »Freischütz« erhielten wir reichlich Beifall. Danach intonierten wir »Verklungen ist des Tages Treiben, nicht lang' mehr will die Sonne bleiben …« Mozarts »Abendruhe« steigerte den Applaus des Publikums.

Wir fühlten, dass unser Gesang die Zuschauer berührte. Dies beflügelte Herrn Ebner. Er hob Kopf und Taktstock, sein Blick drückte Entschlossenheit aus. Theo Banholzer nannte den Titel unseres abschließenden Lieds: »In einem kühlen Grunde …« Doch es war die feierliche Mozart-Melodie, die uns in die Herzen der Lindauer getragen hatte. Am Ende wurden wir von der Jury mit dem zweiten Preis belohnt.

Wir fühlten uns als die »Vize-Könige« Schwabens. Was wir auf der Heimfahrt – im Zug und auf dem Bahnhof – singend feierten. Dabei ließen wir Mozart hinter uns und überboten einander mit dem Torerolied aus »Carmen«.

Wir hatten Schwabens Stier bei den Hörnern gepackt.

Erbarmen

Mitte der Woche nahm mich Moritz Meinfelder nach dem Frühgottesdienst beiseite. »Gesegnet sei der Richter der Wahrheit«, sprach er die Todesbotschaft. Sie galt dem Ende von Erika Blum. Ihr Geburtsname war Esther, sie war meine Mitschülerin gewesen. Allerdings war sie mir vier Klassen voraus. Erika, wie sie sich ab ihrem zwölften Jahr nannte, war keine gute Schülerin. Hauptlehrer Brader nannte sie eine »dumme, eitle Gans«. Das störte sie kaum. Selbst als kleiner Junge wirkte die schöne Erika anziehend auf mich, auf die anderen Buben nicht minder. In ihrem letzten Schuljahr, mit vierzehn, war sie eine junge Frau mit ebenmäßiger Gestalt und vollen Lippen. Sie überragte uns Mitschüler, und ihre Brüste waren bereits unübersehbar.

Mich beeindruckten auch ihre grünen Augen, die jeden spöttisch ansahen, selbst unseren Hauptlehrer. »Du bist ein Früchtchen, Esther. Wenn ich dein Vater wär', würde ich dich bis zur Hochzeit an die Kette legen!«, schimpfte Herr Brader.

Nach meinem Wechsel aufs Gymnasium verlor ich Esther-Erika aus den Augen. Wieder in Ichenhausen, vernahm ich gelegentlich Gerede über sie. Zunächst versuchte ihr Vater, sie als Verkäuferin in seinem Kolonialwarenlädchen zu beschäftigen. Doch Erika mochte diese Arbeit nicht und rückte von daheim aus. Der Vater fand die Fünfzehnjährige in einer Augsburger Gastwirtschaft wieder, wo sie als Bedienung arbeitete, und zwang sie, mit ihm nach Ichenhausen zurückzukehren. Aber Erika machte jedem deutlich, dass sie nicht in den Kolonialwarenladen gehörte. Einige Monate später suchte sie erneut das Weite. Gerüchte besagten, dass sie sich in München oder gar in Berlin aufhielt. Damit war sie außerhalb der Reichweite Herrn Blums.

Anfang der Zwanzigerjahre hörte ich, dass Erika zu Besuch bei ihren Eltern weilte. Es kam sogleich zum Streit. Siegl Herrligkoffer, der sie kurz gesehen hatte, war begeistert von ihr. »Eine Dame von Welt. Wunderschön. Und so elegant. Nach der neuesten Mode gekleidet. Auf ihre Weise reizend. Am liebsten würde ich mit ihr durchbrennen.«

»Warum tust du's nicht?«

»Mein Vater würd' mich erschlagen. Mit einer Rumtreiberin und einer Jüdin obendrein …«

Nach ihrer Abreise war Erikas Vater derart verzweifelt, dass er sich sein Hemd zerriss und um seine Tochter trauern wollte. Als Rabbiner Dr. Cohn davon hörte, zitierte er ihn zu sich und verbot ihm sein Unterfangen. »Um einen Lebenden zu trauern, ist eine Sünde. Erst recht um sein eigenes Kind! Jeder Mensch kann umkehren, solange er oder sie lebt. Darum müssen Sie beten«, ermahnte er den Vater, wie mir Kantor Loew später erzählte.

Fünf Jahre später, Anfang 1926, kehrte Erika zu ihren Eltern zurück. Als ich hörte, dass sie todkrank sei, besuchte ich meine ehemalige Schulkameradin. Erika lag im engen Wohnzimmer in einem weiß bezogenen Bett. Ich versuchte mir meinen Schrecken über ihr elendes Aussehen nicht anmerken zu lassen. Gesicht und Lippen waren totenblass, ein Auge war offenbar erblindet. Als sie mich erblickte, verzog sich ihr Mund zu einem Lächeln. »Danke, Ludwig, danke. Dass du an mich denkst und mich ned im Stich lässt«, sagte sie mit tonloser Stimme und versuchte vergeblich, sich ein Stück weit aufzurichten.

Dann hob sie an, leise, doch deutlich zu sprechen. »Ich hab' die Syphilis. Im Endstadium, Ludwig. So will's Gott … Ich halt' die Schmerzen ned aus. Doktor Herrligkoffer gibt mir Morphium. Ich will tot sein, bevor ich verrückt werd'.«

Das Einzige, was ich tun konnte, war, ihr zuzuhören. Ich fühlte, dass Erika noch etwas zu sagen hatte. Unwillkürlich fiel mein Blick auf ihre Hand, die sich blass auf der Bettdecke abzeichnete. Jetzt verstand ich die Redensart »Haut und Knochen«. Ich ergriff ihre kalten Finger, drückte sie leicht.

»Ludwig«, wisperte Erika, »Ludwig, du sollst wissen, dass i kei Hur' war.« Das Sprechen strengte die Kranke an, doch sie musste mir sagen, was ihr auf dem Herzen lag. »Ich hab's hier ned ausgehalten. Ichenhausen is wie a Grab. I musst nach Berlin. Da ist Leben …« Sie schloss die Augen. Ich merkte, wie ihre Finger warm wurden. Dann bäumte sich ihr Leib auf. Offenbar hatte sie starke Schmerzen.

Stockend berichtete sie, dass sie ihr Geld als Kellnerin und Barbedienung verdient habe. »Aber nie bin i für Geld mit'm Mann ins Bett. Nie! Ich hab' einige Bekannte gehabt, bis ich mit dem Oskar zusammengekommen bin. A anständiger Mann, hab' i denkt.«

Als ihre Geschlechtskrankheit entdeckt wurde, habe sie es sofort Oskar erzählt. »Da hat er mich rausgeschmissen.« Sie habe wieder angefangen, in Bars zu arbeiten, um sich die Behandlungen leisten zu können. »Doch die Salvarsan-Kur hat nix genützt. I bin immer kränker und schwächer wor'n. Am End' bin i wiada hoamkemma. Die Eltern haben Erbarmen g'habt und mi aufg'nommen.«

Tränen rannen ihre Wangen herunter. Sie musste husten, sank in die Kissen und fiel in den Schlaf.

Frau Blum bedankte sich für meinen Besuch, meinte aber, dass meine Visite Erika zu sehr aufgeregt habe.

In den nächsten Tagen verfolgten mich Bilder von Erika Blum. Abwechselnd sah ich vor mir das schönste Mädchen der jüdischen Schule, eine üppige junge Frau und eine von Schmerzen gequälte Sterbende, der es wichtig war, dass ich sie nicht als Hure im Gedächtnis behielt.

Als ich von Erikas Tod erfuhr, empfand ich dies zunächst als Erlösung für sie. Sie hatte sich ein schnelles Ende herbeigesehnt. Aber warum hatte der »Richter der Wahrheit« sie so grausam bestraft? Und warum sollte man Gott dafür lobpreisen? Wozu brauchte der Allmächtige unseren Segen für sein Todeswerk?

Kein Mensch, jedenfalls kein Jude in Ichenhausen, wäre bereit gewesen, mit mir darüber zu reden, nicht einmal Rabbiner Dr. Neuwirth.

Die Arbeit des Grabaushebens in dem winterharten Friedhofsboden lenkte mich kurzfristig von meinem Schmerz ab. Als ich das Aussegnungshäuschen betrat, musste ich mitansehen, wie die von zwei Frauen gewaschene und in ein Totenhemd gekleidete Leiche von Naphtali Reichenberger und Emil Heller in den offenen Sarg gehoben wurde. Dabei hing der Kopf Erikas herab und stieß an das Holz. Das Geräusch des Aufschlags ließ mich erzittern. Ich verlor die mühsam gewahrte Fassung, ein Weinkrampf schüttelte mich.

»Komm, Ludwig«, drang die vertraute Stimme Raphael Oettingers an mein Ohr. Ich spürte seine Hand auf meinem Rücken, mit der anderen ergriff er meine Rechte und führte mich aus dem Häuschen. Kalte Luft und Nieselregen schlugen mir entgegen. Ich schluchzte noch immer. Ruhig redete Raphael Oettinger auf mich ein. Allmählich verstand ich wieder seine Worte.

»Ich weiß, wie dir zumute ist, Ludwig. Frau Blum hat mir gestern gesagt, dass du der Einzige warst, der sie besucht hat. Das ist viel, viel wichtiger, als die Tote herzurichten und dabei zu beten …«

Herr Oettinger führte mich an den Gräberreihen vorbei zum Ausgang. Er ließ mich die Hände mit dem kalten Wasser aus dem Kupfergefäß begießen. »Wasch dir auch dein Gesicht, Ludwig.«

Die gleichbleibend feste Stimme des alten Herrn, seine selbstverständlichen Anweisungen wirkten beruhigend auf mich. Endlich konnte ich wieder frei atmen. Ich trat aus dem von Herrn Oettinger geöffneten Gittertor des Friedhofs. Durch den sich schließenden Eisenflügel sah ich das Antlitz des kleinen Mannes. Er hob seinen von einem weißen Bart umrahmten Kopf.

Gott, mit dem ich haderte, schenkte mir weiterhin das Leben. Ich hatte die Pflicht, es zu nutzen.

Esther-Erika Blum wurde um drei Uhr nachmittags beerdigt. Eine kleine Begräbnisrunde verabschiedete sich von ihr. Neben ihren Eltern und zwei Brüdern waren auch wir Mitglieder der Heiligen Gesellschaft zugegen. Keiner ihrer früheren Mitschüler hielt es für nötig, ihr das letzte Geleit zu geben.

Die Totengebete sprachen Herr Blum und Synagogendiener Moritz Meinfelder. Der Rabbiner hielt eine kurze Predigt. »Esther Blum ist vom Ewigen nach einem kurzen Leben abberufen worden. Das Urteil des Ewigen ist unanfechtbar. Doch auch wir Menschen sind für unser Schicksal verantwortlich. Am Ende holt Gott jeden von uns zu sich und empfängt ihn mit ewiger Gnade.«

Wo blieb das Erbarmen der Mitmenschen?

Nach dem Frühgebet am folgenden Morgen wartete ich vor der Synagoge auf Kantor Loew. Nach einer Weile trat er aus der Pforte. Ich fragte ihn, warum er auf der Beerdigung Erika Blums gefehlt und nicht das Totengebet für sie gesungen hatte. Herr Loew sah mich überrascht an. Noch nie war es mir in den Sinn gekommen, sein Tun in Frage zu stellen. Der Kantor meinte, er habe die Verstorbene nicht gekannt. Anders als sonst blickte er mir nicht in die Augen, während er mit mir sprach, sondern starrte auf den Boden. Er spürte offenbar, dass mir seine Worte nicht genügten.

Wir gingen eine Weile schweigend nebeneinander her. In Sichtweite seines Hauses blieb Kantor Loew stehen. »Ich muss über deine Frage nachdenken, Ludwig. Besuche mich doch in den nächsten Tagen.«

Warum gab er nicht zu, dass er falsch gehandelt hatte, wie es jedem Menschen passiert?

In den folgenden Wochen beanspruchte mich das Geschäft weitgehend. Da Vater im Laden die von Herrn Gerstlein und seinen Gehilfen hergestellte Arbeitskleidung ordentlich verkaufte, lag der Schneider ihm in den Ohren, die Zahl der Näher von zwei auf sechs zu erhöhen. Das musste ich verhindern, denn das Hosengeschäft brachte nichts ein. Wir betrieben es lediglich Vater zuliebe. Eine Ausweitung hätte mich weitgehend absorbiert und selbst Heinrich in Anspruch genommen.

Mein Bruder und ich verloren zu viel Zeit damit, die verkaufte Ware aus Bodenheimers Magazin in Ulm mit dem Auto nach

Hause zu transportieren, bei uns einzulagern, zu verpacken und per Reichspost zu versenden. Nun kam mir meine Erfahrung im Lager und im Versand des Kaufhauses zupass. Ich stellte zwei neue Arbeitskräfte ein: Robert Hellweger wurde unser Lagerist, während Franz Müller dafür zuständig war, die georderte Ware zu verpacken und zu verschicken.

Da wir die Schmattes fast ausschließlich von Bodenheimer bezogen, mietete ich einen Lagerraum in der Nähe seines Kaufhauses in Ulm, wo Herr Müller die Textilien deponierte, ordnete und versandfertig verpackte. Es dauerte eine Weile, unsere kleine Firma neu zu organisieren. Aber als ich die notwendigen Schritte durchgesetzt hatte und unseren beiden Angestellten, die weit älter und erfahrener als ich waren, Entscheidungsfreiheit gab, funktionierte unser Geschäft.

Heinrich konnte sich nunmehr ausschließlich dem Verkauf widmen. Alle zwei Tage gab er mir per Telefon oder bei einem Zwischenaufenthalt in Ichenhausen die Orderdaten durch. Ich selbst kümmerte mich um Einkauf, Versand und Inkasso. Daneben erledigte ich Buchhaltung sowie Steuern und organisierte die Produktion der Arbeitsschmattes in unserem Haus. Die Verantwortung für den Laden lag allein bei Vater.

Die Organisation unseres Betriebes bereitete mir Genugtuung, zumal Heinrich immer größere Aufträge einfuhr und wir dadurch zunehmend besser verdienten. Das Geschäft hielt mich von früh bis spät auf Trab – ja teilweise im Galopp, sodass ich vielfach das Morgengebet in der Synagoge schwänzen zu müssen meinte.

Meine knappe Freizeit teilte ich weitgehend zwischen Chorgesang und Fußballspiel auf. Am frühen Donnerstagabend riss ich mich aus meinem kleinen Büro, das an Vaters Kontor angrenzte, los und eilte zum Schloss, um mit den Zions-Sängern zu proben. Die Herren Ebner und Bauholzer feilten an unseren bereits einstudierten Stücken. Gleichzeitig übten wir Neues ein, so auch die »Loreley« und Schuberts »Lindenbaum«.

Max Kochmann, unser erster Tenor, drang eines Abends darauf, Louis Lewandowskis Glanzstück »Ma tovu« in unser Repertoire aufzunehmen. Unser Chorleiter kannte Lewandowski vom Namen her. Theo Banholzer war stets interessiert an neuen Stücken.

Doch unter den jüdischen Sängern regte sich Widerspruch. Simon Heller war überzeugt, dass wir uns mit »Judenliedern« bei allen Gesangsvereinen lächerlich machen würden.

»Wir sind aber ein Judenchor und heißen Zion, nicht Sankt Johann«, entgegnete Kochmann.

»Aber müssen wir deshalb mit unseren Judenweisen hausieren gehen wie mit alten Schmattes?«, gab Abraham Fischer aufgebracht zurück. Im Nu war ein heftiger Streit entbrannt.

»Ruhe! Silentium!«, gebot Herr Ebner. »Hier geht's ja zu wie in einer Judenschul'!«

Sogleich herrschte Stille. Nicht nur aufgrund der Autorität des Chorleiters, sondern weil seine unbedachten Worte uns unsere Ausnahmesituation als Juden deutlich machten. Niemand störte sich daran, wenn man uns Juden als streitfreudig bezeichnete – so sahen wir uns selbst. Doch wir alle liebten unsere Synagoge, einerlei, ob wir gläubig waren oder nicht. Dass dieses prächtige Haus, der Mittelpunkt unserer Gemeinde, als Ort des Zanks bezeichnet wurde, schmerzte jeden.

Das plötzliche Verstummen zeigte Herrn Ebner unsere Bestürzung. »Ich hab' nichts gegen eure schöne Barocksynagoge, aber gegen eure Disziplinlosigkeit.«

Wir gaben uns mit dieser Erklärung zufrieden, doch eine Prise Bitterkeit blieb bei den meisten zurück. Auch bei jenen, die zunächst gegen das Singen des »Judenliedes« eingetreten waren.

Um die Anspannung aufzulösen, schlug Theo Banholzer vor, dass Max Kochmann die Lewandowski-Weise vortragen solle.

Der korpulente Tenor zögerte nur kurz, ehe er in die Mitte des Raums trat und sich sammelte. Dann hob er mit seiner kräftigen melodischen Stimme an: »Ma tovu« – »Wie schön sind deine Zelte, Jakob«.

Die vertraute Melodie berührte meine Seele, und ich summte mit. So erging es den meisten von uns. Der Sänger hörte dies und hob auffordernd seine großen Hände. Sogleich fielen wir in seinen Gesang ein. Ein Lied, dessen Kraft nicht allein der schönen Melodie, sondern auch unserem Bekenntnis als Juden entsprang.

Das überzeugte unseren Chorleiter. Er bestimmte, Lewandowskis Weise in unser Repertoire aufzunehmen.

Am Ende des nächsten Schabbatgottesdienstes nahm mich Herr Loew beiseite. »Ich habe über deine Frage nachgedacht, Ludwig. Seinen Nächsten zu lieben heißt auch, ihm im Leid beizustehen. Auch wenn man mit dem Verstorbenen nicht persönlich bekannt war.«

Anders als kürzlich sah er mir nun in in die Augen, als er fortfuhr: »Besuch' mich wieder wie früher, Ludwig. Das hat uns allen immer viel Freude bereitet.« Er drückte meine Hand.

Die Einsicht des Kantors machte mich glücklich. Er würde mein Vorbild bleiben.

Leidenschaft

Montagabends machte ich mich auf den Weg zu Kantor Loew. Seine Frau öffnete die Tür.

»Das ist aber schön, dass du uns besuchst, Ludwig!« Ihr breites Lächeln zeigte, wie sehr sie sich über mein Kommen freute. Sie ging voran und hieß mich im Wohnzimmer auf einem Sessel Platz nehmen. Frau Loew zog aus einem Schränkchen Konfitüre-Würfel, die sie auf einem Teller verteilte und vor mich hinstellte. »Bitte bediene dich, Ludwig.« Sie setzte sich mir gegenüber.

Ich wartete darauf, dass der Hausherr in den Raum treten würde. Frau Loew sah mich aus dunkel glänzenden Augen an.

Ich wusste nicht, was ich reden sollte. Seit etwa einem Jahr hatte ich sie nicht aus der Nähe gesehen oder gesprochen. Ihre reife Schönheit, die regelmäßigen Züge ihres Gesichts, der breite Mund, vor allem ihr unverwandter Blick nahmen mich gefangen. Glich Frau Loew den Frauen Israels in der Bibel? Der Moabiterin Ruth, die ihrer Schwiegermutter Naomi unbedingt folgte? Hatte sie ehedem auch zu ihrem Mann gesprochen: »Wo du hingehst, da will auch ich hingehen«? Ich stellte mir vor, wie Ruth Loew mit ihrer leicht rauen Stimme diese Worte sagte. Würde einst eine Frau von ähnlicher Schönheit wie Ruth Loew so zu mir reden? Ich musste schlucken. Wo blieb der Kantor? Ich wagte nicht zu fragen. Auch meine Gastgeberin sprach kein Wort. Sie sah mich nur unentwegt an und lächelte. »Wie ein Scharlachfaden sind deine Lippen, und lieblich ist dein Mund«, hieß es im Hohelied Salomons.

Unser Schweigen schlug in eine Spannung um, die ständig zunahm. Schließlich ergriff Ruth Loew das Wort. »Abraham erhielt heute Vormittag ein Telegramm. Sein Vater liegt im Sterben. Er ist unverzüglich zu seiner Familie nach Breslau aufgebrochen.«

Meinem Mund entrang sich lediglich ein einfältiges »Ja.« Wir verfielen wieder in Schweigen. Unvermittelt erhob sich Ruth Loew, ohne den Blick ihrer dunklen Augen von mir zu wenden. Sie trat auf mich zu, stand nun dicht vor mir. »Ludwig, ich habe dich bei deinem ersten Besuch lieb gewonnen … das ist immer stärker geworden – bis heute.«

Mein Gesicht brannte, der Puls dröhnte in meinen Schläfen und Ohren. Vergeblich versuchte ich ihrem Blick auszuweichen. Da spürte ich, wie sie meine Hände ergriff und mit warmen Küssen bedeckte.

Über mir schlugen die Fluten einer heißen Sehnsucht zusammen, die mich seit langem begleitet hatte. Willig ertrank ich darin, unentwegt hinabgezogen von Ruths Mund und Händen.

Tief in der Nacht kam ich zu mir. Ich war von Ruth erfüllt, die an meiner Seite auf der Chaiselongue lag. Ihre vollen Brüste umschmeichelten meinen Leib. Sie spürte, dass ich meinen Blick von ihrem nackten Körper abzuwenden suchte. »Sieh mich an, mein Geliebter. Ich gehöre dir«, klang ihre Stimme an meinem Gesicht.

Ein anschwellender Schmerz legte sich über mein Wohlgefühl, als mir allmählich meine – unsere – Lage bewusst wurde. Ich hatte die Ehe unseres Kantors, meines Vorbilds, gebrochen. Ich hatte meinem Begehren nachgegeben und ihm seine Frau geraubt. Das durfte ich nie wieder tun. Niemals!

Ich wollte mich aufrichten.. Ruth fühlte meine Anspannung. Sie zog sich an meinem Körper hoch, was mich sogleich wieder erregte. Als unsere Gesichter einander gegenüberlagen und ich in ihre Augen eintauchte, hob sie erneut an zu sprechen. »Du hast mich zur Frau gemacht, mein Ludwig.«

Sie schmiegte sich an mich, sodass ich wieder ihr gehörte. Irgendwann löschte Ruth das Licht. Unsere Körper klebten aneinander. Mein Gewissen begann mich erneut zu peinigen. Ruth fühlte jeden Hauch meines Seins. »Du darfst dir keine Vorwürfe machen.«

Ehe ich ein Wort erwidern konnte, fuhr sie fort: »Ich war noch keine achtzehn, als ich Abraham geheiratet habe. Unsere Väter haben die Ehe arrangiert. Ich war damals sehr stolz darauf. Abraham ist ein begabter Kantor und ein feiner Mensch …«, ihr Atem stockte, »… aber er ist kein Mann … jedenfalls keiner, der eine Frau versteht. Ihm fehlt das Bedürfnis.«

Ich wollte ihren Worten nicht glauben. Herr Loew hatte sich zu mir und zu allen Menschen, die ich kannte, anständig benommen. Nichts anderes sagte seine Frau. Seine Frau. Seine! Die ich ihm genommen hatte.

»Anfangs dachte ich, dass es so sein muss, wie Abraham und ich zusammenlebten. Aber aus einer normalen Ehe entspringen Kinder. Das war bei uns nicht so … konnte nicht so sein.« Ruth war in jeder meiner Zellen. Doch gleichzeitig war ich dankbar für die Gnade der Dunkelheit, die uns einhüllte und verhinderte, dass ich sie anstarren musste, während sie, von Pausen unterbrochen, weitersprach. »Glaube mir, Ludwig, dass ich immer wieder alles, alles probiert habe, ein Kind von Abraham zu bekommen. Doch er war nie bereit, auch nur darüber mit mir zu sprechen.«

Eine Weile umfingen wir einander wortlos. Dann fuhr sie mit heller Stimme fort: »Ich habe versucht, mich mit meinem Los abzufinden. Nachts träumte ich, dass ich mit anderen Männern zusammen war. Tagsüber konnte ich meine Gefühle beherrschen. Bis du zu uns gekommen bist, mein Geliebter. Danach habe ich nur noch von dir geträumt.«

»Und ich von dir.«

Mein Verstand versuchte die Oberhand über meine Gefühle zu gewinnen, doch meine Sinne klammerten sich an Ruth. Als der Morgen dämmerte, riss ich mich los. Ohne mich umzusehen, schlüpfte ich in meine Kleider. »Wir dürfen das nicht mehr tun«, vernahm ich meine Stimme.

Ruth setzte sich auf – ohne Scham. »Wir lieben uns, Ludwig … Liebe ist stärker als der Tod.«

»Es ist Ehebruch!«, war das Einzige, was ich herausbrachte. Ruth kam mir, so wie sie war, entgegen. Sie schlang die Arme um meinen Hals.

Alles in mir trieb mich wieder zu ihr. Doch es gelang mir, mich frei zu machen.

214

»Auf Wiedersehen, mein Geliebter«, rief sie mir nach, als ich das Zimmer verließ.

Ich war entschlossen, nie wieder zu ihr zu kommen. Mein Gefühl wusste es besser.

Das Gewissen plagte mich fortan mit zunehmender Macht. Dass ich ohne böse Absicht in das Haus des Kantors gekommen war, minderte meine Seelenqualen nicht. Ich hatte vorgehabt, Herrn Loew zu danken und ihm meine Hochachtung auszusprechen, weil er, ein gestandener Mann, sich auf meine Bitte zur Nächstenliebe bekannt hatte. Stattdessen hatte ich ihn hintergangen.

Ständig versuchte ich, meiner Gewissenspein zu entfliehen. Durch Arbeit, Sport, Gesang, sogar mit Hilfe meines Judentums. Ich glaubte weiterhin an Gott – obgleich ich sein Gebot gebrochen hatte.

Das bedeutete auch, dass ich in die Synagoge gehen musste. Beim Abendgottesdienst begegnete mir nach gut einer Woche Kantor Loew. Er ließ seinen Bart sprießen. Denn sein Vater war gestorben. In den dreißig Tagen nach dem Tod eines Angehörigen rasieren sich jüdische Männer nicht und sprechen täglich früh und abends das Kaddisch im Kreis der Gläubigen, die den Trauernden bei seinem Gebet begleiten.

Anschließend trat ich, wie die anderen Männer, zu Herrn Loew und pries, wie es der Anlass gebot, den Richter der Wahrheit. Doch war ich unfähig, ihm dabei ins Gesicht zu sehen.

Ich war froh, dass der Vater des Kantors nicht in Ichenhausen gestorben war. Ansonsten hätte ich ihn waschen und zur Beerdigung vorbereiten müssen. In der folgenden Trauerwoche, in der die engsten Angehörigen ihr Haus nicht verlassen dürfen, hätte ich als Mitglied des Begräbnisbundes Herrn Loew in dessen Haus besuchen müssen.

Dabei wäre ich wieder Ruth begegnet.

Ich konnte mich nicht jeden Abend auf dem Trainingsplatz oder im Schloss bei den Zions-Sängern verstecken. Montag war trainingsfrei. Ich zog die Büroarbeit in die Länge. Doch dann begab ich mich statt zum Abendgebet in die Synagoge in den Gasthof »Grüner Baum«.

Beim zweiten Glas im lauen Biergarten wurde mir leichter. Ich dachte daran, wie wir als Kinder oft am Schabbatabend mit unseren Eltern unter dem ausladenden Kastanienbaum gesessen und die mitgebrachten gebratenen Täubchen verzehrt hatten. Heinrich und ich liebten die Waldmeisterlimonade.

Ich bestellte ein drittes Bier. Doch ich durfte mich nicht betrinken wie Herr Bodenheimer in Ulm, der Gott gelästert hatte. Was ich getan hatte, war ebenso schlimm.

»Da schau her – der wackere Pudel-Ludl säuft sich schon am Montagabend einen Rausch an!«

Gott sei Dank! Auch wenn er lästerte, Hauptsache, mein Bruder war da. Noch ehe er sich zu mir gesetzt hatte, bestellte sich Heinrich ebenfalls ein Helles. Wir stießen an. Der sprudelnde Gerstensaft spülte meine Sorgen davon. Ich lauschte Heinrichs Bericht über seine enormen geschäftlichen Abschlüsse und auch über seine famosen Eroberungen bei den schönen Frauen Schwabens.

»Na dann, Le Chaim!«, tönte mein Bruder und leerte sein Glas in einem Zug. Bei mir dauerte es auch nicht mehr lange. »Zwei Bier!«, gebot Heiner. Er sah mir ins Gesicht. »Was treibt dich ins Wirtshaus, Ludl-Nudel? Das verlorene Spiel gestern oder die Weiber?«

Heinrich nahm einen großen Schluck und beobachtete mich dabei mit einem Auge durch sein Bierglas. Er ahnte nicht, wie wichtig mir seine Gesellschaft jetzt war.

Im Laufe des Abends gesellten sich noch meine Sportkameraden Helmut Reut, Karl Seiff und Simon Feidl zu uns. Sie ertränkten den Kummer über das kürzlich versaute Spiel gegen

Krumbach, ich trank aus meinen Gründen, und Heiner soff selbstzufrieden vor sich hin.

Auf dem Heimweg hielten wir am Brunnen auf dem Marktplatz inne. »Soll ich dir den Kopf unters Wasser halten, damit's wieder klar wird in deinem Schädel? Oder geht's auch so?«, erkundigte sich Heinrich fürsorglich.

Jede Nacht träumte ich von Ruth. Von ihren Augen, ihrem Mund, ihrer warmen, weichen Haut. Doch mit dem Erwachen sprang mich meine Schuld an. Vergeblich versuchte ich, mich in meinem gewohnten Akkord zu verbergen. Auf dem Fußballfeld und im Gesangsverein war ich abgelenkt. Doch jeder Besuch in der Synagoge war durch die Gegenwart des Kantors eine Qual.

Herr Loew erwartete von mir eine persönliche Beileidsbekundung, gewiss auch einen Besuch. Doch das kam für mich nicht in Frage, da ich dabei Ruth begegnen würde. Ich war sicher, uns würde die Sünde in die Gesichter geschrieben stehen. Lieber nahm ich in Kauf, dass der Kantor mich für herzlos hielt. Selbst das Geschäft verschaffte mir keine vollständige Ablenkung. Solange Betrieb herrschte, wenn ich Bestellungen entgegennahm, Orderlisten anfertigte oder mit unseren Angestellten sprach, war ich bei der Sache. Doch wenn ich zukünftige Kalkulationen ausarbeitete oder das Geschäftsjournal aufblätterte und die einzelnen Buchungen mit Stahlfeder und Tinte eintrug, tanzte mir Ruths Bild vor Augen – ihr bloßer Körper. Ich wäre am liebsten aufgesprungen und davongerannt. Zu ihr! Doch Gott sei Dank war Kantor Loew zu Hause. Ich betete um die Kraft, dem »bösen Trieb« nach Ruth zu widerstehen. Doch nachts war ich meinem Begehren preisgegeben.

Geschäfte

Am frühen Mittwochabend langte Heiner von einer Verkaufsreise an. Er stürmte in mein kleines Büro, um mir seine neuesten Aufträge zu übergeben. Ich ging die Order durch. Sie wurden stetig umfangreicher.

»Du wirst immer besser, Heiner. Wenn du so weitermachst, bauen wir ein Geschäft auf wie …«

»Einen Schmarrn bauen wir auf!«, schrie der Bruder.

Ich fürchtete, Vater könnte uns hören. So gingen wir unverzüglich zum »Goldenen Hirsch«, wo wir uns in einem Hinterzimmer ungestört unterhalten konnten. Heiner und ich orderten Kaffee. »Wir verdienen nicht genug!«, fing er an. Noch ehe ich etwas einwerfen konnte, fuhr er fort: »Recht viel mehr kann ich nicht verkaufen, auch wenn ich mich zerreiße. Wir haben wegen unseres Schabbes nur viereinhalb Tage. Freitagnachmittag ist Schluss!«

»Dann stellen wir eben einen Vertreter an, oder mehrere …«

»Du bist wirklich ein Pudel und ein Depp obendrein. Deine Kaufmannslehre war für die Katz. Hast du dich schon mal mit Geschäftsleuten oder mit Vertretern selbst über diesen Beruf unterhalten?« Das hatte ich versäumt. »Dann wüsstest du, dass die meisten Warenschlepper dumm und stinkfaul sind!«

Ähnlich hatte sich Herr Ullmann geäußert. Bodenheimer aber schätzte die Vertreter der großen Berliner Textilfirmen: »Die Tüchtigen sind ihr Geld wert. Ohne sie müssten die Schmattes-Betriebe ihren Laden zumachen.« Das teilte ich Heinrich mit und meinte, er zähle zu den Besten.

Heiner blickte mich maliziös an. »Schmier' mir nur Honig ums Maul. Aber denk' bloß nicht, ich fall' drauf rein.«

Mein Bruder stürzte seinen Kaffee hinunter und bestellte einen weiteren, ehe er mir seinen Gedanken eintrichterte. »Ich kann meinen Umsatz kaum mehr steigern, und für gute Vertreter lohnt es sich nicht, für einen kleinen Betrieb wie unseren zu arbeiten. Daher bleibt uns nur eine Lösung …«

Heiner sah mich so wütend an, dass ich seine Schlussfolgerung erriet, ehe er sie aussprach: »Du! Du, Ludwig!«

Ich kannte nur das Hausieren bei den Bauern. Beim Verkauf an Geschäfte hatte ich lediglich Heinrich begleitet.

»Das ist nicht mein Beritt, Heiner …«

»Dein Beritt ist mir scheißegal. Dann musst du das Verkaufen lernen, du oberg'scheiter Oberschüler!«

Heinrich verlangte, dass ich am nächsten Tag ein Auto kaufen und unverzüglich mit der Arbeit als Vertreter beginnen müsse. Allerdings hatte ich zuvor eine Reihe von Vorkehrungen zu treffen. Ich musste eine Bürokraft finden, die neben der Buchhaltung auch unsere Aufträge verwaltete. Zudem gab es noch das Lager und den Vertrieb. Um diesen unentbehrlichen »Kram« kümmerte sich mein Bruder nicht.

Nachts grübelte ich, wie ich die unterschiedlichen Aufgaben unter einen Hut bringen konnte. Vor allem fragte ich mich, ob ich es schaffen würde, als Vertreter so viel Erfolg zu haben, dass ich mich nicht vor Heinrich blamierte. Entscheidend war, dass meine Arbeit zum Gelingen unseres Geschäfts beitrug. Diese Überlegungen und Besorgnisse nahmen mich derart in Anspruch, dass ich Ruth vergaß – jedenfalls solange ich wach war.

Meine beruflichen Befürchtungen schwanden, als ich begann, systematisch die anstehenden Aufgaben zu erledigen. Zunächst suchte ich Daniel Reichenberger auf, den Vater eines Kameraden in der Heiligen Bestattungsgesellschaft, der bis zu seiner Pensionierung als Buchhalter bei der Firma Sulzer tätig gewesen war. Er war über meine Anfrage hocherfreut. Bei unserem ersten Gespräch wurde mir klar, dass seine Erfahrung uns von großem Nutzen sein konnte. Kaufmännische Kalkulation kannte er theoretisch. Allerdings ging ihm die Fähigkeit zum selbstständigen Handeln ab. Doch ich war zuversichtlich, dass die Praxis unserer kleinen Firma ihm dazu rasch verhelfen würde.

In Augsburg erwarb ich einen neuen Chevrolet. Nachdem ich am Schabbat in der Synagoge gebetet und am Sonntag unkonzentriert gekickt hatte, ohne ein Tor zu schießen, musste ich Montagmorgen endlich zu meiner Verkaufstour aufbrechen.
Da ich, wie Vater und Heinrich, vor lauter Reisefieber kaum Schlaf fand, fuhr ich bereits um sechs Uhr morgens los. Zunächst lenkte ich meinen Wagen nach Landsberg am Lech, wo ich schon um sieben Uhr anlangte. Dem Beispiel Heinrichs folgend stellte ich mein neues Auto vor einem Textilgeschäft ab. Um mir etwas die Zeit zu vertreiben, streifte ich durch das Städtchen.
Nach einer halben Stunde hatte ich Landsberg durchmessen und den Lech gesehen. Danach begab ich mich zur Festung. Aus der »Allgemeinen Zeitung« wusste ich, dass die Hochverräter des Münchner Novemberputsches von 1923 hier ihre Haftstrafen abgesessen hatten. Nach einigen Monaten waren sie auf Bewährung entlassen worden. Der Nazi-Häuptling Hitler hatte die Zeit genutzt, um ein Kampfbuch zu schreiben, das aber kaum ein Mensch las.
Drei Jahre nach der Niederschlagung des Coups und der Festsetzung der Aufrührer schienen die Gefahren für die Republik gottlob überwunden – obgleich Vater überzeugt blieb, dass »Ludendorff, sein Kriegskumpan Hindenburg und die anderen Verbrecher nicht ruhen werden, bis sie unser Land in ein neues Unheil gestürzt haben werden«.
Das graue Festungsgebäude wirkte einschüchternd. Ob die Strafe in diesem Bau die Antisemiten und Banditen wohl zur Vernunft gebracht hatte?

Um Viertel nach neun erschien ich mit meinem Musterkoffer im Textilladen. Sogleich wurde ich zum Chef vorgelassen. Als ich vor dem korpulenten Besitzer stand, hatte ich die Sprüche, die ich nach Heinrichs Vorbild ersonnen hatte, allesamt vergessen. Mein Kopf war leer wie bei meiner Bar-Mizwa-Rede. Und mein Bruder war nicht da, um mir aus der Bredouille zu helfen! Was sollte ich sagen, um Himmels willen?

Die Wahrheit. Ich atmete mehrmals durch, ehe ich die Ruhe fand, dem Geschäftsmann zu erklären, dass dies heute meine erste selbstständige Vertreterreise sei. »Ich bin a bissle nervös … Aber die Ware, die ich Ihnen anbiete, ist von erster Qualität. Da weiß ich Bescheid.«

»Dann lassen's mal Ihre Schätze sehen«, forderte er mich auf. Die Ermutigung genügte. Jetzt war ich fähig, detaillierte Vorzüge meiner Textilien zu erläutern. Der Kaufmann prüfte sie gründlich und überzeugte sich von ihrer Güte. Doch er verlangte einen Preisnachlass, den ich ihm bereitwillig gewährte.

Am Ende bedankte ich mich voller Freude bei ihm.

»Wofür? Des is a Geschäft wie jedes andere.«

»Ja, aber ich habe bei Ihnen etwas ganz Wichtiges gelernt. Aufzutreten, wie ich bin, und nicht versuchen, ein anderer zu sein.« Singend fuhr ich Richtung Südwest nach Kempten. Im ersten Geschäft hatte man keinen Bedarf. Doch in dem Textilladen in der Bahnhofsgasse bestand Interesse.

Die Erfahrung in Landsberg gab mir Mut, mich nicht mit dem Anpreisen meiner Schmattes zu begnügen. Da der Geschäftsführer ein Mann in den besten Jahren war, brachte ich das Gespräch auf Fußball. Ich erwähnte, dass ich der Rechtsaußen Ichenhausens sei und meine Mannschaft hoffentlich bald einmal zu einem Freundschaftsspiel nach Kempten fahren würde.

»Dann viel Erfolg! Sie ham's erraten, ich bin Fußballfreund. Auf'm Sportplatz. Aber hier im Laden machen Sie ein Goal nur mit anständiger Ware und an gut'n Preis.« Beides konnte ich bieten.

Nachmittags fuhr ich nach Memmingen. Auch hier zeigte man Interesse an meinen Schmattes, doch bei dem Preis konnten wir uns nicht einigen. Ich hatte gelernt, nicht über Gebühr nachzugeben.

Als die Anspannung des Tages bei einem Bier im Memminger »Krug« von mir wich, sprang mich erneut das Verlangen an. Erst recht nachts im Bett des Gasthofs. Gut, dass Ruth weit weg in Ichenhausen weilte. Ob es ihr ebenso erging wie mir?

Freitags am frühen Nachmittag fuhr ich endlich wieder in unseren Hof ein. Ich sah, wie Heinrich vor seiner Limousine Wotan tratzte. Wann immer mein Bruder seine Hände in die Höhe warf, sprang ihn der mächtige Hund an. Als die Dogge mich gewahrte, stürmte sie auf mich los. Ich musste mich Wotan entgegenstemmen, um nicht umgeworfen zu werden.

Heiner trat lachend zu uns. »Du Judenpudel kannst gegen eine deutsche Dogge nichts ausrichten.« Er knuffte mich. »Na, wie lief's, Herr Vertreter?«

»Gar nicht so übel.«

Vater und Kurti gesellten sich zu uns. »Da sind ja meine tüchtigen Buben zum Schabbat alle beinander.« Das Lächeln war in Vaters Züge zurückgekehrt. Wir gingen ins Haus, wo uns Mutter und Thea im Salon willkommen hießen.

Als wir beide später allein waren, konnte Heinrich seine Neugier nicht länger bezähmen. Er drängte mich, ihm meine Verkaufszahlen zu nennen. Nachdem ich ihn eine Weile hatte zappeln lassen, nannte ich ihm den Betrag.

»Zwölfhundert. Besser als nichts. Interessiert es dich zu erfahren, was ich gemacht hab', Ludlchen?«

Ich blieb ihm die Antwort schuldig. Doch Heiner musste mir seine Überlegenheit unter die Nase reiben. »Zweitausend!«, trumpfte er auf. »Du musst noch einen Haufen bei mir lernen, du Pudl …«

»Einen Dreck muss ich bei dir lernen!«, entfuhr es mir. Das Gebrüll erleichterte mich, also fuhr ich damit fort. »Ich verkauf' auf meine Weise, du aufgeblasener Aff'!«

Heiner sah mich ungläubig an. Das steigerte meine Wut noch: »Du benimmst dich wie ein Mensch zu mir, sonst machst du deinen Dreck allein.«

»Kusch, Pudl!«

Da schlug ich ihm ins Gesicht. Er riss im Reflex die Hände hoch. Ich stellte mich ihm mit geballten Fäusten entgegen. Ich sah, dass mein Bruder sich zwingen musste, an sich zu halten.

»Ich werde mich nicht mit dir im Haus unseres Vaters schlagen, schon gar nicht vor Schabbat, Ludwig.« Er kniff die Augen zusammen. »Aber wenn du mich noch einmal anrührst, hau ich dich kaputt.«

Eine Weile standen wir uns schwer atmend gegenüber. Dann drehte ich mich um und ging auf mein Zimmer. Heinrich nannte mich nie wieder Pudl.

Die Lesung des Wochenabschnitts der Thora war die besinnlichste Phase des Gottesdienstes. Wie die meisten Betenden verstand ich kaum etwas von dem hebräischen Text, den Kantor Loew im traditionellen Sprechgesang vortrug. Doch auf meinem Pult lag wie auf dem Vaters und der meisten Anwesenden ein deutsch-hebräischer Thoraband. So folgte ich zunächst den Worten der Übersetzung.

Heute trug der Kantor die Parascha Behar, »Auf dem Berg«, vor. Auf dem Berg Sinai hatte Gott Moses und den Kindern Israels geboten, alle sieben Jahre die Felder brachliegen zu lassen. Nach sieben mal sieben Jahren galt es, alle Schulden zu erlassen, das Erbland seinen ursprünglichen Besitzern zurückzugeben und den Sklaven die Freiheit zu schenken. Es war ein Jubeljahr.

Dies war ein Anlass für mich, über meine eigene Zukunft nachzudenken.

Unsere Firma würde an Heinrich gehen. Früher oder später musste ich mich selbstständig machen.

Sollte ich wieder bei Herrn Bodenheimer arbeiten? Meine Gedanken flogen zu Ricarda. Sie war eine kluge und attraktive junge Frau. Warum hatte ich mich nicht getraut, mich mit ihr zu befreunden? Weil sie ihren eigenen Kopf besaß? Das imponierte mir. Doch sie war auch die Tochter meines Chefs, den ich bewunderte, dem ich aber auch ausgeliefert war.

Die Lesung des Wochenabschnitts war beendet. Jonas Wolf und Siegfried Weimersheimer, mit Gebetschals über den Schultern, drehten die Pergamentrolle der Thora an deren Holzgriffen zusammen. Während Herr Wolf die Rolle in die Höhe stemmte, hüllte Herr Weimersheimer die Schrift in ihr blaues Samtkleid und setzte dann die Silberkrone auf die oberen Holzstiele.

Die Thora war die ewige Königin der Juden. Ihre Gebote bestimmten unser Leben. Angeführt von Kantor Loew stiegen die Männer mit der Rolle von der Bima herab und umschritten auf roten Läufern den Gebetsraum. Wir Gottesdienstbesucher näherten uns der kleinen Prozession, um das Samtkleid der Thora mit unseren Lippen zu streifen. Die große, massige Gestalt Abraham Loews führte die Thoraträger an. Er warf mir einen Blick zu, offenbar wollte er mich sprechen. Die Prozession zog weiter zum heiligen Schrein, wo die Männer die Thora unter Kantor Loews Gesang abstellten und die Flügeltüren geschlossen wurden.

Meine Seele bebte. Hatte Ruth ihre Verfehlung eingestanden? Dann hätte mich der Kantor anders angesehen. Sein Gesichtsausdruck wirkte eher bittend.

Nach dem Gottesdienst wiederholte der Kantor seine kürzliche Einladung und fügte hinzu, seine Frau habe nach mir gefragt. Sie würde sich freuen, mich wie einst mit Tee und Kuchen in ihrem Haus zu empfangen.

Besaß Ruth kein Schamgefühl? War ihr nichts heilig? Ich hatte noch nicht begriffen, dass leidenschaftliche Liebe alles dominiert.

Ich konnte Herrn Loews Einladung nicht folgen. Stattdessen fuhr ich am Sonntagmorgen mit meinem Auto nach Ulm. Herr Bodenheimer freute sich über meinen unangemeldeten Besuch und lud mich sogleich ein, mit ihm Mittag zu essen. Nach einem Blick auf meinen Chevrolet forderte er mich auf, ihn in seiner neuen 8-Zylinder-Kompressor Daimler-Limousine zu einem Gartenrestaurant an der Donau zu begleiten. Der Motor des Wagens röhrte wie ein Rudel brünstiger Hirsche, das Fahrzeug beschleunigte wie eine Schnellzuglokomotive, was meinem Gastgeber offensichtliche Freude bereitete.

Der Maître und seine Kellner begrüßten ihn gewohnt servil und wiesen dem »Herrn Direktor« und mir den besten Tisch mit Sicht auf den Strom zu. Herr Bodenheimer machte es sich bequem, zog eine Zigarre aus einem silbernen Etui und beschnitt sie mit einer mitgebrachten Schere, wobei er schmunzelnd meinte: »Dieses Instrument kann nur einer von ›unsere Leut‹ ersonnen haben!« Anschließend entzündete er die wohlriechende Tabakblätter-Rolle.

Der Chef ahnte bereits, welche kaufmännischen Fragen mich plagten. »Ich habe dir schon vor Jahr und Tag gesagt, dass die Zeit des Landjudentums und des Hausierens vorbei ist wie die Ära von Pfeil und Bogen. Wenn ich euch nicht durch meine Sonderkonditionen unterstützen würde, würde eure Firma am Existenzminimum dahinkümmern.. Einschließlich deines Brüderchens, der sich als Verkaufskanone gebärdet. Aber dir ist bekannt, Ludwig, dass ich das nur deinetwegen tue.«

Gerade weil ich es wusste, kränkte mich die Erwähnung. Während wir ein Kalbsschnitzel verzehrten und Bier tranken, wobei ich mich tunlichst zurückhielt, offerierte mir Bodenheimer eine »einmalige Gelegenheit«. In Kürze stand die Neueröffnung seines Augsburger Kaufhauses bevor. »Ich mache dich zum Co-Leiter des Verkaufs. Wenn du dich ein, zwei Jahre in dieser Position bewährst, werden wir dich in die Geschäftsführung berufen. Du bist dann gerade volljährig. Fortan steht dir der Himmel offen, Ludwig.«

Herr Bodenheimer schwärmte von der blendenden Wirtschaftslage. »Nach der Inflation schwebt unser Land in den Höhen einer ungebrochenen Konjunktur. Diese Entwicklung wird durch billige amerikanische Kredite noch verstärkt. Wenn die Wirtschaft brummt und die Mägen voll sind, wird das Land auch politisch Frieden finden. Nächstes Jahr sind Reichstagswahlen. Da werden die Radikalen verschwinden.«

Berlin

Ich dankte Herrn Bodenheimer für sein Vertrauen und versprach, über sein Angebot nachzudenken. »Lass' dir damit nicht zu lange Zeit, Ludwig! Solche Gelegenheiten muss man beim Schopf packen.«

Als Herr Bodenheimer zum Nachtisch Kaffee bestellte, fand ich den Mut, mich nach Ricarda zu erkundigen. »Du wirst ja rot, Ludwig«, bemerkte mein Gegenüber schmunzelnd. »Mir ist nicht entgangen, dass du dich in unser Töchterchen verguckt hast. Ricarda ist zwar ein Jahr älter und ein, zwei Zoll größer als du. Aber du bist ehrlich, du hast das Zeug zu einem tüchtigen Kaufmann und … du bist Jude. Zwar ist mir unser Glaube egal, aber ein Jud' versteht einen anderen besser als ein Goj. So bleibt uns manche unliebsame Überraschung erspart.

Eben war man noch der beste Freund, doch läuft etwas schief, ist man plötzlich der Jud'.« Er nippte an seinem Kaffee und lachte kurz auf. »Unser Albert Einstein aus Ulm, den die Welt heute als physikalisches Genie feiert, hat gesagt: ›Wenn meine Theorie stimmt, werden die Deutschen mich als Deutschen preisen und die Franzosen als Europäer. Aber wehe, sie stimmt nicht. Dann werden die Franzosen mich als Deutschen verlachen und die Deutschen mich als Juden beschimpfen.‹ So ist's leider.«

Erneut brachte ich die Sprache auf seine Tochter. Meine Hartnäckigkeit imponierte Bodenheimer. »Ricarda wohnt jetzt in Berlin. Fahre zu ihr und versuche dein Glück, Ludwig! Aber du musst wissen, deine Angebetete hat keineswegs von ihren zionistischen Hirngespinsten abgelassen. Im Gegenteil: Sie hat sich einer Gruppe angeschlossen, die unbedingt mit ihrer Hände Arbeit Judäa urbar machen will. Heute strebt jeder Trottel nach einem eigenen Büro, nur die wirren Zionisten gebärden sich als Arbeiter. Schlimmer als die Kommunisten! Ricarda absolviert im Jüdischen Krankenhaus einen Lehrgang als Krankenschwester, um in Palästina malade Hebräer zu pflegen … Unglaublich!« Herr Bodenheimer zerdrückte seinen Zigarrenstummel. »Meine Tochter könnte Medizin studieren. Ich würde ihr eine eigene Klinik finanzieren. Stattdessen will sie in die Wüste. Wir Juden sind alle verrückt.«

Nachdem er ein Glas Cognac mit einem Zug geleert hatte, beruhigte er sich wieder und meinte: »Besuch sie, Ludwig! Wer nicht wagt, der nicht gewinnt. Doch wehe, du lässt dich von ihrem Palästina-Wahn anstecken«, drohte er mir lächelnd.

Auf der Heimfahrt durch die reifenden Felder und sattgrünen Forste Schwabens malte ich mir einen Besuch bei Ricarda in Berlin aus. Ich traute mir zu, die attraktive, idealistische Ricarda von einem Leben in unserer schönen Heimat zu überzeugen. Wir würden eine Familie gründen und Kinder aufziehen.

Einerlei, ob in Ulm, Augsburg oder Stuttgart – durch die Nähe unserer traditionellen Familie würde Ricarda erkennen, dass man hierzulande als Jude in Würde leben konnte.

Doch je näher ich Ichenhausen kam, desto mehr wichen meine Tagträume einer Zukunft mit Ricarda dem Begehren nach Ruth. Mit aller Willenskraft versuchte ich, die Frau des Kantors aus meinem Kopf zu verbannen – vergeblich. Die Sehnsucht nach ihr überwältigte mich. Ruth war dabei, mir meine Seele zu stehlen.

Zunächst schrieb ich Ricarda einen mehrseitigen Brief, in dem ich ihr mitteilte, dass ich sie vermisste und mich gerne mit ihr aussprechen würde – auch über die Zukunft. Am Ende bat ich sie, mir mitzuteilen, wann und wo sie mich sehen wollte. Doch ich zerriss das Schreiben, nachdem ich es noch einmal durchgelesen hatte. Noch deutlicher konnte ich ihr meine Schüchternheit nicht kundtun!

Ich wollte einen mutigeren Brief versuchen. Doch am folgenden Schabbat fixierte mich Ruth von der Frauengalerie, während ihr nichts ahnender Gatte mich erneut bat, ihn und seine Frau zu besuchen. Entgegen meinem Willen wanderten meine Augen fortwährend nach oben. Die Geliebte spürte mein Begehren und fachte es mit ihrem Blick immer stärker an. Nicht einmal unser Synagogenhimmel vermochte mich von ihr zu befreien.

Noch vor Ende des Gottesdienstes verließ ich das Gebäude unter dem tadelnden Blick meines Vaters. Ich wollte Ruth unbedingt ausweichen.

Sonntagnachmittag fuhr ich nach München und bestieg den Nachtzug nach Berlin. Frühmorgens langte ich am Anhalter Bahnhof in der Hauptstadt an. Selbst die lange Bahnfahrt hatte es nicht vermocht, mein Begehren nach Ruth abzukühlen.

Die Geschäftigkeit der Metropole zog mich sogleich in ihren Bann. Ich wanderte zum Potsdamer Platz. Trotz der Morgenstunde herrschte dort ein Verkehr, wie ich ihn noch nie gesehen hatte. Rund um einen Ampelturm brausten ein- und zweistöckige Busse, Automobile, Radfahrer, Trambahnen über den Asphalt. Mir schwirrte der Kopf, und ich war froh, hier keinen Wagen steuern zu müssen.

Im Café des Hotels »Fürstenhof« nahm ich ein Frühstück ein. Heinrich wäre von der üppigen Eleganz der Lokalität angetan gewesen, und auch ich fühlte mich hier zunehmend wohl. Ich verspeiste zwei Eier im Glas, rauchte eine Zigarette, blätterte die Morgenausgabe der »BZ« durch und behielt die Uhr auf der Ampel im Blick. Gleich war es so weit.

Um 10 Uhr öffnete das Kaufhaus Wertheim am Leipziger Platz seine Pforten. Die lange Fassade war mit vielfältigen Skulpturen geschmückt. Im Inneren waren feinste Materialien verbaut worden: Marmor, edle Hölzer, Kacheln. Großflächige Wandgemälde schmückten den Mittellichthof, der von einer riesigen Figur, die die »Arbeit« symbolisierte, beherrscht wurde. Der Große Lichthof wurde von zwei mächtigen Bronzebrücken überspannt.

Inmitten dieser Pracht wurde eine unvorstellbare Vielfalt von Waren dargeboten. Ich durchwanderte die Abteilungen für Kleiderstoffe, befühlte Seiden, Kamelhaar und Kavallerie-Twill. Dann streifte ich durch die Sektionen für Hüte, Strümpfe und Handschuhe, für Schreibwaren und Schuhe. Kein Kaufwunsch blieb hier offen, es gab sogar eine Abteilung für Konfitüren.

Die Ware wurde in Glasvitrinen, auf Tischen, Regalen und per Schaufensterpuppen präsentiert. Sessel und Stühle luden ein zum Verweilen in der überschäumenden Vielfalt. Höfliche, gut geschulte Verkäufer und bildhübsche Verkäuferinnen bemühten sich um die zu dieser Zeit noch spärliche Kundschaft.

Wochen hätte ich hier im Wertheim verbringen können, um die Ausstattung und die Ware zu bestaunen und mehr über das Angebot und die Organisation dieses Kaufhauses zu erfahren.

Doch darüber durfte ich den Grund meines Berlin-Besuches nicht vergessen.

Mit der S-Bahn fuhr ich vom Potsdamer Platz zum Bahnhof Friedrichstraße. Vollgepackt mit Menschen, ratterte die Bahn durch den düsteren Tunnel. Nachdem ich aus dem Menschengewirr in der Station herausgefunden hatte, wandelte ich die Friedrichstraße hinauf zur nicht minder breiten Oranienburger Straße. Nach einigen Minuten Fußweg stand ich vor einem exotischen Gebäude mit zwei Türmen, zwischen denen eine gewaltige golddurchwirkte Kuppel thronte. An ihrer Spitze ragte ein ebenfalls goldener Davidstern in den dunstigen Himmel. Über dem Eingangsportal prangte in hebräischen Lettern das Bibelwort: »Tuet auf die Pforten!«

Ich stand vor der Neuen Synagoge, die – wie ich aus einem Reiseführer und einem Bericht des »Israeliten« wusste – 1866 in Gegenwart des preußischen Ministerpräsidenten und späteren Reichskanzlers Otto von Bismarck feierlich eröffnet worden war. Sie bot Platz für dreitausend Beter.

In Berlin lebten 150 000 Juden. Viele Banken und die größten Kaufhäuser hatten jüdische Besitzer. Manche waren konvertiert, weil sie hofften, durch die Taufe das Entreebillet zur deutschen Gesellschaft zu erwerben.

Die Neue Synagoge war ein Symbol für das Selbstbewusstsein der Juden und ihre Verbundenheit mit unserem Land. Ebenso wie Herr Bodenheimer war ich überzeugt, dass wir Juden zu Deutschland gehörten. Doch seine Tochter dachte anders. Und ich war hier, um Ricarda für mich zu gewinnen.

Über die Krausnickstraße gelangte ich zur Auguststraße, wo Ricarda im Haus Nr. 48 wohnte. Auf dem Klingelbrett entdeckte ich die Namen »Bodenheimer/Hirsch«. Lebte Ricarda mit einem Mann zusammen? Das hätte mir ihr Vater gesagt – falls er es wusste. Oder ermutigte er mich gerade deshalb, seine Tochter zu besuchen?

Es hatte aber keinen Sinn, sich darüber den Kopf zu zerbrechen. Ich presste meinen Finger gegen den weißen Klingelknopf. Doch die Tür sprang nicht auf. Auch nicht nach dem zweiten Läuten.

Da trat ein Mann durch die Haustür. Ich schlüpfte hinein, ging zum Gartenhaus, stieg in den zweiten Stock. An der dunklen Tür stand wieder »Bodenheimer/Hirsch«. Ich klingelte. Nach einer Weile hörte ich Schritte.

»Ludwig!« Ricardas kobaltblaue Augen leuchteten dunkel. »Komm rein!« Mir pochte das Herz. Ricarda führte mich in ein kleines Zimmer mit wenigen Möbeln, einem Sofa und einem runden Tischchen, und hieß mich Platz nehmen. Sie lächelte über meine Verlegenheit. »Wie lange haben wir uns jetzt nicht gesehen?«

»Zwei Jahre.«

»Hat dich Vater hergeschickt?«

»Nein. Ich habe ihn in Ulm besucht und habe mich nach dir erkundigt.«

Ihre Miene hellte sich auf. »Sehnsucht gehabt?« Ich nickte schluckend.

»Ich hab' dich auch vermisst … zumindest ein bisschen.« Sie lachte lautlos.

Ihre Freude nahm mir die Angst – wenigstens die ärgste. »Das ist ja eine tolle Überraschung. Gut, dass ich noch nicht aus dem Haus bin. Ich bin nämlich gleich mit meinen Werkleuten verabredet …«

Als sie meine Enttäuschung bemerkte, beeilte sie sich, mich zu beruhigen: »Keine Sorge, Ludwig. Meine Wohngenossin Dora Hirsch ist schon vorgegangen. Wenn wir mögen, können wir später zu meinen Kameraden stoßen. Aber jetzt genießen wir erst mal unser Wiedersehen. Ich koche uns einen Tee und richte eine Kleinigkeit her. Du hast gewiss Hunger. Seit wann bist du denn in Berlin?«

»Ich bin mit dem Nachtzug gefahren …«

»Nochmals herzlich willkommen.« Ich spürte, dass sie mir am liebsten um den Hals gefallen wäre. Und ich ihr.

Stattdessen sagte Ricarda, ich solle es mir bequem machen, und eilte in die Küche. Nach einigen Minuten erschien sie mit einem Tablett, auf dem neben einer Kanne Tee und Geschirr Käse und Äpfel platziert waren. Ricarda schenkte uns ein, legte mir einen Teller auf und nahm auf dem Kanapee Platz.

»Warum bist du erst jetzt zu mir gekommen, Ludwig?«

»Es war viel zu tun im Geschäft … aber der wahre Grund ist: Ich hab' mich nicht getraut.«

»Und jetzt hast du deine Schüchternheit überwunden?«

»Jetzt habe ich den Mut gefunden.«

»Du bist erwachsen geworden«, lachte sie. »Auch ich fühle mich erwachsen, seit ich nicht nur klage und idealistisch rede, sondern von daheim ausgezogen und nach Berlin gegangen bin.«

Sie gab mir ein Zeichen, mich neben sie zu setzen. Als ich zögerte, schlug sie mit der flachen Hand auf das Polster.

Nun saß ich Seite an Seite mit Ricarda. Wir waren allein, doch ich brachte kein Wort heraus. Sie lächelte mich an. Da musste ich an die Leidenschaftlichkeit Ruths denken.

Vor ihr war ich zu Ricarda geflohen.

»Ja, also, ich bin hergekommen, um dir zu sagen, dass ich … dass ich mir wünsche, mit dir zusammenzukommen …«

»Reden wir offen, Ludwig. Wir mögen einander. Es ist schön, dass wir uns über unser Wiedersehen freuen …« Ricarda sprang auf und schritt energisch durch das Zimmer. Sie hatte eine schöne, schlanke Figur, die nunmehr durch ihre kurze Bubi-Frisur gekrönt wurde.

Sie blieb vor mir stehen. »Ja, ich habe dich gern, Ludwig. Aber verliebt bin ich nicht in dich.«

»Schade«, hörte ich mich sagen.

»Ach was!« Ricarda setzte sich wieder neben mich und trank einen Schluck Tee. »Ich glaube nicht an die Sage von Amors Pfeil, der die Paare in heißer Liebe entflammen lässt. Jedenfalls kenne ich kein Ehepaar, das nach einigen Jahren immer noch verliebt ist. Wie ich bei meinen Eltern und deren Bekannten sehe. Auf Dauer entscheidend sind Zuneigung und Vertrauen.«

Sie sah mich an, während sie mit klarer, warmer Stimme fortfuhr: »Die haben wir, Ludwig.«

»Ja.« Ich wollte meine Hand nach ihr ausstrecken, doch sie sprang erneut auf und sah mich forschend an. »Wie stellst du dir unser gemeinsames Leben vor?«

»Nach unserer Hochzeit könnten wir nach Augsburg ziehen … oder nach Ichenhausen …«

»So ein Dasein will ich nicht führen, Ludwig. Da hätte ich bei meinen Eltern in Ulm bleiben können.« Ihre Worte erstickten meinen Mut. »Wir Juden haben nur in einem eigenen Land eine sichere Zukunft …«

»Deutschland ist unsere Heimat, Ricarda. Wir sprechen deutsch. Juden leben hier seit eh und je …«

» … und trotzdem werden wir nicht als Deutsche anerkannt! Du weißt, dass das so ist. Selbst mein Vater wird nur als Geldjude für voll genommen. Ansonsten nicht. Deshalb gebärdet er sich besonders patriotisch. Wie die meisten Juden.«

»Ich spiele aber in der Ersten Fußballmannschaft in Ichenhausen …«

»Prima. Aber bei allen Leistungen bleiben wir hier doch Außenseiter.«

»Und du meinst, in Palästina unter Arabern wird es uns besser gehen?« Die Auseinandersetzung mit Ricarda regte mich an. Sie war eine kluge Frau – wie meine Mutter.

»Ja! In unserem Judenstaat bauen wir alles allein auf. Wir wollen von niemandem abhängig sein. Deshalb sind meine Freunde und ich ›Werkleute‹. Handwerker. Darum lasse ich mich hier im Jüdischen Krankenhaus zur Schwester ausbilden und helfe im Jüdischen Waisenhaus aus. Gelehrte, Rabbiner und Philosophen haben wir Juden genug … und auch Kaufleute. Für unseren Staat brauchen wir Praktiker. Bauern, Maurer und Krankenschwestern.«

»Keine Ärzte?«

»Doch, aber jüdische Doktoren und Ingenieure gibt es zuhauf. Wir brauchen Mechaniker und Schreiner.«

Unsere Debatte wogte hin und her. Für Ricarda war es mehr als ein Disput. Es ging um ihren Glauben – da konnte sie keine Zugeständnisse machen. Sie bestand auf einer klaren Entscheidung. Wollte ich mit ihr zusammenkommen, dann musste ich mich mit ihr auf eine Einwanderung nach Palästina vorbereiten, den »Aufstieg«, wie sie es nannte.

Das wollte ich nicht. Mir gefiel das Leben in Ichenhausen – auch wenn unsere Synagoge kleiner war als die in Berlin und nicht in Jerusalem stand. Aber sie war in meinem Herzen – wie die jüdische Gemeinde in meiner Heimatstadt und vor allem meine Familie. Das sagte ich Ricarda geradeheraus.

»Schade. Ich bin sicher, wir wären ein gutes Paar für unser Land Israel.«

Ihr Urteil schmerzte mich. Ricarda gefiel mir hier noch besser als in Ulm. Und ihr Idealismus imponierte mir.

Als wir einsahen, dass wir nicht zusammenfinden konnten, erlahmte unser Gespräch. Die Spannung ließ nach, Müdigkeit stieg in mir auf. Ricarda sah es und fragte, ob ich mich ausruhen wolle.

»Ja. Hast du noch ein Zimmer? Oder soll ich mich nach einer Pension umsehen?«

»Nein, du kannst hier schlafen …« Ricarda näherte mir ihr Gesicht. Alles an ihr war sauber und ehrlich und schön und jung.

Ruth war eine reife Frau. Sie hatte von mir Besitz ergriffen. Gab es kein Mittel, mich aus ihrem Bann zu befreien?

Ich umarmte Ricarda. Sie klammerte sich an mir fest. Sie wollte mich als zuverlässigen jüdischen Mann, der schließlich ihrem Willen nachgeben und mit ihr in den Orient ziehen würde.

Am nächsten Morgen verabschiedete ich mich. Wir hielten uns lange umschlungen, bevor ich ging.

Ehe ich nach Schwaben zurückkehrte, besuchte ich den Morgengottesdienst in der Neuen Synagoge. Ich wurde freudig begrüßt. Denn mit mir waren wir ein Dutzend Beter, zwei mehr, als das Quorum erforderte.

Zwölf jüdische Männer in der riesigen jüdischen Gemeinde Berlins. Im kleinen Ichenhausen waren wir stets mehr Gläubige. War der Zionismus eine Erfindung der städtischen Juden gegen ihren schwindenden Glauben? Ein letztes verzweifeltes Festhalten am Judentum?

Heimat

Die Rückkehr nach Ichenhausen gab mir neue Kraft und Lebensfreude. Rasch überwand ich die Enttäuschung meiner gescheiterten Werbung um Ricarda. Ich trainierte, sooft es mir möglich war, und versäumte kein Fußballspiel unserer Elf. Herr Sauter trieb mich an, meine Technik und meine Ausdauer zu verbessern. Für ihn zählte nur die Leistung auf dem Platz – wie er wiederholt betonte.

Das Singen im Chor bereitete mir ungebrochenes Vergnügen. Hier war ich in »Zion«, ohne meine Heimat verlassen zu müssen. Ich ging wieder regelmäßig in den Gottesdienst. Die Angst vor Ruth durfte mich nicht von meinen jüdischen Pflichten abhalten. Dazu gehörte auch die Arbeit in der Heiligen Gesellschaft, wo ich mich von Todesfall zu Todesfall mehr an meine Aufgaben gewöhnte. Anders als bei Esther-Erika Blum stand ich in keinem persönlichen Verhältnis zu den älteren Gemeindemitgliedern, die das Zeitliche segneten. Ich konnte mich der Pflege der Leichname, den Gebeten, dem Zimmern der sechsbrettrigen Särge und dem Ausheben der Gräber widmen, ohne von meinen Gefühlen überwältigt zu werden.

Die meiste Zeit und größte Energie wandte ich für unser Geschäft auf. Die Organisation des Einkaufs, der Buchhaltung, der Lagerverwaltung und unserer kleinen Werkstatt in Ichenhausen ging mir immer besser von der Hand. Einmal überraschte mich mein Bruder mit der Feststellung: »Du hast dich zu einem tüchtigen Geschäftsführer gemausert, Ludl.«

Das verlieh mir die Sicherheit, als Vertreter höhere Umsätze zu erzielen. Die ersten erfolgreichen Verkäufe unserer Ware auf meine Weise ermutigten mich. Zudem gaben mir die Fahrten über Land das Gefühl von Freiheit – das Unterwegssein reizte die Menschen seit je, besonders uns Juden.

Die Freude an meiner Arbeit, der Umgang mit Menschen, die Gewissheit, dass ich gute Ware verkaufte, überzeugte zunehmend die Textilladenbesitzer in den Kleinstädten, Juden und Gojm gleichermaßen. Antijüdischer Aversion begegnete ich hier ebenso wenig wie auf dem Fußballplatz oder bei den Auftritten unseres Gesangsvereins Zion.

Meine Umsätze stiegen stetig an. Ohne es Heiner zu sagen, verglich ich ständig unsere Ergebnisse. Seine Zahlen nahmen zu, doch meine Steigerungen waren größer. Nach einigen Monaten erreichte ich achtzig Prozent seines Umsatzes. Das genügte mir.

Meine Verkäufe in Geschäften erlaubten mir, gelegentlich bei den Bauern in der Umgebung Ichenhausens zu hausieren. Es blieb eine Herausforderung, den meist knauserigen Landwirten meine Ware zu verkaufen. Ich brauchte viel Geduld und

Überzeugungskraft, musste aber auch bereit sein, das Gespräch abzubrechen, wenn die Leute stur auf ihren Preisvorstellungen beharrten.

Das Hausieren lag mir offenbar im Blut. Wenn es mir gelang, den Bauern meine Schmattes zu verkaufen, dann war ich auch für jedes Gespräch mit kleinen Geschäftsleuten gerüstet.

Als ich abends nach dem Fußballtraining zur Chorprobe aufs Schloss eilte, trat Ruth unvermittelt aus dem Schatten auf mich zu.

»Woher weißt du, dass ich hier bin?«, fragte ich erschrocken.

»Eine liebende Frau weiß alles. Warum läufst du seit Monaten vor mir davon, Ludwig?«

»Ich bin kein Ehebrecher.«

»Wir brechen keine Ehe. Die gab es nie wirklich. Du bist mein Geliebter. Mein Mann.«

Ich nahm meinen Weg wieder auf, doch Ruth lief neben mir her. »Wir sollten uns wenigstens aussprechen, mein Ludwig.« Ich beschleunigte meinen Schritt, doch sie ließ sich nicht abschütteln.

»Du hast Angst hier, ich weiß …« Fürchtete sie denn nicht um ihren Ruf? Um die Stellung ihres Mannes?

»Wir könnten uns in Ulm treffen …«

»Niemals!«

Das schnelle Laufen ließ sie nach Luft ringen. »… dann in Augsburg.«

Abrupt blieb ich stehen. »Wann?«

»Nächsten Dienstagabend.« Sie nannte den Namen eines Hotels und die Straße. Ich nickte und rannte davon.

Dem Sinnesrausch beim Zusammensein mit Ruth folgte fast unmittelbar die Zerknirschung. Ich schwor mir, nie wieder dieser Versuchung zu erliegen.

Als Kind hatte mir Vater erklärt, dass unsere Religion den Schwur verdamme, wenn er nicht aus Not oder um des Glaubens willen geschehe. Ich hatte dies damals nicht verstanden. Nun aber musste ich den Sinn dieses Verbots begreifen. Zunächst aber wähnte ich mich durch meinen Eid gegen Ruths Reize gefeit. Meine Träume hätten mich eines Schlechteren belehren müssen.

Heinrich und ich begeisterten uns an unseren geschäftlichen Erfolgen. Wir schrieben sie unserer Tüchtigkeit und wachsenden Routine zu, ohne uns einzugestehen, dass die Ergebnisse weitgehend der immer rasanter wachsenden wirtschaftlichen Konjunktur entsprangen.

Die politische Entwicklung bestätigte die Zuversicht Lazarus Bodenheimers, dass die Deutschen sich mit der Republik abgefunden hätten und nach Stabilität strebten. Bei den Reichstagswahlen Mitte Mai 1928 verlor die rechtsgerichtete monarchistische Deutschnationale Volkspartei ein Drittel ihrer Wähler. Die antisemitische Hitler-Partei kam auf zwei Prozent. Große Gewinner waren die gemäßigten Sozialdemokraten.

Ende Juni ernannte Reichspräsident von Hindenburg den SPD-Politiker Hermann Müller zum Kanzler, der gemeinsam mit dem katholischen Zentrum, der Bayerischen Volkspartei, der liberalen DDP sowie Gustav Stresemanns Deutscher Volkspartei ein stabiles Regierungsbündnis begründete.

»Jetzt geht's mit dem Reich dermaßen steil aufwärts, dass wir alle anderen überflügeln werden. Unsere Geschäfte werden von Rekord zu Rekord stürmen. Wer jetzt nicht kauft und nicht investiert, hat die enormen Chancen nicht begriffen, die unsere Zeit uns gewährt«, tönte Herr Bodenheimer bei der Einweihung seines neuen Kaufhauses im Herzen Augsburgs in Gegenwart des Oberbürgermeisters und des bayerischen Wirtschaftsministers.

Als einer von mehr als hundert Ehrengästen war ich zum Empfang im vierten Stock des Gebäudes geladen worden. Ich war begeistert von der Vielfalt des Warenangebots und der luxuriösen Ausstattung des Hauses. Herr Bodenheimer hatte sein Augsburger Einkaufsparadies in die erste Liga der deutschen Kaufhäuser gehievt – wenn man von Berlin absah.

Während des Sektempfangs nach seiner Rede gewahrte mich der Chef und winkte mich zu sich heran. Herr Bodenheimer war von Herren in edlen Anzügen umringt. Als es mir gelungen war, mich zu ihm vorzuarbeiten, raunte er mir zu: »Du hättest in diesem herrlichen Haus Chef des Einkaufs sein können, Ludwig ...« Und gegen den Lärm anschreiend rief er, indem er mir leicht auf die Schulter schlug: »Ich hab' die Hoffnung nicht aufgegeben, dass du doch noch mal zur Vernunft gelangst und herkommst.«

»Ich auch nicht«, entfuhr es mir, ehe ich von dem Menschenstrom weitergeschoben wurde. Jetzt hätte es mir tatsächlich gefallen, hier als Verkaufsleiter mitzutun.

Doch in Ichenhausen war ich mehr als ein Abteilungsleiter in einem piekfeinen Kaufhaus – ich war faktisch Geschäftsführer unseres Familienbetriebs und damit von morgens bis abends für alles verantwortlich. Seit Heiner und ich uns vor zwei Jahren die Aufgaben geteilt hatten, lief unser Geschäft immer besser. Herr Bodenheimer mochte recht haben: Auf Dauer gehörte die Zukunft den Kaufhäusern und großen Geschäften. Aber da uns mein Lehrherr im Huckepack seines Großeinkaufs nahm, partizipierten wir, anders als andere selbstständige Hausierer, von seinen überaus günstigen Fabrikrabatten und der hervorragenden Wirtschaftslage.

Wir mussten unser Lager ständig erweitern und sogar einen Gehilfen für den Verwalter, Herrn Hellweger, einstellen. Auch Franz Müller vom Versand benötigte einen Mitarbeiter. Die Menschen verdienten immer mehr Geld und gaben es aus.

Selbst in Vaters Laden in Ichenhausen wurde mehr Arbeitskleidung gekauft. Nun konnte ich den Wunsch von Isidor Gerstlein erfüllen: Er bekam zwei neue Schneider und war nun Chef
einer Werkstatt mit einem halben Dutzend Mitarbeitern.

Um die Entwicklung von Bodenheimers Kaufhaus nicht zu be-
einträchtigen, mieden wir fortan den Großraum Augsburg und
verlegten den Schwerpunkt unseres Einsatzgebiets in Richtung
Franken und nach Süden. Ich reiste gern in Städte wie Ellingen, Nördlingen, Weißenburg – wo ich mich gelegentlich mit
Otto Würth traf, der unterdessen das elterliche Geschäft übernommen hatte.

Bei einem Bier in der Gastwirtschaft am Markt nahm er mich
ins Gebet. »Du hast doch deine Ware von Bodenheimer?« Ich
blieb eine Antwort schuldig.

»Ich gönn' dir deine Erfolge, Ludwig. Du warst schon als Lehrling der Tüchtigste. Aber bei euch läuft's so gut, weil der Bodenheimer euch kräftig fördert. Meinst du nicht, dass unser alter Chef uns ebenfalls einen Sonderrabatt gewähren würde,
wenn du ein gutes Wort für mich einlegst? Von mir wird niemand ein Sterbenswörtchen erfahren.«

So gerne ich Otto einen Gefallen getan hätte, auf diese Bitte
konnte ich nicht eingehen. Denn damit hätte ich uns das Ulmer Geschäft abgegraben.

Otto hätte an meiner Stelle nicht anders gehandelt. Dennoch
war er ungehalten. »Da kannst nix machen. Am Ende haltet
ihr Juden zusammen wie Pech und Schwefel, und wir Gojim
sind die Gelackmeierten.«

Meine ausgedehnte Reisetätigkeit hatte nicht nur geschäftliche
Gründe. In Ichenhausen nutzte Ruth jede Gelegenheit, mit
mir Verbindung aufzunehmen. Begegneten wir uns nach der
Synagoge, spielte ich den Gleichgültigen und eilte schnell nach
Hause. Doch Ruth gab nicht auf. Immer wieder stand sie vor

mir. Das begann einigen Fußballkameraden aufzufallen. Ich sah mich gezwungen, Ausreden zu erfinden, also zu lügen.

Nach dem Tod des alten Aaron Levy fing sie mich auf dem Weg zum Friedhof ab. »Du darfst mich nicht fliehen wie eine Aussätzige, mein Ludwig.«

»Wir werden doch niemals wieder zusammenkommen. Nie und nimmer!«

»Aber warum denn, um Himmels willen …?«

»Weil ich mich verlobt habe!«

»Sag', dass das nicht wahr ist, Ludwig! Du liebst mich ebenso wie ich dich.«

»Nein. Es ist aus und vorbei mit uns. Jetzt zählt nur noch meine Verlobte.«

Ich ließ sie stehen und lief zum Friedhof.

Anfang September, wenige Tage vor Rosch ha-Schana, langte ich nachmittags unter Wotans Gebell daheim an. Vater hieß mich, ihm in sein Kontor zu folgen. Wortlos setzte er sich an seinen Schreibtisch, ohne mir einen Platz anzubieten. Vaters strenge Miene ließ mich unwillkürlich an die schmerzhaften Schläge denken, die er mir hier als Kind verabreicht hatte.

»Gestern ist ein Paket abgegeben worden. Ich nahm an, es handle sich um Ware, und habe es aufgemacht. Darin befanden sich ein Radioapparat und ein Kuvert. Ich dachte, es sei Geschäftspost und habe den Umschlag geöffnet. Doch es ist ein schamloses Schreiben. Gerichtet an dich!«

Ruth! Sie schreckte vor nichts zurück, nicht einmal davor, mich vor meiner Familie bloßzustellen.

Vaters Stimme klang nun drohend. »Der Inhalt dieses … dieses Drecksbriefes entlarvt dich!« Gegen seine Gewohnheit blickte er mir ins Gesicht, als er mich anschrie: »Äußere dich!«

Mich packte die Wut. Ich kannte meine Schuld auch ohne Vaters Maßregelungen. Dennoch beherrschte ich mich.

Mein Schweigen reizte ihn noch mehr. »Lump!« Vater stand auf und kam auf mich zu. Er überragte mich fast um Haupteslänge.

Mein Zorn darüber, dass er mich wieder wie einen ungezogenen Buben behandelte, nahm mir die Angst. Ich hörte Vater schwer atmen, blickte ihn an, ohne mich zu rühren. Er fühlte, dass ich entschlossen war, mich nicht von ihm schlagen zu lassen wie ehedem. Ich sah die Wut in seinem geröteten Gesicht. Vater hatte mir mein Lebtag Furcht eingejagt. Bis heute!

»Gib mir den Brief …«, schrie ich.

»Ich habe ihn verbrannt.«

Ruth zur Rede zu stellen war sinnlos. Ich wandte mich um, wollte allein sein.

»Bleib hier!«, befahl er. Ich gehorchte.

»Was gedenkst du zu tun, Ludwig?« Ich wusste es nicht. Wir standen uns eine Weile gegenüber. Schließlich schritt Vater wieder zum Schreibtisch. Statt sich zu setzen, wandte er sich an mich. »Ich habe dich gefragt, was du tun wirst.«

»Ich werde dein Haus verlassen, Vater.«

»Wohin willst du gehen?«

»Nach Augsburg … oder nach Ulm.«

»Tu das nicht, Ludwig!« Er zwang sich zu einem ruhigeren Ton. »Man kann nicht vor sich selber davonlaufen. Ich wollte dich rauswerfen … das hätte seinerzeit mein Vater selig mit mir getan. Heute wäre es ein Unglück für uns alle. Diese Person würde wohl ihren Ehemann verlassen und sich an dich klammern. Und unser Kantor würde seinen Ruf verlieren und seine Stellung obendrein. Und auch dich würde dieses Frauenzimmer unglücklich machen!« Das tat sie schon jetzt.

Trotz meiner Kränkung imponierte mir seine Vernunft. »Was soll ich tun, Vater?«

Er trat wieder auf mich zu. »Ich verlange nur, dass du dich von dieser Person fernhältst. Ohne Wenn und Aber. Ich will dein

Wort darauf.« Er streckte mir seine Hand entgegen, die ich ergriff.

Vater verwarf meine Absicht, das Radio an Ruth zurückzuschicken. Dann würde ihr Mann sich nicht mehr vor der Wahrheit verschließen können. Auch meine Idee, den Rundfunkempfänger auf den Müll zu werfen, tat Papa ab. Stattdessen hieß er mich, das Gerät Herrn Gerstlein zu geben. Der war über das unerwartete Geschenk begeistert.

Nie zuvor hatte ich das Rosch-ha-Schana-Fest in gleicher Weise als befreienden Neuanfang empfunden. Mit meinen Eltern, mit Heiner, Thea und Kurt besuchte ich die Synagoge.
Obgleich sie uns Kinder zur Welt gebracht hatte und Mitte vierzig war, hatte Mutter sich ihre mädchenhafte Figur und ihren Liebreiz bewahrt. Das neue, in Ichenhausen geschneiderte Kleid betonte ihre Anmut. Die fünfzehnjährige Thea dagegen besaß ein sportliches Aussehen, das der kurze Saum ihres Rocks betonte.
Im Parkett nahmen wir Söhne Vater in die Mitte. Kurt schmiegte sich an ihn, Heiner hielt Abstand, doch die seelische Nähe zwischen Vater und seinem Erstgeborenen war spürbar.
Ich saß neben Kurt, der inzwischen bereits die Schule besuchte, und fühlte mich glücklich. Vater hatte seine Stärke wiedergefunden. Seine Souveränität war mir wie in der Kindheit eine Stütze. Ich lehnte mich in meiner Bank zurück und erfreute mich an den vertrauten Neujahrsgebeten. Unversehens wanderte mein Blick zur Frauengalerie. Mutter hob leicht den Kopf und lächelte. Thea zwinkerte mir zu. Ich wusste, dass auch Ruth meinen Blick suchte, doch ich ignorierte sie. Stattdessen richtete ich meine Augen wie stets zur Decke. Mir wollte es scheinen, dass unser Synagogenhimmel die Gemeinde schützte. Auch mich. Der Herr mochte mich vor allem Schlechten bewahren. Auch vor der Versuchung.

Die Stimme Abraham Loews riss mich aus meinen Gedanken. Mit seinem wohltönenden Tenor sang er die Anweisungen vor, worauf Jonas Wolf ins Widderhorn blies. Der heisere Ruf des Schofars verkündete das neue Jahr.

Ich war voller Zuversicht. Gemeinsam würde es Vater, Heiner und mir gelingen, unser Unternehmen wieder zu seiner alten Bedeutung zu führen.

Das Weihnachtsgeschäft 1928 übertraf das des Vorjahrs knapp. Und 1929 zogen unsere Orderzahlen deutlich an.

Ende Mai lud mich Herr Bodenheimer wie im Vorjahr zum Lunch ein. Da es nieselte, speisten wir in einem ausgesuchten Restaurant in der Nähe des Münsters. Mein ehemaliger Chef verströmte wie gewohnt Optimismus und Tatkraft. Er konnte es nicht abwarten, sein Kaufhaus in Stuttgart zu eröffnen. Das »Palais«, wie er sein neues Haus nannte, sollte alles Dagewesene in den Schatten stellen.

»Dann wird selbst Berlin nicht an uns vorbeikommen. Wir müssen unbedingt im Dezember an den Start gehen, um das Weihnachtsgeschäft mitzunehmen. Wir brauchen den Umsatz.«

Ich erinnerte mich, dass der Chef das Bauland während der Inflation sehr günstig erworben hatte, und fragte, weshalb dieses Projekt derart teuer war.

»Weil Luxus seinen Preis hat. Das Palais verschlingt Unsummen. Es ist ein Fass ohne Boden.« Aber dem Chef fiel immer etwas ein, um sich Geld zu beschaffen. Bodenheimer senkte seine Stimme. »Wir finanzieren uns nach dem Muster der deutschen Städte, indem wir kurzfristige amerikanische Kredite aufnehmen. Die Zinsen sind dort günstiger als in Deutschland. Zugleich bricht die New Yorker Börse einen Rekord nach dem anderen. Darum habe ich dort ebenfalls tüchtig investiert. In den USA kann man Aktien auf Kredit kaufen. Wir brauchen nur zehn Prozent Eigenkapital, der Hebel ist enorm. Wenn die Papiere nur fünf Prozent steigen, machen wir fünfzig Prozent Gewinn auf unser eingesetztes Kapital.«

Bodenheimer schaufelte die Maultaschen in sich hinein, ehe er weitersprach: »Das heißt, die Gewinne an der Wall Street ermöglichen uns die Fertigstellung unseres Einkaufsparadieses.«

Mir schwirrte der Kopf. Kurzfristige Dollar-Kredite, Spekulationen auf Pump in New York. War das nicht hochriskant?

Der Chef sah mich eindringlich an. Las er Kritik oder Bewunderung auf meinem Gesicht? Vermutlich beides. »Wer nicht wagt, der nicht gewinnt, Ludwig. So sind wir groß geworden. Jetzt müssen wir gewinnen, wir haben keine Alternative.«

Bedrückt trat ich die Heimfahrt an. Ich hatte ein wenig Angst um Bodenheimer.

Der Geschäftsalltag nahm in den folgenden Monaten meine Aufmerksamkeit und Energie gefangen. Wie Herr Bodenheimer vorausgesagt hatte, blühte die Wirtschaft weiter. Davon profitierten auch wir. Heinrich hatte keine Mühe, mich zu überreden, häufiger zum Zabo nach Nürnberg zu fahren, wo wir uns die Spiele des »Clubs« ansahen. Damals waren die Nürnberger die beste deutsche Elf, einzig die »Spielvereinigung« aus dem benachbarten Fürth konnte ihnen das Wasser reichen. Der Genuss der Spiele, besonders das Derby zwischen den Nürnbergern und den Fürthern, bedeutete mir sogar mehr als das eigene Kicken für unseren FC Ichenhausen. Unsere Geschäfte dienten mir als Alibi für meine wiederholte Abwesenheit.

Einmal nahm mich Herr Sauter beim Dienstagstraining beiseite und meinte: »Ich hoff', dass du dir beim Club etwas abschaust. Aber bleib' wenigstens ehrlich.«

Ich verstand, dass er mich durchschaute, und widmete mich nun wieder verstärkt unserem Verein.

Zeitenwende

Der Gesang bei Zion, die Synagoge und Vaters neuer Lebensmut gaben mir die Kraft, Ruth zu widerstehen – zumindest tagsüber. Aus meinen Träumen aber konnte ich sie nicht verbannen. Doch ich zwang mich dazu, ihren realen Nachstellungen standzuhalten. Vater hatte mich ermahnt, nicht davonzulaufen.

Wenn ich in Ichenhausen weilte, las ich die zuvor von Vater studierte »Allgemeine Zeitung«. Seit Jahresmitte berichtete der Korrespondent aus New York, dass die amerikanische Wirtschaft ins Stottern geriet. Die Produktionszahlen gingen ebenso wie der Verkauf zurück. Die Börse blieb stabil, aber es gab keine Steigerung mehr.

In Deutschland lief die Ökonomie rund. Heinrich und ich konnten gar unsere Verkäufe steigern. Doch Ende Oktober 1929, wenige Wochen nach unseren Neujahrs-Feiertagen, brach der amerikanische Aktienmarkt zusammen. Der sogenannte Schwarze Freitag begann bereits am Donnerstag und zog sich eine Woche hin. Der Aktienkurs halbierte sich. Wertpapiere wurden zu Verlustscheinen. Da viele Kunden ihre Kredite nicht bedienen konnten, ging in den folgenden Monaten ein Drittel der US-Banken bankrott.

Auch Herr Bodenheimer hatte seine US-Aktien auf Pump erworben. Wie würde er seine Schulden bedienen?

Ich fuhr umgehend nach Ulm und bot dem Chef Unterstützung an. Auf welche Weise auch immer. Er dankte mir und rang sich ein Schmunzeln ab. »Das ist anständig von dir, Ludwig. Aber du kannst mir nicht helfen. Ich weiß selbst nicht, wie ich diesen Schlag überleben soll.«

Er sprang auf und marschierte hastig durch sein Büro. »Ich muss unsere Schulden mit allen Mitteln kappen, sonst ersticken wir daran. Augsburg muss ich so schnell wie möglich loswerden – sobald sich ein Käufer findet. Den Bau in Stuttgart habe ich bereits einstellen lassen. Palais adé!«, rief er aus. »Juden sollen sich keine Paläste bauen, sondern sich aufs Geldverdienen konzentrieren. Wie anno dazumal.«

Meine Bestürzung blieb ihm nicht verborgen. »Ja, Ludwig. Das sind neue Töne aus meinem Mund. Glaube mir, mein Freund, ich versuche mein Bestes, um durchzukommen.«

Er bat mich um Verständnis, dass er heute keine Zeit für ein gemeinsames Essen habe. Abschließend gab er mir noch eine Warnung mit auf den Weg. »Es ist nur eine Frage der Zeit, bis die Krise nach Deutschland übergreift. Denn die amerikanischen Banken, die bis jetzt durchgekommen sind, werden ihre Kredite in Europa, besonders in Deutschland, fällig stellen. Dann stehen unsere großen Firmen, die Kommunen und unsere Banken ohne Geld da. Das wird ein ökonomisches Massaker.« Er hob den Kopf. »Habt ihr denn Ware auf Wechsel gezeichnet?«

Ich nickte.

»Dann verkauft die Wechsel – auch mit Verlust. Beeilt euch! Sonst verliert ihr euer Geld.« Bodenheimer verabschiedete mich ohne Handschlag.

Herr Ullmann überbrachte mir anschließend eine weitere Hiobsbotschaft. »Leider sehen wir uns gezwungen, den Preisaufschlag für die Warenlieferungen an Seligmann und Söhne zu verdreifachen. Nur so können wir unsere Unkosten decken«, erklärte er. Ich bedauerte, dass mein Chef nicht den Mut gefunden hatte, mir diese schlechte Nachricht persönlich mitzuteilen.

Der Preisaufschlag des Prokuristen entzog uns von einer Minute zur anderen die Geschäftsgrundlage.

Die Vorhersage Herrn Bodenheimers erfüllte sich schneller und verheerender, als die »Allgemeine Zeitung« und Millionen Bürger, darunter ich, es erwartet hatten. Der Zwang zur kurzfristigen Rückzahlung der Dollar-Schulden ließ vielen großen und kleinen Firmen wie dem Kaufhaus Bodenheimer, aber auch der öffentlichen Hand keine andere Möglichkeit, als einen Teil ihrer Beschäftigten zu entlassen. Selbst wir waren gezwungen, unser Warenlager in Ulm aufzulösen und die Herren Hellweger und Müller sowie ihre Gehilfen freizustellen. Deren verminderte Aufgaben erledigte ich fortan selbst, ebenso wie unsere Buchhaltung. Auch Herr Isidor Gerstlein und seine Zuarbeiter mussten gehen. Sie wurden je nach Auftragslage fortan ausschließlich als Heimarbeiter beschäftigt.

Bald waren Millionen Deutsche ohne Arbeit. Die Erwartung der Bürger, die Reichsregierung werde ihre Notlage energisch verbessern, wurde enttäuscht. Statt mit konkreten Maßnahmen die Krise zu meistern, zumindest deren harte Auswirkungen zu mildern, stritten sich die Parteien und ihre Minister wie die Kesselflicker über die Arbeitslosenversicherung.

Am 27. März 1930 trat SPD-Reichskanzler Hermann Müller zurück. Drei Tage später machte Reichspräsident von Hindenburg den Fraktionschef des Zentrums, Heinrich Brüning, zum Reichskanzler – von seinen Gnaden, denn der Regierungschef besaß keine Mehrheit im Reichstag. Auf Wunsch Hindenburgs ersetzte Brüning die SPD-Minister durch ihm genehme Nationalisten und ostelbische Großgrundbesitzer.

Der Kanzler war unfähig, einen Haushalt durchzusetzen. Mitte Juli 1930 löste er das Parlament auf und schrieb Neuwahlen aus. Angesichts von mehr als drei Millionen Arbeitslosen erzürnten die politischen Manöver in Berlin die Menschen.

Das wussten vor allem die Nazis für sich zu nutzen, die vor zwei Jahren die Reichstagswahlen krachend verloren hatten. Die Hitler-Partei gab den Juden an allem die Schuld.

In Ichenhausen entstand eine erste NSDAP-Ortsgruppe. Einige Männer zogen die braunen SA-Uniformen an und stolzierten durch unser Städtchen. Erstmals erlebte ich, dass Juden angepöbelt wurden. SA-Männer schrien: »Juda verrecke!«, grölten öffentlich ihr Hetzlied »Wenn's Judenblut vom Messer spritzt«. Doch wenn ich für unseren FC Ichenhausen kickte und unseren Gegnern davoneilte, feuerten mich unsere Zuschauer wie gewohnt an: »Lauf, Ludwig, lauf!« Erzielte ich ein Tor, gab es Beifall und Begeisterung. Doch beim Training fielen erstmals gehässige Bemerkungen. »Schieß' den Ball ins Tor und nicht ins Judenhorn!«, bekam ich von Mannschaftskameraden zu hören.

Als Herr Sauter einen solchen Spruch vernahm, wurde er zornig. »Wennst noch einmal gegen den Wiggerl oder sonst wen hetzt, dann hau ich di, dass di derennst, du Saukopf.« Das half. Vorläufig.

Heiner berichtete mir, dass er beim Inkasso wiederholt aufgefordert worden war, als Jude nicht so geldgierig zu sein. Auch ich wurde entsprechend angegangen.

Nürnberg wurde neben München zu einem Zentrum der Nazi-Bewegung. Der »Gauleiter« Mittelfrankens war Julius Streicher. Er hatte 1923 an Hitlers Geburtstag den »Stürmer« gegründet, eine Postille, die auf jeder Seite antisemitisches Gift verbreitete. Juden wurden als Blutsauger und Rassenschänder verleumdet. Die Behörden ließen Streicher seine Hetzschrift weitgehend ungehindert verbreiten.

Die Propaganda hatte Erfolg. Überall fanden sich Nazi-Unterstützer. Selbst bei der Reichswehr. Sogar in Ulm. Im 5. Artillerie-Regiment bildeten die Leutnants Scheringer, Ludin und Wendt eine NS-Zelle und betrieben für die Nazis geheime Propaganda. Die jungen Offiziere wurden des Hochverrats angeklagt.

Bei der Reichstagswahl am 14. September 1930 errangen die Nazis einen triumphalen Erfolg. Die Hitler-Partei konnte ihren Stimmenanteil gegenüber 1928 versiebenfachen. Mehr als sechs Millionen Deutsche gaben Hitler ihre Stimme. Mit über 18,3 Prozent waren die Nazis nach der SPD die zweitgrößte Partei geworden.

Ihr Führer, Adolf Hitler, war mit einem Mal ein einflussreicher Politiker. »Ohne Hitler geht jetzt nichts mehr«, jubelten oder jammerten die Nazis und ihre Gegner gleichermaßen.

»Unsinn!«, erklärte Vater. »Mehr als achtzig Prozent sind keine Nazis. Aber sie müssen sich einig sein, sonst gewinnt Hitler immer mehr Einfluss. Denn er will kompromisslos die ganze Macht. Wenn ihm das gelingt, dann wehe Deutschland, und vor allem: Wehe uns Juden.«

Doch die Nicht-Nazis waren sich nur in einem einig: dass sie uneinig waren. Jeder kämpfte gegen jeden. Kommunisten gegen Sozialdemokraten, Deutschnationale gegen Bürgerliche. Links gegen rechts, und umgekehrt. Einig waren sie sich nur in der Ablehnung Brünings. Der Kanzler wurde lediglich von seiner Zentrums-Fraktion im Reichstag unterstützt. Um regieren zu können, war er der Macht des Reichspräsidenten ausgeliefert. Allein Hindenburg war in der Lage, die Gesetze und Verordnungen des Reichskanzlers ohne parlamentarische Mehrheit per Notverordnung durchzusetzen.

Damit war der über achtzigjährige »Held von Tannenberg« die letzte politische Instanz – also faktisch Deutschlands Diktator. Vaters Zorn richtete sich gegen die gemäßigten Parteien. »Nazis und Kommunisten haben zusammen weniger als ein Drittel der Stimmen. Wenn die politisch Vernünftigen sich nicht schleunigst einigen, hat Hindenburg Deutschland im Griff. Brüning ist seine Marionette. Die wirkliche Macht haben die Hintermänner des Präsidenten, die Reichswehr mit ihrem politisierenden General Schleicher, einige Großindustrielle und ostelbische Gutsbesitzer. Diese Kamarilla wird Deutschland ins Unglück stürzen.«

»Warum?«, fragte ich ratlos.

»Diese Herrschaften kümmern sich nicht um die Sorgen der Menschen, sondern um ihre Panzerkreuzer und ihre Agrarhilfen. Das macht es Hitler und den Kommunisten leicht, sich als Anwalt des kleinen Mannes aufzuspielen. Die einen mit dem alten Judenhass, die anderen mit dem modernen Kapitalistenpopanz. Am Ende wird uns Hitler in den Krieg hetzen, oder aber die Kommunisten werden uns unter Stalins Fuchtel zwingen.«

Ich wollte Vaters Schwarzseherei nicht wahrhaben. Von meinem Naturell war ich ähnlich optimistisch wie Lazarus Bodenheimer. Ich wollte glauben, dass mein alter Chef einen Weg finden würde, sein Unternehmen wieder zu sanieren. Das musste auch Deutschland gelingen.

Die Nazis und ihre Führer gaben weiter den Ton an. Elf Tage nach dem Erfolg seiner Partei bei den Wahlen wurde Hitler als Zeuge im Prozess gegen die Nazi-Offiziere von Ulm vor das Reichsgericht geladen. Ihnen wurden Konspiration in der Reichswehr und Umsturzpläne vorgeworfen.

Hitler verkündete vor Gericht, er habe während seiner Haft in Landsberg den unumstößlichen Beschluss gefasst – bei ihm war alles unumstößlich – , dass seine Partei ausschließlich mit legalen Mitteln die Macht anstrebe. Um »in dem Augenblick, wo uns das gelingt, den Staat in die Form zu gießen, die wir als die richtige ansehen«.

Seine Anhänger waren euphorisch, als durchsickerte, dass Hitler im vertrauten Kreis schwadronierte, es würden »Köpfe rollen«, sobald er die Macht übernähme.

Ich begriff, dass die Lage sehr ernst war. Wir mussten auch nach der Entlassung unserer Angestellten sparen. Da es uns unmöglich war, Bodenheimers Preisaufschlag an die Kunden weiterzugeben oder selbst die Mehrkosten zu tragen, blieb uns nichts anderes übrig, als uns nach neuen Lieferanten umzusehen.

Sulzer in Ichenhausen lockte uns mit niedrigen Preisen, doch die Firma gewährte dieselben Konditionen auch anderen Vertretern und Abnehmern. Ich wollte die Verkleinerung unserer Firma nutzen, um meinen Wagen loszuwerden. Das erwies sich als äußerst schwierig. Denn die Autofirmen vergaben auf Neuwagen derart hohe Preisnachlässe, dass nur noch billige Gebrauchtfahrzeuge zu verkaufen waren.

Dennoch wollte ich mein Auto veräußern, um zumindest Geld einzusparen. Als Heiner davon erfuhr, schimpfte er: »Du fauler Hund willst die Gelegenheit nutzen, es dir wieder mal recht bequem in Ichenhausen zu machen. Das kommt nicht in Frage. Wir müssen jetzt noch härter arbeiten!«

»Wo denn? Die Menschen haben keine Arbeit und kein Geld. Selbst die Kaufhäuser stehen vor dem Aus.«

»Nur dein Freund Bodenheimer.«

»Wenn du dir die Mühe machen würdest, den Wirtschaftsteil zu lesen, wüsstest du, dass alle wackeln.«

»Ich muss Geld verdienen«, gab Heiner zurück. »Fürs Zeitunglesen habe ich keine Zeit.«

Ohne Bodenheimers stille Hilfe schrumpften Heiners Order rapide. Deshalb wollte er das Glück erzwingen. »Wir müssen mindestens einen Hersteller aufstöbern, der uns seine Schmattes noch günstiger offeriert als dein abgewirtschafteter alter Meister … Wenn wir lange genug suchen, finden wir ihn! Das ist jetzt deine Aufgabe! Du musst Tag und Nacht mit deinem Schlitten unterwegs sein. Bis wir einen billigen Jakob auftun.«

Heiner, der mit seinem selbstsicheren Auftreten – und Bodenheimers günstiger Ware – kleine Geschäftsleute beeindruckt hatte, drückte sich nun davor, mit den Lieferanten »wie ein jüdischer Viehhändler« zu feilschen. Ich übernahm diesen Part, zumal ich es als meine Aufgabe verstand, mit den Anbietern ordentliche Konditionen auszuhandeln. So fanden mein Bruder und ich wieder zusammen.

Bei meiner Suche nach Herstellern und Großhändlern sah ich mich sorgfältig bei den Fabrikanten und Lieferanten im Großraum Fürth um – und wurde fündig. Die Angebote waren dermaßen preiswert, dass sie Heinrich und mir selbst in der gegenwärtigen Wirtschaftsflaute Verkäufe ermöglichten. Denn auch in der Not mussten die Menschen sich kleiden. Deshalb verkaufte Vater in Ichenhausen weiterhin Hosen und Arbeitskleidung, die Isidor Gerstlein und seine Gehilfen nun in Heimarbeit herstellten. Die Schmattes der fränkischen Produzenten besaßen trotz niedriger Preise ordentliche Qualität. Dies hatte zur Folge, dass wir unsere Tätigkeit von Schwaben nach Franken verlegten. Auf diese Weise hatten wir kurze Vertriebswege. Bei den geringen Umsätzen konnten wir uns kein Zwischenlager wie einst in Ulm mehr leisten. Heiner und ich lieferten die bestellte Ware direkt an die Geschäfte aus.

Dennoch bedrohte die sich ständig verschlechternde Wirtschaftslage auch unsere Existenz. Wie Herr Bodenheimer gewarnt hatte, blieben wir zunehmend auf Wechseln und den von uns gewährten Anleihen sitzen. Die Geschäftsleute hatten Schwierigkeiten, ihre Schulden zu begleichen, oder sie gaben es zumindest vor. Wir dagegen bezahlten die bestellten Waren bar, um in den Genuss von drei Prozent Skonto zu kommen. Was uns zunächst als Ersparnis erschien, entpuppte sich als Verlustquelle. Denn wir hatten den Ausfall durch geplatzte Wechsel und nicht gezahlte Schulden zu tragen. So schmolzen unsere Geldreserven. Wie Vater nach dem Weltkrieg verzichteten auch wir auf juristische Schritte. Heinrich musste einsehen, dass die Anwaltskosten die erzielten Rückzahlungen überschritten hätten. »Eine tote Kuh kann man nicht melken«, mahnte uns Vater.

Ein ums andere Mal versuchte ich, unsere Schuldner dazu zu bewegen, ihre Kredite wenigstens teilweise zu tilgen. Dafür verhieß ich ihnen neue Ware. Manche ließen sich darauf ein –

womit das Katz-und-Maus-Spiel weiterging. Am Ende saßen wir auf immer mehr faulen Krediten.

Als ich mich eines Nachmittags mit meinem Freund Otto Würth zu Kaffee und Kuchen in einer Weißenburger Konditorei traf, erfuhr ich, dass er ähnliche Sorgen wie wir hatte.

»Den Geschäftsbetrieb auf Sparflamme kann mein alter Vater allein bewältigen. Ich könnte mich nach einer Stelle umsehen. Aber wo? Wenn sogar dem schlauen Juden Bodenheimer die Luft ausgeht und er seine Leut' auf die Straße setzen muss, ist ein Weißenburger Provinzler nicht gefragt.«

Otto versuchte sich in Galgenhumor zu flüchten. »Ein Gutes hat die Scheißwirtschaft, Ludwig. Wenn's so weitergeht, dann können wir den ganzen Tag Fußball spielen, ohne was zu versäumen.«

»In Ichenhausen oder hier bei euch?«

»Überall in Deutschland.«

Geborgenheit

Auf der Rückfahrt von Weißenburg machte ich im Städtchen Ellingen Station. Hier stand seit Monaten die Zahlung einer Warenlieferung aus.

Das Textilgeschäft Weiss in der Nürnberger Straße war ein typischer fränkischer Provinzladen. Die beiden kleinen Schaufenster waren liebevoll, doch fantasielos dekoriert. Die grüne Farbe des Holzrahmens begann abzublättern.

Die Türglocke ließ einen hellen Dreiklang ertönen. Ich trat in einen blitzsauberen Laden, in dem die Waren sorgfältig in Regalen und auf Ständern geordnet waren. Nach wenigen Augenblicken erschien eine gepflegte blonde Mittdreißigerin mit blauen Puppenaugen hinter dem Tresen. Ihr Äußeres war nicht typisch jüdisch, doch Weiss war ein gängiger israelitischer Name.

254

»Womit kann ich Ihnen dienen, mein Herr?«

»Mit Geld, meine Dame.«

»Das können wir alle brauchen.«

»Ich besonders. Mein Bruder Heinrich Seligmann hat Ihnen …«, ich blickte kurz in meinen Kalender, obgleich ich das Datum zuvor memoriert hatte, »… am 13. Oktober einen Warenposten verkauft, der am nächsten Tag geliefert wurde.«

Ihr Blick wurde ernst. »Ich weiß, Herr Seligmann … Wir hatten Zahlung innerhalb von zwei Wochen vereinbart. Und jetzt haben wir schon Anfang März. Aber ich habe erst die Hälfte der Ware verkaufen können.«

»Dann zahlen Sie mir bitte die Hälfte.«

»Das ist aber anständig von Ihnen, Herr Seligmann.« Sie öffnete die Kasse, sah, was sie ohnehin wusste. »Geht es, dass ich Ihnen zweihundert Mark …? Ich weiß, das ist weniger als die Hälfte … aber ich habe hohe Ausgaben … meine Kinder …« Ihre Stimme brach.

Die verdammte Wirtschaftskrise demütigte die Menschen. Millionen waren ohne Einkommen, das raubte ihnen ihre Würde, machte sie zu Schnorrern.

»Regen Sie sich nicht auf, Frau Weiss.« Am liebsten hätte ich sie in den Arm genommen. Sie ergriff mehrere Banknoten aus der Kasse sowie einem Fach unter dem Ladentisch, zählte die Scheine ab und reichte sie mir hastig.

Ich wollte aus dem Laden laufen, doch etwas zwang mich, die Banknoten wieder auf den Tisch zu legen.

»Was machen Sie denn da?«

Ich war unfähig, es ihr zu erklären. Mich an meinen Kalender klammernd, wandte ich mich zum Gehen.

»Bleiben Sie hier«, rief sie.

Im Wohnzimmer erzählte mir Leonore ihre Geschichte. Sie kam aus Ellingen. Da sie eine gute Schülerin gewesen war, brachte ihr Vater, ein Bahnarbeiter, sie im jüdischen Textilgeschäft Weiss als Lehrmädchen unter. Da sich der älteste Sohn Jakob in die »Schickse« verliebte, warf sein Vater das Mädchen hinaus. »Obwohl wir damals noch gar nichts miteinander hatten«, warf sie ein. Doch Jakob stand zu seiner Liebe und verließ daraufhin das elterliche Geschäft. Lenis Vater verbot ihr seinerseits den Umgang mit dem »Judenbuben«.

Weil Jakob der einzige Sohn war, gab Vater Weiss schließlich nach. Allerdings verlangte er, dass Leni zum Judentum übertrat.

»Obwohl meine Eltern mich verstießen, hab' ich die Prozedur auf mich genommen ... Der Heiland war ja auch Jude gewesen. Wenn der sich taufen lassen konnte, konnte ich's auch – andersherum«. Leni schmunzelte. Sie wurde in der Fürther Synagoge von drei Rabbinern examiniert und anschließend in der Mikwe untergetaucht.

»Ich war Jakob eine anständige Frau und habe ihm jüdische Kinder geboren – den David und den Hans. Aber am Heiligabend bin ich heimlich zur Christmette gegangen.« Ihr Lachen wirkte ansteckend auf mich.

Nach dem Tod seines Vaters habe Jakob das Geschäft übernommen. »Doch vor zwei Jahren ist er völlig unerwartet an einer Blutvergiftung gestorben. Ich stand mit den Buben allein da. Kurz darauf ist die Wirtschaftskrise losgegangen. Der Jakob hätt'n Ausweg gewusst. Er wäre hausieren gegangen oder sonst was. Dem ist immer was eing'fallen. Jetzt muss ich's alles allein durchstehen ... Aber ich erzähl' und erzähl von mir – ohne Sie zu Wort kommen zu lassen. Dabei möcht' ich Sie so gern kennenlernen ...«

Zunächst aber brachte sie ihre Buben, die in Kurts Alter waren, zu Bett. Dann setzte sie sich neben mich an den weiß gedeckten Wohnzimmertisch. Ihre klangvolle Stimme wurde rau, als sie weitersprach. »Seit Jakob tot ist, hab' ich nie wieder etwas mit'm Mann g'habt.« Sie sah mich an. »Du hast a Herz, Ludwig.«

Es begann wild zu pochen. Doch ihre Umarmung nahm mir sogleich meine Befangenheit. Leni ergriff meine Hand und führte mich ins Schlafzimmer. Hier hatte sie mit Jakob ihre Nächte verbracht. In diesem Bett hatten sie wohl ihre Kinder gezeugt. Leonore erriet, was mir durch den Kopf ging. Sie nahm meinen Kopf in ihre sanften Mutterhände und umarmte mich. »Jetzt sind nur noch wir zwei auf der Welt, Ludwig. Niemand sonst.«

Leonore war eine zärtliche Geliebte.

Morgens wurde ich von ihrer Hand sachte aus dem Schlaf gezogen. Wir umarmten uns.

»Aufstehn, Ludwig«, mahnte sie mich lächelnd. »Gleich ist's halb sieben, da muss ich meine Buben wecken.«

Ohne Aufhebens machte sie die Kinder fertig. Zum Frühstück gab es Marmeladenbrote und Tee. David und Hans besahen mich neugierig. »Der Ludwig ist ein Geschäftsfreund«, erklärte ihnen die Mutter und brachte sie zur Haustür. Sie mussten zur Schule gehen.

Wir fielen uns um den Hals. »Pfüa Gott, Ludwig.« Der Glanz der Nacht war aus ihren klaren Augen gewichen, doch ihr Blick blieb ruhig. Leni drückte mir einen raschen Kuss auf die Wange, dann wandte sie sich um, während ich das Haus verließ.

Mein Abschiedsschmerz verflog auf der Fahrt über die Landstraße. An seine Stelle trat Heiterkeit. Ich fühlte mich frei. Leonore war eine erwachsene Frau und Mutter. Sie verstand das Leben – und mich. Und sie verlangte nicht von mir, dass ich ihren Mann hinterging oder mit ihr nach Palästina auswanderte. Eine wohlige Stimmung öffnete meine Seele und meine Sinne. Ich summte die Lewandowski-Melodie des Bibelverses »Wie gut sind deine Zelte, Jakob«. Und genoss den Anblick der mit sattem Frühlingsgrün überzogenen Felder, die mit dunkelgrünen Wäldern wechselten. Nachdem ich zu Hause die anstehenden Büroarbeiten erledigt hatte, machte ich mich bereit für eine weitere Kundenfahrt in die Gegend um Nördlingen und das Ries.

Als ich gerade die Ortsausfahrt Ichenhausens passiert hatte, sprang mir eine Frau vor das Auto. Ich bremste und versuchte auszuweichen, der Wagen geriet ins Schleudern. Mit Gegensteuern gelang es mir schließlich, das Fahrzeug zu stabilisieren und zum Halten zu bringen.

Mein Herz raste. Beinahe hatte ich einen Menschen angefahren.

Ruth Loew! Als ich die Sprache wiedergefunden hatte, schrie ich: »Meschuggene! Fast hätt' ich dich totgefahren!«

Sie lachte mich aus. »Du kannst mir nichts Schlechtes tun, mein Geliebter.«

Mich packte die Wut. »Ich habe dir gesagt, dass du mich in Ruhe lassen sollst!«

»Wir lieben uns. Mit jeder Faser unserer Körper und mit ganzer Seele!«

»Ich bin kein Ehebrecher … und werde nie mehr meinen Lehrer betrügen!«

»Das musst du nicht. Ich lasse mich jetzt scheiden«, sprach sie trocken.

»Du bist nicht normal!«

»Ich war noch nie so normal. Jedes Gericht der Welt – auch jedes Rabbinatsgericht – muss eine Ehe auflösen, die nie vollzogen wurde. Ich habe zehn Jahre lang Rücksicht auf Abraham genommen. Durch dich bin ich zur Frau geworden. Ich denke nicht daran, den Rest meines Lebens als Gemahlin eines Eunuchen zu vegetieren.« Sie fixierte mich. »Ich will, dass wir zusammenleben … In Augsburg oder sonst wo.«

»Aber ich will es nicht. Niemals!«

»Du dürstest nach mir – genauso wie ich nach dir.«

Es war sinnlos. Ich ließ den Motor an. Ruth lief wieder vor das

Auto. Ich war dermaßen aufgeregt, dass ich zunächst nicht den Rückwärtsgang fand. Endlich gelang es mir, ihn einzulegen. Ich fuhr eine Strecke rückwärts und wendete den Wagen, so rasch ich konnte. Während ich davonbrauste, sah ich im Rückspiegcl, dass Ruth mir nachlief.

Erst nach einigen Kilometern, als ich sicher war, sie hinter mir gelassen zu haben, bog ich in einen Waldweg ein und brachte das Auto zum Halten. Während eines Fußmarsches wurde mein Kopf klar. Ich wusste, dass es Ruth mit der Scheidung ernst war. Anschließend würde ich hier keine ruhige Minute mehr haben.

Über einen Umweg kehrte ich nach Hause zurück und ging sogleich ins Büro. Papa hatte sich, wie gewöhnlich, hinter seinem Schreibtisch verschanzt. Ich trat zu ihm. »Vater, ich werde ausziehen.«

»Welche Spinnerei treibt dich jetzt wieder um?«

»Es ist keine Spinnerei.« Ich schluckte, ehe ich weitersprechen konnte.

»Ich habe dir mein Wort gegeben, Vater …«, seine durch die Brillengläser verkleinerten Augen fixierten mich, »… und ich werde es halten.«

»Das kannst du auch hier. Du darfst nicht davonlaufen.«

»Frau Loew will sich von ihrem Mann scheiden lassen …« Papa verstand sogleich.

»Wohin willst du gehen, Ludwig?«

»Nach Ellingen in Franken. Das ist nicht weit. Ich werde weiter für unsere Firma arbeiten …«

»Gut, Ludwig. Deine Hilfe ist uns in dieser Zeit besonders wichtig.« Er kam auf mich zu, legte mir seine kräftigen Hände auf den Kopf und sprach mit klarer Stimme: »Möge dir der Herr beistehen bei all deinen Taten und auf all deinen Wegen.«

Ich packte zwei Koffer. Einen kleinen ledernen für die Geschäftsunterlagen und einen größeren aus verstärkter Pappe mit Holzleisten für meine Anzüge, Schuhe und die übrige Kleidung. Dann sprach ich mein Abendgebet und wartete.

Kurz darauf kündigte Wotans Gebell Heinrichs Ankunft an. Ich teilte ihm mit, dass ich aus Ichenhausen fortziehen, aber weiterhin mit ihm zusammenarbeiten wollte.

Heinrich stutzte, doch dann zwinkerte er mir zu. »Treibt mein Brüderchen die holde Weiblichkeit in die Ferne?«

Ich nickte. Doch seine Fragen, wer »die Dame« sei und wo sie wohne, mochte ich nicht beantworten.

»Ist wohl was Ernstes? Auch bei mir ist's ernst …« Mein spöttischer Heiner wirkte nunmehr bewegt. »Ich habe eine junge Frau aus Schopfloch im Ries kennengelernt … eine feine Person. Sanftmütig, weichherzig, gescheit …«

»… und natürlich Jüdin«, neckte ich ihn. »Dann – Masl tov!«

»Masl tov.«

Die Begegnung mit Mutter wollte ich unbedingt vermeiden, doch sie spürte, dass ich im Aufbruch war. Als ich mich anschickte, mit meinem Gepäck das Haus zu verlassen, trat sie auf mich zu.

»Weshalb willst du von uns fort, Ludwig?«

Doch anders als bei Vater, der ohnehin von meiner Beziehung zu Ruth wusste, war ich nicht bereit, ihr den Grund dafür zu nennen.

Damit gab sie sich nicht zufrieden. Sie erinnerte mich daran, dass sie mir stets beigestanden sei.

»Das weiß ich. Aber ich kann jetzt nicht reden, Mama …«

»Als deine Mutter habe ich das Recht, es zu erfahren!«

Mama hatte immer Verständnis für mich gehabt. Warum tat sie mir das jetzt an? Sie sah doch, dass es mir bei aller Liebe nicht möglich war, ihrem Wunsch zu folgen.

Als ich Mutter um ihren Segen bat, verlangte sie, dass ich mich ihr zuerst anvertrauen müsse. Als ich mich erneut weigerte, erklärte sie: »Wer die Bitte seiner Mutter ausschlägt, verdient ihren Segen nicht.«

Nur mit Mühe gelang es mir, meine Enttäuschung und Wut zu unterdrücken. Ich konnte es nicht glauben, dass Mutter mir diesen innigen Wunsch verweigerte. So wandte ich mich ab und lief aus dem Haus.

Obwohl sie mich bei meinem nächsten Besuch am Beginn des Schabbats wie alle Kinder und Vater segnete, erholte sich unser Verhältnis nie wieder vollständig von diesem Bruch.

Als ich kurz vor elf in Ellingen anlangte, lag Leonores Heim bereits im Dunkeln. Ich klopfte mit einem Stöckchen ans Schlafzimmerfenster. Ein Licht leuchtete auf, kurz darauf erschien Lenis Kopf. »Ludwig!«

An der Haustür flogen wir uns in die Arme. Sie winkte mich ins Haus.

»Herrlich, dass du gekommen bist. Du bist mir den ganzen Tag nicht aus'm Hirn gegangen …«

»Kann ich hierbleiben?«

»Solang du magst.«

Die Buben waren von meiner erneuten Gesellschaft beim Frühstück wenig angetan. »Will dein Geschäftsfreund jetzt dauernd hier hocken?«, maulte David. Er glich stark seiner Mutter, während sein jüngerer Bruder Hans wohl von seinem Vater dicke braune Locken und grüne Augen geerbt hatte.

Ich wusste, wie ich die Herzen von Lenis Buben gewinnen konnte – nicht umsonst hatte ich meine Fußballstiefel mitgebracht. Mit Lenis Hilfe stellte ich meine Koffer ins Schlafzimmer – ich nahm an, dass im Schrank noch die Anzüge ihres Mannes hingen – und verstaute meine Geschäftsunterlagen in ihrem kleinen Büro. Dann verabschiedete ich mich und gab vor, Kundentermine wahrnehmen zu müssen. Tatsächlich fuhr ich nach Nördlingen, um einen Lederball zu besorgen.

In Kleinstädten, Marktflecken, ja selbst in Dörfern hingen allenthalben Wahlplakate zur Reichspräsidentenwahl am 13. März 1932. Sie warben vorwiegend für Adolf Hitler, der gegen den Amtsinhaber Hindenburg und den Kommunisten Thälmann antrat. Bereits am Vormittag zogen SA-Trupps durch die Straßen, um Flugblätter für ihren Führer zu verteilen.

Am Wochenende vor dem Urnengang machte ich in Ichenhausen Station. Mutter weilte bei ihrem Bruder Simon in Markt Berolzheim. Heiner und ich sprachen mit Papa über den Wahlkampf. Er war entsetzt. »Die demokratischen Parteien haben bereits bedingungslos kapituliert. Wenn der SPD, die Jahrzehnte für die Republik gekämpft hat, wenn dem Zentrum, der Bayerischen Volkspartei und den Demokraten nichts Besseres einfällt, als den Bluthund Hindenburg zu ihrem Kandidaten zu machen, dann Finis Germaniae.«

Ich wandte ein, dass Hindenburg bei der Wahl 1925 den Kandidaten der SPD deutlich geschlagen habe. »Das stimmt«, gab Vater zu. »Aber jetzt werden die Monarchisten, Nationalisten, Alldeutschen, die sich damals hinter Hindenburg versammelt hatten, Hitler wählen. Ein glaubwürdiger demokratischer Bewerber hätte durchaus eine gute Chance gegen den Nazi und den vergreisten Feldmarschall.« Doch er konnte mir keine geeigneten Kandidaten nennen.

»Stresemann wäre so ein Mann gewesen, doch der ist tot«, gab er zu. »Der Mangel an demokratischen Persönlichkeiten wird die Republik umbringen! Als Erstes wird Kanzler Brüning dran glauben müssen.«

Das hielten Heiner und ich für unmöglich. »Brüning hat Hindenburg immer treu gedient. Jetzt organisiert er seine Wiederwahl«, wandte Heiner ein.

»Brüning ist zwar ein anständiger Politiker, der die Verfassung ernst nimmt und Hindenburg loyal unterstützt. Gerade deshalb steht er ihm im Weg. Der Alte braucht jetzt Männer, die ebenso wie er keine Skrupel kennen, und Lakaien. Generäle, Junker, Glücksritter …«

Später unterhielten wir Brüder uns allein weiter. Trotz seiner Verehrung für Vater meinte Heiner, dass Papa wegen seiner Kriegserfahrung zu schwarz sähe. Ich dachte ähnlich. Doch die allgegenwärtigen SA-Kerle, das nimmermüde emsige Tun der Nazis ließen mich befürchten, dass Hitler noch mehr Stimmen einsammeln könnte als vor zwei Jahren bei der Reichstagswahl.

Auch in Nördlingen waren SA-Trupps mit Plakaten unterwegs. Die Männer waren durchwegs jung und offenbar ohne Arbeit. Die Uniform, das Marschieren, Gehorchen, Befehlen, die Kameradschaft sollten sie beschäftigen und ihrer Wut über die Arbeitslosigkeit ein Ziel geben – Juden, Reiche, Frankreich. Kommunisten gab es bei uns wohl keine, jedenfalls wagte es niemand hier, sich offen als Roter zu bekennen.

Ich verscheuchte meine Grübeleien und fuhr zu einem Sportgeschäft, wo ich neben dem Ball plus Luftpumpe zwei Bubensporthosen und Trikots kaufte. Beim Verlassen des Ladens entdeckte ich ein Sortiment Handtaschen. Eine hellbraune, sportliche Lederbox schien mir passend für Leonore. Beschwingt betrat ich ein Café, um mich an einer Tasse Kaffee sowie einem Stück Schwarzwälder Kirschtorte zu erfreuen. Nachdem ich eine Zigarette genossen hatte, schwang ich mich ins Auto. Ich war so guter Laune, dass ich nicht mehr auf die Nazi-Plakate achtete. Das braune Gespenst werde ebenso schnell verschwinden, wie es gekommen war, redete ich mir ein. Ich durfte mich nicht vom allgemeinen Pessimismus anstecken lassen. »Wer an das Gute glaubt, hilft, dass es wahr wird«, hatte mich Abraham Loew einst ermutigt.

Nach dem Mittagessen verteilte ich meine Gaben. Leonore drückte mir vor David und Hans einen Kuss auf die Wange.

Die Jungen störten sich nicht daran, sie waren damit beschäftigt, ihre Fußballkluft anzulegen.

Als sie daraufhin mit ihrem neuen Sportdress auf die Straße spazieren wollten – ähnlich wie Heiner und ich mit unserem uniformierten Vater 1914 –, hieß ich sie einen Moment warten, um dann die Lederkugel ins Wohnzimmer zu flanken. Die folgende Begeisterung entlud sich in einem wilden Gekicke von Hans und David in der Stube, dem die Mutter energisch Einhalt gebot. Wir drei Fußballer setzten unser Spiel auf einer nahegelegenen Wiese fort. Dabei fiel den Buben auf, dass ich mit dem Ball umzugehen verstand.

»Haben Sie mal im Verein gespielt, Herr Ludwig?«, wollte Hans wissen. Ich erwiderte, dass ich der Rechtsaußen des FC Ichenhausen sei.

Damit hatte ich die Herzen der Jungen gewonnen. Die Brüder waren unbändig stolz, mit einer »echten« Fußballkanone zu kicken, was wir an diesem Nachmittag fast bis zur Erschöpfung taten.

Das Zusammensein mit Leni und der Umgang mit den Buben verliehen mir von Tag zu Tag mehr Ruhe und Zuversicht. Die nächtliche Sehnsucht nach Ruth verblasste. Ich richtete mich in Lenis Haus ein und sprach mich telefonisch via Gastwirtschaften mit Heinrich geschäftlich ab.

Am Schabbatmorgen wollten die Buben mich wieder zum Fußballspielen mit ihren Freunden überreden. Dank ihres Lederballs waren sie die ungekrönten Könige der Nachbarschaft und hielten mich als »Geheimwaffe« in der Hinterhand.

Doch ich lud meine neuen Sportkameraden ein, mich in die Synagoge zu begleiten.

»Kicken wir danach?«

»Verlasst euch drauf.«

Das Gotteshaus war gepflegt und doch bescheiden. Ich vermisste unseren Ichenhausener Synagogenhimmel. Etwa ein Dutzend Männer waren anwesend. Sie begrüßten mich freundlich. Dass ich in Begleitung des »Weiss-Buben« erschien, sorgte jedoch für Getuschel und vorsichtige Fragen, auf die ich nicht einging.

Ich erfuhr, dass in Ellingen gerade 33 Juden lebten. Das Quorum von zehn Männern kam nur am Schabbat zustande. Einen Rabbiner, oder einen Kantor, konnte man sich hier nicht leisten. Gelegentlich wurde die Gemeinde von Rabbinern aus Ansbach oder Kollegen aus Fürth besucht. An den Hohen Feiertagen engagierten die Ellinger einen Kantorschüler aus einem Konservatorium.

Als Gast erwies man mir die Ehre, mich zur Thora aufzurufen. Ich sang meinen Segen. Meine Stimme ließ die Männer aufhorchen. Sie baten mich, weitere Gebete zu singen. So bekam ich die Gelegenheit, mein geliebtes »Ma Tovu« vorzutragen, wodurch ich mich hier ein wenig heimisch fühlte und was zugleich mein Heimweh verstärkte.

Ein älterer Herr, der sich als »Salomon Spiegel, Synagogenvorstand« vorstellte, erklärte mir, er und seine Gemeinde würden sich geehrt fühlen, mich wieder beim Gottesdienst zu begrüßen, wenn ich erneut in Ellingen weilen würde. »Das will ich gerne tun ...«

Derweil verhielten sich David und Hans zunächst ruhig, doch bald wurde deutlich, dass sie sich langweilten. Offenbar waren ihnen die Synagogenriten fremd.

Nachmittags konnte ich mein Versprechen wahr machen und mit den Buben auf die Fußballwiese ziehen. Wie ich erwartet hatte, gesellten sich rasch ihre Kameraden hinzu.

Sobald ich den Ball freigab, hob ein wildes Gerenne an. Alle jagten dem Leder nach, jeder versuchte, gegen die Kugel zu treten. Ich sah mich veranlasst, den Übungsleiter zu geben, und teilte die Jungs in zwei Mannschaften und bestimmte einen Kapitän. Danach ließ ich sie mit Mützen zwei Tore abstecken, legte den Ball ab und pfiff mit zwei Fingern zum Anstoß.

Wieder stürzten sich alle Buben auf die Kugel, im Rudel wurde gestoßen und geschubst. So brach ich das Getrete erneut ab, versammelte die Jungs, von denen die meisten wohl noch nie mit einem Lederball gespielt hatten, um mich, teilte die Mannschaften in Verteidiger, Läufer und Stürmer und versuchte, ihnen die Grundzüge des Spiels zu erklären.

Nachdem sich die beiden Mannschaften mit jeweils sechs und sieben Kickern aufgestellt hatten, warf ich den Ball ein. Das »Spiel« lief nicht viel anders ab als in der ersten Runde. Die Ellinger Knaben kickten mit größtem Eifer und hatten ihren Spaß.

Nach einer halben Stunde pfiff ich ab. »Nächsten Sonntag wird die zweite Halbzeit gespielt«, versprach ich.

Als ich am folgenden Montagmorgen wieder meine Vertreterreise aufnahm, regnete es leicht. Doch ich war fröhlich, denn ich fühlte mich noch umschlungen von Lenis Armen. Meine Seele war leicht, befreit vom Druck des Müssens. Ich war glücklich mit meiner Gefährtin, ohne etwas von ihr zu fordern, und auch sie verlangte nichts von mir. Es genügte uns, den anderen hinter sich zu wissen.

Ich fuhr über Markt Berolzheim, wo ich kurz bei Onkel Simon vorbeischaute, der aber ebenfalls geschäftlich unterwegs war. Danach führte mich mein Weg nach Pappenheim. Lange vor Wallenstein, den Schiller seine Pappenheimer Offiziere erkennen ließ, siedelten hier bereits Juden. Die ältesten Grabsteine des israelitischen Friedhofs gingen auf das 11. Jahrhundert zurück. Doch die Bekleidungsgeschäfte vor Ort hatten keinen Bedarf für meine Schmattes.

So fuhr ich an der Altmühl entlang weiter nach Eichstätt. Hier konnte ich in einem Geschäft in der Hauptstraße gerade ein halbes Dutzend Hemden und fünf Herrenhosen verkaufen, zahlbar innerhalb von neunzig Tagen – falls wir Glück hatten. Ich überqucrtc das Flüsschen auf dem Weg nach Ingolstadt an der Donau. Hier klapperte ich bis abends einen Textilladen nach dem andern ab. Der Ertrag war bescheiden, doch im Frühjahr 1932 war jede verkaufte Schmatte ein Sieg über die Not.

Im Gasthof im nahe gelegenen Großmehring fand ich ein sauberes und preiswertes Zimmer. Beim Gute-Nacht-Bier löste sich meine Anspannung, und die gute Stimmung des Morgens kehrte wieder. Im Vergleich zu Millionen Arbeitslosen ging es mir gut. Wir besaßen ein eigenes Haus und hatten Ersparnisse angesammelt, von denen wir notfalls bis zu zwei Jahren zehren konnten, ohne Schulden aufnehmen zu müssen. Und ich hatte mein privates Glück bei Leonore gefunden.

Um halb neun in der Frühe war ich bereits in Regensburg. Im Postamt studierte ich das Branchenbuch und notierte die Adressen der Textilgeschäfte. Nachdem ich mich in einem Café mit zwei Tassen Kaffee und einem Stück Schokoladenkuchen in Laune gebracht hatte, wanderte ich samt Musterkoffer von einem Geschäft zum anderen. Die Stimmung war ähnlich verhalten wie in Ingolstadt.

»Wie soll des bloß weitergehen, Herr Seligmann?«, erkundigte sich ein Ladenbesitzer. »Ihr Juden habt doch das Geld. Warum lasst ihr zu, dass der Brüning das Land kaputtspart? Wenn d'Leut keine Arbeit und kein Geld ham, womit soll'n s' dann a Zeug kaufen?«

Ich wusste keine Antwort, ahnte jedoch, dass ich hier keine Schmattes loswerden würde. Nicht viel anders erging es mir in den meisten anderen Geschäften der Stadt.

Nachmittags änderte ich meine Verkaufstaktik. Ich musste Gespräche zu Wirtschaftslage und Politik unter allen Umständen meiden und sogleich die Qualität und den Preis meiner Ware hervorheben. Wenn kein Interesse bestand, sparte ich zumindest Zeit. So war es dann auch: Die meisten Geschäftsleute hatten keinen Bedarf. Aber selbst jene, die meinten, Schmattes verkaufen zu können, forderten einen Rabatt, der zumeist unter meinem Einkaufspreis lag. Ich musste auf einem Limit bestehen, das mir einen Verdienst sicherte – falls der Kunde nach der vereinbarten Frist beglich.

Ohne Unterlass suchte ich ein Geschäft nach dem anderen auf. Als ich abends Bilanz zog, hatte ich den Umständen entsprechend ordentlich verkauft. Jetzt verstand ich Heinrich. Er hatte noch in den Anfangsjahren der Inflation mit seiner Vertreterarbeit begonnen. Und sich alles erarbeiten müssen. So hatte er gelernt, sofort zur Kernfrage zu kommen: Kaufen Sie meine Ware zu meinem Preis oder nicht?

Ich kombinierte nun Heiners Direktheit mit meiner verbindlichen Art. Am Ende aber musste ich auf meinen Konditionen bestehen.

Nach einem bescheidenen Verkaufserfolg in Sulzbach-Rosenberg suchte ich am Freitagmorgen Herrn Numberger in seiner kleinen Konfektionsfirma in Fürth auf. Ich kannte den Fabrikanten, einen gediegenen Herrn von Anfang sechzig mit grau meliertem Spitzbart noch aus meiner Zeit in Ulm. Nun, da mein alter Chef in der Bredouille steckte, wollte ich wissen, wie Herr Numberger mit der gegenwärtigen Situation zurechtkam.

»Das Geschäft läuft zufriedenstellend«, stellte er fest. Wie war ihm dies im Gegensatz zu Bodenheimer gelungen?

»Das ist eine Temperamentfrage, Herr Seligmann. Ich bin wesentlich bedächtiger als Lazarus Bodenheimer. Ich habe immer nur so viel investiert, wie es mir ohne strategische Kredite möglich ist. Sowohl in Zeiten der Konjunktur wie in der Krise. Lazarus Bodenheimer dagegen ist ein Hasardeur. Je mehr Erfolg er hatte, desto größere Risiken ist er eingegangen – so lange, bis er die Kontrolle verloren hat … Ich weiß, Sie verehren Herrn Bodenheimer. Ihre Loyalität gegenüber Ihrem früheren Chef ehrt Sie …« Numberger senkte seine Stimme. »Doch Sie müssen sich auf das Schlimmste gefasst machen, Herr Seligmann.« Es war ihm offenkundig unangenehm fortzufahren. »Herrn Bodenheimers Hausbank, die Dresdner, ist bankrott und wird nationalisiert. Damit ist die Zeit der lockeren Kreditvergabe für deren Kunden vorbei. Ich befürchte, dass die Schulden von Großkunden wie Herrn Bodenheimer bald fällig gestellt werden …«

»Droht seinem Geschäft das … das Aus?«

»Ich fürchte, es ist weit schlimmer. Nach dem Ausfall in Stuttgart wird Bodenheimer weitere Darlehen nur gegen private Bürgschaften erhalten haben … das heißt, er haftet mit seinem Privatvermögen.«

Mir wurde übel. Zumindest gelang es mir, die Tränen zurückzuhalten. Herr Numberger ließ mir Zeit, mich zu fangen. Dann fragte er ruhig: »Wie hoch sind Sie verschuldet, Herr Seligmann?«

»Überhaupt nicht …«

»Danken Sie Gott!«

»Kann man Herrn Bodenheimer irgendwie helfen?«

»Das können wohl nur noch Gott … und Baron Rothschild. Doch ich fürchte, dass weder der eine noch der andere sich auf dieses unrentable Geschäft einlassen wird.«

Nach dem Gespräch saß ich eine ganze Weile reglos im Auto, bis ich wieder fähig war, zu fahren. Kunden konnte ich in meinem Zustand nicht aufsuchen.

Leonore kümmerte sich liebevoll um mich, ohne zu fragen, was mich dermaßen erschüttert hatte. Es gelang ihr auch, die fußballbegeisterten Buben von mir fernzuhalten.

Am nächsten Morgen ging ich allein spazieren. An der frischen Luft wich das Unwohlsein, das mich selbst die Nacht über geplagt und mir den Schlaf geraubt hatte. Stattdessen packte mich die Angst. Ich kannte Herrn Bodenheimers Tatkraft, aber auch seine Eitelkeit und seine Sucht nach fortwährender Anerkennung. Wenn sein Ansehen zuschanden würde, wie sollte er da weiterleben?

Meine Anspannung löste sich in einem Weinkrampf. Erst danach konnte ich wieder klar denken. Mit dem Auto wäre ich in drei Stunden in Ulm. Helfen konnte ich Herrn Bodenheimer nicht, aber vielleicht gelang es mir, ihn zu trösten. Doch wenn ich bei ihm unangemeldet erschien, würde er dies möglicherweise als Gesichtsverlust empfinden. Also eilte ich in die nächstliegende Gastwirtschaft und ließ mich mit der Ulmer Villa verbinden.

Das Hausmädchen besaß offenbar strikte Anweisung, Herrn Bodenheimer unter keinen Umständen zu behelligen. So verlangte ich, seine Frau zu sprechen.

Julie Bodenheimer dankte mir für meinen Anruf, bat mich jedoch um Verständnis, dass ich nicht mit dem Chef reden konnte. »Mein Mann arbeitet Tag und Nacht, auch am Wochenende. Er tut alles, damit die Firma unbeschadet diese harte Zeit übersteht …« Sobald ihm dies gelungen sei, werde er mich gewiss gerne wiedersehen. »Aber bitte nicht jetzt, Ludwig. Mein Gatte kann im Augenblick keinerlei zusätzliche Belastung brauchen!«

Ich wollte ihr erwidern, dass ich den Chef nicht belasten, sondern ihm lediglich beistehen wolle. Doch die Kehle war mir zugeschnürt.

Leni spürte meine Bedrückung. Als wir abends im Bett lagen, knipste sie die Nachttischlampe an und wandte sich mir zu. »Wenn es dir hilft, möchte ich mir gerne anhören, was dich quält …« Ihr Lächeln wirkte auf mich wie Balsam. Nun war ich fähig, ihr zu berichten.

270

Sie dachte eine Weile nach, ehe sie sprach: »Jede Frau glaubt, dass nur sie weiß, wie sie ihrem Mann helfen kann. Drum will sie dich nicht zu ihm lassen … Wart' ein paar Tage ab. Wenn du nichts hörst, fahr' einfach zu ihm hin. Wenn er dich wegschickt, hast du's wenigstens versucht.«

Hätte ich nur auf sie gehört! Als ich folgenden Sonntag erneut in Ulm anrief und versuchte, Herr Bodenheimer zu sprechen, wurde ich von seiner Gattin barsch zurechtgewiesen: »Lass' uns in Frieden!«

Durch immer ausgedehntere Fahrten versuchte ich meinen Kundenkreis auszuweiten. Zunehmend suchte ich oberbayerische Ortschaften auf und bot Textilgeschäften meine Schmattes an. Doch die Ergebnisse waren weiterhin bescheiden.

Am Freitag vor der Reichspräsidentenwahl langte ich kurz vor Schabbatbeginn in meinem Elternhaus an. Alle freuten sich über mein Kommen. Mutter strahlte. Sie bemühte sich, unsere Unstimmigkeit vergessen zu machen. Abends ließ sich Papa von uns Buben zur Synagoge begleiten, nach deren Himmel ich mich so innig gesehnt hatte.

Vater wirkte gelöst, als wir uns alle nach dem Gottesdienst um die Tafel versammelten. Mutter und Thea trugen elegante Kleider; Kurt war ebenso wie Heiner in einen Anzug geschlüpft. Nachdem Mama die Kerzen angezündet und Vater den Segen über Brot und Wein gesprochen hatte, wurden die Speisen aufgetragen. Es wollte mir scheinen, dass Mutter das Mahl besonders liebevoll zubereitet hatte. Die Flädle-Suppe duftete, die Kalbszunge war zart, und die Grießknöpfe waren resch. Der zuletzt servierte Apfelstrudel mundete mir – wie offensichtlich allen – dermaßen gut, dass ich am liebsten ein zweites Stück verspeist hätte.

Nach dem Essen dankten wir singend Gott, der uns satt werden ließ. Wir blieben bei Tisch sitzen und unterhielten uns über die allgemeine Lage. Heiner bekannte, er würde Hindenburg wählen. »Wenn Kanzler Brüning das Ende der deutschen Reparationszahlungen aushandelt, dann geht es endlich mit der Wirtschaft wieder aufwärts«, gab er sich überzeugt. Doch Vater entgegnete aufgebracht: »Wenn die Republik nicht mehr zu bieten hat als einen 85-jährigen monarchistischen Militaristen, darf man sich nicht wundern, wenn Verzweifelte und Narren ihr Glück bei Hitler und Thälmann suchen.« Ehe wir antworten konnten, winkte er ab: »Lassen wir uns den schönen Schabbat nicht von der düsteren Politik verderben.«

Später im Salon wies Mutter Thea wie so oft darauf hin, dass sie mit zwanzig bereits verheiratet gewesen sei. Sie fragte unsere Schwester wenig diskret, wann sie sich zu vermählen gedächte und mit wem. Kurt feixte, woraufhin Mutter ihm bedeutete, dass es für ihn Zeit sei, zu Bett zu gehen. Unser kleiner Bruder erhob sich widerwillig.

Vater, der sich in einem grünen Ohrensessel zurückgezogen hatte, winkte mich zu sich. »Ich bin sehr glücklich, dass meine Familie sich wieder in unserem Haus versammelt hat. Ludwig, du hast mir vor einiger Zeit ehrlich erklärt, warum du fortgegangen bist.« Er blickte mich voller Zuneigung an. »Du sollst wissen: Hier ist dein Heim, und hier bist du immer willkommen.«

Sonntag früh ging ich mit Mutter und Heiner ins Rathaus, um unsere Stimmen für Hindenburg abzugeben. Vater blieb zu Hause. Mutter entschied sich erstmals für eine eigene politische Meinung, die von jener Vaters abwich. Heiner und ich hatten sie überzeugt. »Die reine Wahrheit gibt's nur bei Gott. Im Leben muss man sich für das kleinere Übel entscheiden«, beschied sie uns.

Nach der schmerzlich ungewohnten Rolle als Zuschauer beim Fußballspiel der Ichenhausener ging ich mit meinem Bruder ins »Weiße Ross«. Ich bestellte mir ein Helles, Heiner dagegen Limonade. »Paula bringt das Gute in mir hervor«, lachte er. Nachdem wir eine Weile mit meinen ehemaligen Fußballkameraden Siegl Herrligkoffer, Karl Seiff und Simon Feidl geschwatzt hatten, drängte Heinrich zum Aufbruch. Er wollte noch heute zu Paula nach Schopfloch fahren. Meine Frage, ob er bei seiner Liebsten übernachte, empörte ihn. »Paula ist eine anständige Frau. Sie lässt sich nicht auf Männer ein, die nur das eine im Kopf haben wie du … Ja, lach du nur recht blöd, Ludl. Du wirst eines Tages auch noch daraufkommen, dass Anstand und Wärme das Wichtigste bei einer Frau sind.«

Am liebsten hätte ich es Heiner nachgetan und wäre zu meiner Leni gefahren und zu David und Hans. Doch ich wollte morgen in den Südwesten über Mindelheim, Memmingen bis nach Lindau reisen, denn diese Region hatten wir jetzt lange vernachlässigt.

Zudem wollte ich das Wahlergebnis erfahren. Ich war überzeugt, dass Hindenburg bereits im ersten Wahlgang gegen Hitler, Thälmann sowie einige unbedeutende Kandidaten die absolute Mehrheit erringen würde.

Doch das war keineswegs sicher, wie Vater den Rundfunkmeldungen entnahm. Es zeichnete sich ab, dass der Nazi und der Kommunist den Feldmarschall in eine Stichwahl zwingen könnten. Selbst als ich mich am frühen Morgen reisefertig machte, stand das Wahlergebnis immer noch nicht fest.

In Mindelheim kam meine Erinnerung an Loisle wieder hoch und der damit verbundene erste Liebeskummer. Auch heute hatte ich in dieser Stadt kein Glück. Die beiden Textilgeschäfte hatten keinen Bedarf an meinen Schmattes. Dagegen konnte ich in Memmingen in einem Laden in der Bahnhofstraße zwei Dutzend Herrenhosen und fünf Konfektionsanzüge verkaufen. Der Geschäftsführer machte einen seriösen Eindruck, sodass ich mir Hoffnungen machte, er werde die Ware wie vereinbart binnen drei Monaten bezahlen.

Je näher ich auf der Straße dem Bodensee kam, desto mehr ließ ich die kahlen Überreste des Winters hinter mir. Die Landschaft kleidete sich in zartes, weiter südlich in kräftiges Grün. Über eine weite Brücke fuhr ich auf die Insel Lindau. Doch die alte Stadt empfing mich allenthalben mit langen roten Fahnen, in deren weißem Kreis ein schwarzes Hakenkreuz prangte. Bereits am frühen Nachmittag marschierten überall in der Innenstadt SA-Trupps auf. Die Männer in Braun schmetterten ihr Horst-Wessel-Lied: »Die Fahne hoch! Die Reihen fest geschlossen! SA marschiert mit ruhig festem Schritt …« Andere verteilten rote Flugblätter mit schwarzer Schrift.

Spontan wollte ich umkehren, doch dann beschloss ich, mir das Spektakel anzusehen. So stellte ich mein Auto am Marktplatz unweit der Seepromenade ab, die ebenfalls mit Nazi-Fahnen beflaggt war, und betrat ein kleines Café mit Blick auf das Schwäbische Meer, wo ich Kaffee und Käsekuchen bestellte und eine Zigarette entzündete. Bald darauf fragte ich meinen Nachbarn, einen gut gekleideten Herrn von Anfang fünfzig mit dem gediegenen Auftreten eines Studienrats, wieso in Lindau, anders als in den Ortschaften auf dem Weg hierher, die NSDAP, Hakenkreuzfahnen und SA das Straßenbild dominierten.

Der Mann sah mich erstaunt an. »Offenbar sind Sie nicht von hier. Unser Oberbürgermeister Ludwig Siebert, der die Geschicke unserer Stadt schon seit 1919 lenkt, ist bereits Anfang letzten Jahres in die NSDAP und die SA eingetreten. Er ist der erste NS-Oberbürgermeister in Deutschland. Er hasst die Juden und die Kommunisten – und er ist ein tüchtiges Stadtoberhaupt.« Dann teilte mir mein freundlicher Nachbar ungefragt das vorläufige Ergebnis der Reichspräsidentenwahl mit: »Hindenburg hat es nicht geschafft. Er ist unter fünfzig Prozent ge-

274

blieben. Adolf Hitler hat mehr als dreißig Prozent der Stimmen erhalten. Das ist eine gewaltige Leistung! Selbst wenn es dem Herrn Hitler in der Stichwahl nicht gelingen sollte, Hindenburg zu überholen, gehört die Zukunft ihm und seiner Partei.« Mein Tischnachbar lächelte fein, als er fortfuhr: »Früher oder später wird ganz Deutschland Lindau folgen.«

Meine Antwort »Gott behüte!« löschte die Freundlichkeit in den Zügen des Lindauers. Ich zahlte und verließ das Café.

Wut und Ratlosigkeit überkamen mich. Was bewog jeden Dritten, selbst gesittete Bürger wie meinen Caféhausnachbarn dazu, ihr Schicksal der SA und ihrem Häuptling anzuvertrauen? Vater hatte es vorausgesehen. Doch wirksame Abhilfe kannte auch er nicht. Um mich abzulenken, besorgte ich mir am Kiosk die »Allgemeine«. Im Auto schlug ich wie gewohnt zuerst den Wirtschaftsteil auf und überflog die Meldungen.

Bankrott

»Ulmer Kaufhausbesitzer begeht Selbstmord.« In dem kurzen Beitrag wurde mitgeteilt, dass Lazarus Bodenheimer seinem Leben ein Ende gesetzt hatte, nachdem seine Firma Insolvenz anmelden musste. Das Unternehmen sei durch misslungene Investitionen in Stuttgart und Augsburg hoffnungslos überschuldet gewesen.

Warum hatte ich nicht auf Leonore gehört? Weshalb war ich nicht zu meinem Chef geeilt – einerlei, was seine Frau sagte?

Ricarda umarmte mich ungeachtet der Trauergäste. »Gut, dass du gekommen bist, Ludwig.« Sie war ebenso wie ihre Mutter als Zeichen der Trauer barfuß. Frau Bodenheimer hockte, wie es Brauch war, auf einem Holzschemel. Gerade eine Handvoll Gäste hielten sich im Salon auf. Selbst Herr Ullmann fehlte.

Ricarda folgte meinem Blick. »Freude in der Not gehen auf ein Lot«, bemerkte sie. »Als Vaters Geschäfte blühten, buhlten die Menschen um seine Einladungen. Jetzt aber fürchten sie, sich durch einen Besuch bei uns zu kompromittieren. Ich darf niemanden anklagen. Mein Bruder Gunther, der Vater immer auf der Tasche lag, hat uns mitgeteilt, dass es ihm unmöglich sei, seinen Wahlkampf für Thälmann abzubrechen und hierherzukommen.«

Nachdem ich Frau Bodenheimer mein Beileid ausgesprochen hatte, führte mich Ricarda in ihr Zimmer. Schweigend hielt sie lange meine Hand. Schließlich bot sie mir einen Platz an und setzte sich zu meinen Füßen auf den Teppich. »Mutter hat mir erzählt, dass du in der letzten Phase hier angerufen hast. Das hat außer den Anwälten niemand für nötig befunden. Du bist ein Mensch, Ludwig.«

Ricarda sprang unvermittelt auf und wanderte durchs Zimmer, wie ich es von ihr kannte. Nüchtern unterrichtete sie mich über die Konsequenzen des Bankrotts. Zuletzt habe Bodenheimer neben seinem Privatvermögen auch das Haus und die Mitgift seiner Frau verpfändet. Sie blieb stehen. »Vater kannte keine Verantwortung. Am Ende ist ihm nichts übrig geblieben, als Schluss zu machen.«

Ricarda wandte sich ab. Ich nahm sie in den Arm. Sie weinte. Ich hielt sie fest, bis sie sich losriss. »Verzeihung, Ludwig. Ich darf mich nicht in Selbstmitleid ergehen. Millionen Menschen sind schlechter dran als ich. Wir müssen binnen eines Monats das Haus räumen. In dieser Zeit werde ich für Mutter eine Bleibe finden. Ihre Familie ist glücklicherweise nicht mittellos. Dann hält mich nichts mehr in diesem Land. Ich wandere ein für alle Mal in unsere Heimat aus.«

»Auch in Palästina gehen Firmen bankrott, Ricarda.«

»Sicher. Aber dort steht kein Adolf Hitler vor der Tür, dessen Judenhass von Millionen unterstützt wird.«

»Nicht alle Hitler-Wähler sind Antisemiten.«

»Mag sein. Aber keiner von ihnen sagt ein Wort gegen die Judenfeindschaft der Nazis.« Sie sah mich an. »Wie lange wollt ihr Juden euch noch etwas vormachen, Ludwig? Wir werden hier und anderswo gehasst. Lass uns endlich unser eigenes Land aufbauen, wo wir keine Fremden mehr sind.«

Lindau hatte mich erschreckt. Ebenso, dass so viele für Hitler gestimmt hatten. Doch zwei Drittel des Volkes waren gegen die Nazis. Wir durften jetzt nicht die Flinte ins Korn werfen. »Nicht hundert Meter vor dem Ziel schlappmachen«, wie Reichskanzler Brüning mahnte. Wir mussten unsere deutsche Heimat verteidigen.

Ricarda dagegen war entschlossen, mit ihren »Werkleuten« nach Palästina auszuwandern. Erneut forderte sie mich auf mitzukommen, und wieder sagte ich ihr, dass mein Platz hier war.

Da ergriff sie abermals meine Hand, streichelte sie und sprach, ohne mich anzusehen: »Ich … ich brauche dich, Ludwig. Bitte bleibe heute Nacht bei mir.«

Ich wollte nur fort – zu Leni. Doch das konnte ich Ricarda und meinem Chef nicht antun. Ich durfte seine Tochter jetzt nicht im Stich lassen. So blieb ich.

Vor Jahren hatte ich mich nach einer Nacht mit Ricarda gesehnt, heute wäre ich am liebsten geflohen. Wir waren zärtlich. Ricardas Angst erstickte die Begierde. Sie benutzte mich als Rettungsanker gegen ihre Furcht vor der Zukunft. Ich wartete darauf, dass es endlich hell wurde. Als der Morgen graute, küsste ich meine ängstliche Zionistin ein letztes Mal und machte mich auf den Weg nach Ellingen.

In den folgenden beiden Wochen beschränkte ich mich auf kleine Vertretertouren, vorwiegend in Mittelfranken, sodass ich fast jede Nacht bei Leni und den Buben sein konnte. Allmählich wandelte sich der Reiz des Kennenlernens zur liebevollen Vertrautheit des ständigen Miteinanders. Leonore gab mir zu verstehen, dass sie ein Leben mit mir führen wollte. Auch ich konnte mir eine Familie mit ihr und David und Hans immer besser vorstellen.

Die Lage wurde stetig bedrohlicher. Selbst in Ichenhausen und mehr noch im evangelischen Ellingen marschierte die SA immer dreister auf, um für Hitler zu werben.

Den Freitagabend hatte ich bei meiner Gefährtin und den Buben verbracht. Leni hatte die Schabbatlichter entzündet und die Jungen gesegnet. Ich hatte den Eindruck, dass dies erstmals nach dem Tod ihres Mannes geschah. Der siebenarmige Leuchter war blitzblank poliert, und Leonore sprach das Gebet sorgfältig ungeübt. Na und? Sie nahm Rücksicht auf meine Religiosität und wollte mir eine Freude machen, was ihr gelang.

Am Schabbatvormittag besuchte ich mit David und Hans den Gottesdienst in der Ellinger Synagoge. Wiederum wurde ich zur Thora aufgerufen und aufgefordert, liturgische Weisen zu singen. Nachmittags kickte ich mit den Buben und ihren Freunden. Wenn David im Verein regelmäßig trainierte, konnte er ein ordentlicher Fußballer werden.

Den Abend verbrachte ich bei meiner kleinen Familie. Wir spielten »Mensch ärgere dich nicht« – mit großem Eifer und viel Gelächter, aber auch begleitet von zornigen Bubentränen.

Am 10. April fuhr ich in aller Frühe nach Ichenhausen – um Hindenburg bei der Stichwahl meine Stimme zu geben. Zu meiner Überraschung teilte Vater mir mit, er sei Heinrich gefolgt und habe für den alten Haudegen votiert. Doch seine Begründung war ernüchternd: »Hindenburg bedeutet eine langsame Agonie. Hitler wäre der schnelle Tod – nicht nur für uns Juden, sondern für ganz Deutschland.«

Spät am Abend versammelten wir uns im Salon. Im Rundfunk wurden die eingehenden Stimmkreisergebnisse aus dem ganzen Reich gemeldet. Der Reichspräsident konnte vor allem in katholischen Gegenden und in SPD-Hochburgen wie dem Ruhrgebiet leicht zulegen. Er würde wohl die absolute Mehrheit erlangen. KPD-Chef Thälmann kam auf rund 10 Prozent, er hatte besonders in Hamburg, Berlin und in Arbeiterstädten Stimmen erhalten. Hitler gewann deutlich hinzu, vor allem in evangelischen Landstrichen, insbesondere in Ostdeutschland. Heiner und ich, aber auch Mutter konnten unsere Freude über Hindenburgs Wahlsieg nicht verbergen. Vater blieb verhalten. »Das Schlimmste scheint uns erspart zu bleiben. Vorläufig. Aber ich befürchte, dass es am Ende auf das Gleiche hinausläuft, egal wen wir gewählt haben. Hindenburg wird den wackeren Brüning in die Wüste schicken, um mit seinen Junkern und Generälen zu regieren. Dann sind sie auf Hitler als Trommler angewiesen, um die Massen für sich zu gewinnen. Gnade Gott uns Juden.«
Heinrich hielt Vaters Pessimismus für übertrieben. »Unsere Familie lebt seit eh und je hier. Wir werden auch das Nazi-Gesindel überstehen.«

Vom Beginn der zweiten Amtszeit Hindenburgs hatte ich mir ebenso wie die Mehrheit der Menschen eine Stabilisierung der Republik und einen Wiederaufschwung der Wirtschaft erhofft. Doch das Gegenteil trat ein. Reichskanzler Brüning fuhr fort, der Wirtschaft durch immer drastischere Einsparungen die Luft zum Atmen zu nehmen. Als Folge brachen immer mehr Banken, Unternehmen und Betriebe zusammen. Zumindest waren sie gezwungen, zunehmend Mitarbeiter zu entlassen. Sechs Millionen Menschen lebten ohne Arbeit und Hoffnung. Immer mehr Männer schlossen sich der SA an, dem Stahlhelm, dem Rotfrontkämpferbund, auch dem sozialdemokratisch dominierten Reichsbanner Schwarz-Rot-Gold. Die Arbeitslosen und Verzweifelten suchten das Gefühl der Gemeinschaft gegen die allgemeine Hoffnungslosigkeit.

Das Gegenmittel der Nazis hieß Adolf Hitler. Er versprach Zuversicht und machte uns Juden zu Sündenböcken. Mehr als 36 Prozent für Hitler gaben den Braunen Oberwasser. Sie traten mit geschwellter Brust als die zukünftigen Herren Deutschlands auf. Gnadenlos bekämpften sie ihre selbst gewählten Feinde.

Misshandlung

Als ich in einem Textilgeschäft in Ansbach zum wiederholten Mal eine ausstehende Rechnung einforderte, bat mich der Ladenbesitzer, Platz zu nehmen, seine Frau wolle das Geld von der Sparkasse abheben. Sie machte sich sogleich auf den Weg. Nach einer Weile stürmten SA-Männer ins Geschäft.

»Wo steckt der Judenstrolch?«, brüllte ihr Anführer, während er sich vor mir aufbaute. »Du Judensau hast eine deutsche Frau bedrängt und ihr Geld abpressen wollen!« Er war hochgewachsen, doch schmal und untrainiert. Allein hätte ich ihm die Gosche gestopft. Doch hinter ihm stand eine Handvoll Spießgesellen, die nur darauf warteten, mich niederzustrecken.

»Ich habe Inkasso machen wollen …« Ich hatte das Auftragsbuch in der Hand, doch ich zögerte, es zu präsentieren. Damit hätte ich die Bande als Autorität anerkannt. Da trat der Häuptling mit seinem Stiefel gegen meine Hand, das blaue Buch fiel zu Boden. Mein Zorn entflammte. Ich schlug dem Kerl ins Gesicht.

Nun fielen alle über mich her. Faustschläge und Tritte prasselten gegen meinen Kopf und Körper. Ich wurde zu Boden gestoßen, aus dem Laden geschubst und unter Schlägen eine Strecke weitergeschleppt.

»Der Judenhund hat genug!«, rief eine Stimme. Die Tritte hörten auf. »Wasser marsch!« Nun schoss mir Flüssigkeit über den Kopf. Sie pissten mich an. »Diesmal gab's a warme Dusch'n. Das nächste Mal wirst in deinem Judenblut ersäuft.«

Gegröle, davonlaufende Schritte.

Ich mobilisierte meine Kraft, zwang mich, mich zu erheben, schmeckte mein salziges Blut, meine Lippen waren aufgeplatzt. Ich befand mich in einer Hausnische unweit des Textilgeschäfts. Es kostete mich Überwindung, nicht hineinzustürmen und den Ladenbesitzer zusammenzuhauen. Doch dann hätten sie ihre Drohung wahrgemacht.

Stattdessen schleppte ich mich zu meinem Auto. Mit einem Stofflappen tupfte ich meine Wunden ab und fuhr zur nächsten Polizeiwache.

Die diensthabenden Beamten führten mich in die Toilette und reichten mir ein Handtuch, um mich zu säubern. Sobald ich mich gefangen hatte, schilderte ich den beiden Polizisten den Vorfall.

»Die SA-Beutel! Saubande! Glaub'n, dass sie scho alles dürfen«, bemerkte der ältere Polizist. Sein jüngerer Kollege dagegen sagte kein Wort. Schadenfreude schien mir aus seinem Blick zu sprechen.

Ich wurde ins Zimmer des Revierleiters geführt. »SA-Gefallener«, erklärte der Polizist. Der Vorgesetzte hieß mich Platz nehmen und schickte seine Untergebenen aus dem Büro. Ich berichtete erneut vom Vorfall.

Der Revierleiter, ein Mann von Ende vierzig, hörte mir geduldig zu. Dann sprach er ruhig auf mich ein. »Ich habe keinen Zweifel, dass Sie mir die Wahrheit sag'n. Aber Sie war'n allein. Und die SA-Leut' wohl a halbes Dutzend. Und der Ladenbesitzer wird für die SA aussagen. Wenn Sie Anzeige erstatten woll'n, nehmen wir die selbstverständlich auf. Aber ich rat' Ihnen dringend davon ab.«

Ich war wie vor den Kopf geschlagen. Konnte die SA Juden verprügeln, und die Polizei unternahm nichts?

»Wenn Sie die SA-Leut' anzeigen, werden die ihrerseits Anzeige erstatten«, fuhr der Revierleiter fort. »Die SA-ler haben Anwälte, die für sie arbeiten. So kommen die an Ihre Adresse. Dann kriegt auch Ihre Familie Ärger mit der Bande.« Er spürte, wie aufgebracht ich war, meinte aber nur: »Seien S' in Zukunft vorsichtig und gehen S' jedem Zusammenstoß mit der SA aus dem Weg. Vor allem, wenn Sie allein und ohne Zeugen sind.«

Hitler hatte ein Drittel der Wähler gewonnen. Aber seine SA schlug ungehindert die Juden zusammen, weil die Polizei zu feige war, uns zu schützen und etwas gegen die braune Bande zu tun. Mir liefen die Tränen übers Gesicht, während ich das Auto heimwärts steuerte.

Leni erzählte ich, dass ich gestürzt sei. Während sie behutsam, aber gründlich meine Gesichtswunden versorgte, sah ich ihr an, dass sie mir nicht glaubte. Doch sie sagte nichts, um mich nicht zu kränken.

Nachts konnte ich nicht schlafen, ich merkte an Lenis Atem, dass auch sie wach war. Während ich mich vorsichtig umdrehte, da meine Rippen bei jeder Bewegung schmerzten, lag die Gefährtin schweigend neben mir.

Mitten in der Nacht wandte sie sich zu mir und ergriff meine Hand. »Ludi, ich hab' dein Gesicht gesehen und kenn' dich. Du bist ned hing'fallen. Dazu bist du zu sportlich. Und zu traurig. Dir is was Arges passiert. Du bist zusammeng'haun worden. Wahrscheinlich von den Nazis – von wem sonst? Du musst mir nix sagen. Aber wenn es raus muss, dann hör' i dir gern zu.«

Am liebsten hätte ich alles erzählt und mich in ihren Armen ausgeweint. Doch mein Stolz war verletzt. Ich meinte, mich vor ihr nicht gehen lassen zu dürfen. Das Einzige, was ich fertigbrachte, war, ihre Hand zu drücken.

Beim Frühstück blieb ich im Schlafzimmer, um die Buben nicht zu erschrecken. Danach suchte ich den Arzt auf. Der erfahrene Mediziner sah sogleich, was auch Leni erkannt hatte. »Sie hatten Glück, Herr Seligmann. Sogar großes Glück. Die Herrschaften wollten Sie verletzen. Die Faustschläge tun weh, aber sie sind meistens harmlos. Doch die Tritte, offensichtlich mit Stiefeln, haben's in sich. Sie können die Nase, das Jochbein, die Zähne brechen. Auch einem Sportler wie Ihnen. Glück g'habt! So gut kommt nicht jeder davon.«

Der Doktor nähte meine Oberlippe und verpasste mir diskrete Wangenpflaster, sodass die Blutergüsse unterhalb der Augen weitgehend verborgen blieben. Die Rippen waren geprellt, doch »gottlob« nicht gebrochen.

Zum Abschied warnte mich der Arzt ähnlich wie die Polizei: »Hütens S' sich vor der SA. Die haben mit Ihresgleichen kein Erbarmen.«

»Was ist denn mit dir, Onkel Ludwig?«, wollte David nach der Schule wissen. »Ich bin ganz dumm gefallen. Das kann einem beim Sport schon geschehen …«

»Ist dir das in Ichenhausen beim Fußball passiert?«, fragte Hans nach. Ich dachte nicht daran, die Buben weiter anzulügen. So versprach ich, mit ihnen zu kicken, sobald meine Rippen nicht mehr schmerzen würden.

Ich blieb einige Tage in Ellingen. Aktualisierte unsere Buchführung, was dank geringer Umsätze schnell vonstatten ging, und half Leonore im Geschäft, sodass sie Zeit für ihre Besorgungen hatte. Gelegentlich spazierte ich durch die aufblühenden Wiesen und die Felder des Umlands. Ich machte mir Gedanken über meine und die allgemeine Lage. Doch je mehr ich nachdachte, desto aussichtsloser erschien mir die Situation, und desto wütender wurde ich. Hatten die Deutschen den Verstand verloren? Sie ergaben sich wehrlos Hitler und seinen Ver-

brechern. Der Einzige, der den Nazis noch Widerstand leistete, war Reichskanzler Brüning, doch der sparte das Land bis
zur vollständigen Verzweiflung kaputt.

Ich hinterließ Heinrich eine telefonische Nachricht. Wenige
Stunden später war er in Ellingen. Bei meinem Anblick er-
bleichte er zunächst, dann lief sein Gesicht rot an. »Nazi-
Schweine! SA-Pack!«

Nachdem ich Leni meinen Bruder vorgestellt hatte, gingen wir
in die Gastwirtschaft. Heiner bestellte zunächst zwei Schnäpse.
»Lass' uns darauf trinken, dass du den Dreck überstanden hast.«
Wir sprachen ein »Le Chaim« und leerten die Gläser in einem
Zug. Heiner wusste Bescheid. »Die SA will sich beliebt machen, indem sie kleinen Geschäftsleuten hilft, jüdische Lieferanten um ihre Kredite zu betrügen.«

Wir berieten, was zu tun sei. »Ich denk' nicht daran, vor dem
Nazi-Abschaum den Schwanz einzuziehen«, brüllte Heinrich,
ohne sich um die übrigen Gäste zu scheren.

Ich teilte Heiners Zorn. Aber was konnten wir tun? Vater war
Frontoffizier, an ihn würden sich die Nazis nicht heranwagen.
Mutter und Thea würden als Frauen wohl auch nichts zu fürchten haben. Kurt war noch ein Bub. Doch Heiner und ich mussten auf der Hut sein.

Und wenn die Nazis ans Ruder kamen? Die SA hatte mir eine
Kostprobe davon kredenzt, was uns bevorstand.

Ich sagte zu Heiner, dass ich die tausend Dollar – den wieder
aufgefrischten Notgroschen Bodenheimers – in meinem
Nachtkasten in Ichenhausen deponiert hatte.

»Du bist doch ein Hundling, Ludl!«, grinste mein Bruder. Wir
gingen zu Bier über und unterhielten uns über andere Dinge.
Ich war Heinrich dankbar dafür, dass er gleich zu mir gekommen war. Wir Brüder standen in der Not zusammen und vertrauten einander unbedingt. Diese Sicherheit gab mir ein Stück
Zuversicht.

Hoffentlich, hoffentlich kamen die Menschen zur Besinnung! Möglicherweise begriff selbst der knochentrockene Reichskanzler, dass er endlich gegen das Nazi-Pack vorgehen musste. Wir durften nicht resignieren. Darauf tranken wir abschließend noch einen Obstler.

Als zwei Tage später im Rundfunk gemeldet wurde, dass die Reichsregierung per Notverordnung die SA und SS verboten hatte, empfand ich dies als ein Zeichen des Himmels. Meine Gebete und die der anderen Juden waren erhört worden. Brüning, ja sogar der wiedergewählte Hindenburg hatten endlich begriffen, dass der Terror der SA die Freiheit in diesem Land zerstörte und die Hitleristen an die Macht brachte.
Noch waren die Nazis in der Minderheit. Doch wenn man sie ungehindert gewähren ließ, schlugen sie nicht nur mich und andere Juden zusammen, sondern jeden, der anderer Meinung war als sie. Dann gehörte Deutschland ihnen.
Nun hatten die Reichsregierung und Hindenburg Hitler endlich seine Totschläger entwunden. Ohne ihre verbrecherische Streitmacht würden die Nazis die Anziehungskraft auf ihre Anhänger verlieren und die Schreckensgewalt gegen ihre Gegner.
Ich redete mir ein, dass dies der Wendepunkt war. Fortan würde es mit den Braunen unweigerlich bergab gehen. Wenn es jetzt Brüning gelang, mehr Menschen in Brot und Arbeit zu bringen, dann würden sie wieder an den Staat glauben und wir Juden konnten wieder in Frieden und ohne Angst leben.
Mir fiel damals nicht auf, wie viele »würden« ich ersehnte. Doch das SA-Verbot befeuerte meine Hoffnung – und auch die Heinrichs. Als wir am selben Abend telefonierten, schlug er vor, eine Lumpensammlung für weggeworfene SA-Schmattes zu eröffnen. Ich erwiderte, dass man diesen Tineff lieber auf der Stelle verbrennen solle.

Wir alberten eine Weile herum, schließlich lud ich ihn und seine Freundin ein, uns zu besuchen. Sie würden Sonntagnachmittag nach Ellingen kommen.

Vom Albdruck der braunen Prügler befreit, bereitete ich eine längere Vertretertour vor und startete schon früh am folgenden Morgen.

Zunächst fuhr ich zu Herrn Numberger nach Fürth. Der Kaufmann wollte meine Euphorie nicht trüben. »Auch ich habe Hoffnung«, bekannte er. »Aber ich bin vorsichtig. Die paar hunderttausend SA- und SS-ler werden nicht von heute auf morgen verschwinden, denn die haben sonst nichts zu tun.« Entscheidend sei die weitere Politik des Kanzlers. »Nur wenn es Brüning fertigbringt, die Menschen zu beschäftigen, werden sie ihm folgen. Ansonsten rennen sie weiter ihrem braunen Messias hinterher.«

Ich meinte, wenn Brüning eingesehen habe, dass er die braune Truppe verbieten musste, dann würde er auch klug genug sein, den nächsten entscheidenden Schritt zur Verbesserung der Lage zu unternehmen.

Numberger sah mich skeptisch an. »Haben Sie sich mal die Mühe gemacht, ein Bild von Herrn Brüning zu studieren? Wenn Sie sich seine Züge genau ansehen, werden Sie feststellen, dass er ein verschlossener, nüchterner Mann ohne Weitblick und ohne Verständnis für die Nöte des Volkes ist …«

Als er meine Ratlosigkeit sah, meinte er: »Wir geben die Hoffnung trotzdem nicht auf, Herr Seligmann. Das ist neben unserem Glauben unsere größte Kraft. So haben wir auf Dauer alle unsere Feinde überwunden.« Um meine Zuversicht weiter zu stärken, gewährte mir Numberger einen weiteren Nachlass von fünf Prozent.

»Und jetzt zeigen Sie, was Sie können, Herr Seligmann. Einfach wird's nicht.«

So war es. Das SA-Verbot mochte Juden und Nazi-Gegner freuen, doch das Gros der Geschäftsleute wartete vergebens auf ein Programm zur Belebung der Wirtschaft, das einen Anstieg der Verkäufe zur Sommersaison bewirkt hätte. Da dieses Signal ausblieb, wurden kaum neue Schmattes geordert. Die bestellten Textilien waren allesamt nur auf 120-Tage-Wechsel erworben. Ich dagegen musste die Ware binnen neunzig Tagen bezahlen. Das bedeutete eine stete Abnahme unserer Ersparnisse.

Die Reichsregierung musste endlich ihre Sparpolitik aufgeben, Kredite aufnehmen und den Menschen mehr Geld zukommen lassen …

Am Freitagnachmittag langte ich bei Leni und den Buben an. Mit Sonnenuntergang schüttelte ich meine Sorgen ab. Jetzt regierte Königin Schabbat. Sie würde unseren Seelen Frieden spenden.

Nach einem bescheidenen, doch wohlschmeckenden Mahl fand ich bei meiner Geliebten Sinnesfreude und Fröhlichkeit. Den Gottesdienst am nächsten Tag begleitete ich mit meinem Gesang. Mittags ruhte ich mich aus, ehe ich mit Hans, David und ihren Freunden zum Fußballplatz zog. Dort leitete ich sie zu einem Spiel von zweimal zwanzig Minuten an. Anschließend trainierte ich mit David und Hans sowie zwei talentierten Kameraden Laufen mit Ball. Aus Spaß an der Bewegung sprintete ich über das ganze Feld. Die Belastung des Laufens strengte mich deutlich mehr an als zuvor in Ichenhausen. Ich musste das Rauchen einschränken, vor allem aber das Verhauenwerden durch die Braunen. Aber das hatte fortan ein Ende.

Sonntag früh studierte ich die Wochenendausgabe der »Allgemeinen«. Im Bericht des Korrespondenten aus Berlin hieß es, im Präsidialamt herrsche Unzufriedenheit mit Brüning. Man erwarte vom Reichskanzler umgehend Schritte, um Bevölkerung und Parteien für sich zu gewinnen.

Vormittags wanderte ich mit den Jungen in die Umgebung, obgleich sie lieber mit mir gekickt hätten. Derweil buk Leni einen Käsekuchen. Schlag vier Uhr erschien Heinrich mit Paula in seinem blitzblank polierten Chevrolet. Sie war eine Frau mit üppigem Körperbau, schlanken Beinen und ungewöhnlich feinen Händen und Fingern. Am bemerkenswertesten waren ihre Augen, dunkel wie ihre Haare. Ihr Blick war scheu, versonnen und voller Güte. Die geschwungenen Lippen lächelten freundlich. Bei Paula fand Heiner offensichtlich die Milde und Zartheit, die er bei unserer Mutter vermisste.

Paula und Leonore verstanden sich gut. Sie ergänzten einander. Meine Gefährtin war vital und lebenslustig, sie lachte gerne. Paula dagegen war ruhig und zurückhaltend. Die Buben spürten sogleich, dass die Besucherin sie mochte, bald plauderten die drei miteinander.

Mein Bruder und ich fühlten, dass die Frauen zu uns passten. In Paulas Gegenwart kam Heiners Schroffheit nicht auf. Sein Spott nur gelegentlich.

Während Leni und Paula mit den Kindern im Garten blieben, zogen mein Bruder und ich uns ins Haus zurück. Heinrich teilte meine Zuversicht nicht. »Anfangs hab' ich dir glauben wollen, dass mit dem Verbot das Schlimmste vorbei ist. Ein Dreck ist vorbei! Die Banditen haben ihre Uniformen in den Schrank gehängt und laufen jetzt mit weißen Kniestrümpfen durch die Straßen. Und die Regierung lässt's zu. Solange das Volk kein Geld und keine Arbeit hat, ändert sich auch nix!«

Später verspeisten wir bei Kaffee Lenis nur leicht gezuckerten Käsekuchen. Hans und David wollten wissen, ob auch Heiner Fußballer sei.

»Ich weiß genau, wie man spielen muss. Theoretisch. Aber praktisch kann's der Ludwig besser. Leider.« Dass Heiner über sich selbst lachen konnte, war mir neu.

Der Nachmittag und der frühe Abend verstrichen kurzweilig. Zum Abschied nahmen wir Paulas Einladung an, sie und ihre Eltern demnächst in Schopfloch zu besuchen. »Und David und Hans, ihr kommt mit. Es wird euch bei uns gefallen.«

Ohnmacht

Am 30. Mai wurde bekannt, dass Reichspräsident Hindenburg Brüning entlassen hatte.

Trotz Vaters Einschätzung und des Zeitungsartikels vom Wochenende hatte ich dies nicht für möglich gehalten. Heinrich Brüning hatte die Wiederwahl Hindenburgs fast im Alleingang organisiert, er hatte die wichtigsten gemäßigten Parteien und gesellschaftlichen Gruppen für den Reichspräsidenten gewonnen. Keiner war so loyal gegenüber Hindenburg wie der Reichskanzler.

Nun, da der Feldmarschall im Amt bestätigt war, hatte Brüning seine Schuldigkeit erfüllt.

»Ich musste Sie wegen meines Namens und meiner Ehre entlassen«, erklärte der Präsident bei der Verabschiedung Brünings lapidar.

»Auch ich habe eine Ehre«, erwiderte Brüning.

Bereits am 1. Juni ernannte Hindenburg Franz von Papen zum Reichskanzler. Der berief ein »Kabinett der Barone«: Generäle, Industrielle, Beamte, Junker. Und Fachleute, die Deutschland wieder auf Vordermann bringen sollten.

Konnten sie das? Ohne die Unterstützung der demokratischen Parteien – aber immerhin auch ohne die Nazis? Bestand noch Hoffnung auf eine Erholung des Landes?

»Man soll das Höllenfeuer nicht mit einer Hoffnungsflamme verwechseln«, hatte der verstorbene Rabbiner Dr. Cohn einst seine Gemeinde ermahnt. An dieses Wort musste ich denken, als Papen noch am Tag seines Amtsantritts das Verbot von SA und SS aufhob. Der neue Reichskanzler wollte sich offensichtlich mit Hitler gutstellen und gab ihm seinen braunen Schlagstock zurück. Der Nazi-Führer würde nicht zögern, ihn zu gebrauchen und sich ganz Deutschland gefügig zu machen. Als Erstes würde es wieder gegen uns Juden gehen.

Während ich erwog, wie wir uns geschäftlich auf die neue Bedrohung einstellen sollten, erschien Heiner unverhofft bei uns. Ich ging mit meinem Bruder durch die Straßen des Städtchens. Die Aufhebung des SA-Banns durch den »brunzdummen Papen und sein Idiotenkabinett« hatte ihn nicht überrascht. »Die Generäle wispern was von SA als Ersatzheer … Für so saublöd habe nicht mal ich die Militärs gehalten. Die Reichswehr hat hunderttausend Mann, die SA viermal so viel. Da kann sich selbst ein Aff' an einer Pfote abzählen, wer bald das Sagen haben wird. Der SA-Obermohr Röhm hat mit der Reichswehr noch ein Hühnchen wegen des Putsches von '23 zu rupfen.«

Heiner erklärte, er sei aus einem dringenden geschäftlichen Grund nach Ellingen gekommen. »Wir müssen aufpassen, dass wir jetzt nicht den gleichen Fehler begehen wie Vater vor zehn Jahren während der Inflation!«

»Doch anders als damals bleibt heute das Geld stabil«, wandte ich ein.

Heiner schüttelte den Kopf. »Damals haben uns die Schlaumeier wertloses Inflationsgeld gegeben. Heute kriegen wir Schuldscheine, die wir nicht einlösen können. Das läuft auf das Gleiche hinaus. Wir zahlen die Ware, und das Geld geht uns flöten.«

Wir beschlossen, die Schmattes nur noch gegen Bargeld abzugeben. Ich dankte Heiner für sein Kommen. Er hatte die kaufmännische Herausforderung zu Ende gedacht. Konsequenter als ich.

Ich beschloss, mein ungeliebtes Auto zu Geld zu machen. Die wenigen Fahrten, die jetzt anstanden, konnte ich mit Heiners Chevrolet erledigen. Die Gebrauchtwagenhändler in Augsburg und Ulm zahlten fast nichts. Aber mein Freund Otto Würth aus Weißenburg hatte neben dem schlecht gehenden elterlichen Textilgeschäft mit dem Aufbau einer Gebrauchtwagenhandlung begonnen.

Otto würde mir zunächst sogar weniger Geld geben als die eingesessenen Autogeschäfte in den Städten. Doch wenn sich die Wirtschaft stabilisierte, würde er mir die größere zweite Rate zahlen. Auf Ottos Ehrlichkeit konnte ich mich verlassen.

Ich wollte das Beste aus der gegenwärtigen Situation machen. Wir kleinen Kaufleute in der Provinz waren ebenso wie die Arbeitslosen weitgehend ohnmächtige Zuschauer. Die großen Entscheidungen wurden in Berlin, in der Regierung, in der Führung von Armee und Parteien, in den Industrieverbänden und vor allem im Reichspräsidentenpalais gefällt. Zwei Minuten hatte sich Hindenburg genommen, um Kanzler Brüning abzuservieren. Wie viel Zeit würde er für Papen benötigen? Und wer würde dann die Macht in Händen halten? Weiterhin der alte Feldmarschall oder Hitler und seine Landsknechte?

Mit blieb nichts anderes übrig, als mich mit meinem Los zu bescheiden. Gemeinsam mit meiner kleinen Familie. Dreimal in der Woche machte ich mich mit meinem Musterkoffer in die umliegenden Ortschaften auf. Gelegentlich hausierte ich wieder bei Bauern und konnte dabei mitunter meine Schmattes nach ausgiebigem Feilschen gegen Bares verkaufen. Geschäfte, die nur gegen prolongierte Wechsel Ware erwerben wollten, verließ ich nunmehr schnell.

Meine freie Zeit nutzte ich, um mich in Abraham Loews ledergebundenem Thoraband zu vertiefen. Zunächst blätterte ich herum, studierte die deutsche Übersetzung. Danach begann ich systematisch die Paraschot, die Wochenabschnitte, durchzugehen.

Mit dem Auftreten von Moses und Gottes Zehn Geboten war uns Juden ein moralischer Rahmen gegeben worden, der für uns, aber auch für die Christen galt. Die Nazis scherten sich nicht darum. Sie hassten die Juden und die ehrlichen Christen, weil diese sich an Gesetz und Moral hielten.

Ich grübelte nicht über meinen Glauben nach. Das ist uns Juden nicht erlaubt. Stattdessen beteiligte ich mich auch in Ellingen an der Arbeit der Heiligen Gesellschaft. Ich half, Tote zu reinigen und zu beerdigen. Mein Glaube gab mir Festigkeit und Zuversicht, und so konnte ich trotz Ungewissheiten und Gefahr die Zeit mit den Meinen in Ellingen genießen.

Derweil fand Papen im Parlament keine Mehrheit, anders als Brüning erfuhr er nicht einmal Duldung. So blieb ihm nichts anderes übrig, als den Reichstag aufzulösen und Neuwahlen auszuschreiben. Als Termin wurde der letzte Julitag bestimmt. Heinrich holte mich am Wahlsonntag in aller Frühe in Ellingen ab. Tau bedeckte noch die Wiesen, die Felder reiften heran. Die Laubwälder standen in kräftigem Grün. Die Dörfer, die wir passierten, wirkten statt. Die Menschen begaben sich zur Kirche. Wie konnten Männer aus diesen friedlichen Orten braune Uniformen anlegen und auf Schwache einschlagen? Was trieb sie dem Hasser in die Arme? Pure Not?

Heiner hatte für meine Grübeleien keinen Sinn. »Es ist so, wie es ist! Wir müssen schauen, dass wir durchkommen, sonst holt uns der Deibel!«

Noch vor elf langten wir in Ichenhausen an und gaben unsere Stimmen im Rathaus ab. Heiner wählte SPD, »um das Schlimmste zu verhindern«. Ich folgte seinem Beispiel. Die Eltern hatten sich für die liberale Deutsche Demokratische Partei entschieden.

Beide waren glücklich über unser Kommen. Vater hieß Heiners Bargeld-Verkaufstaktik gut. »Ich hätte wohl damals auf dich hören sollen, mein Sohn. Ihr macht es richtig.« Mein Bruder strahlte.

Später bei Tee und Apfeltorte brachte Mutter die Sprache auf die bevorstehenden Neujahrstage. Sie wünschte sich, dass wir nach Rosch ha-Schana die Woche bis zum Versöhnungsfest im Elternhaus bleiben würden. Daraufhin erklärte Heinrich, er wolle seine Freundin Paula Levite aus Schopfloch an diesen Tagen den Eltern vorstellen. Dabei könnte man sich über die anstehende Verlobung unterhalten. Da er den Eltern bereits von Paula erzählt hatte, erhoben sie keine Einwände. Sie war ihnen also willkommen.

Ich hatte noch nichts über meine Beziehung zu Leni verlauten lassen. Doch Heiners Vorstoß ermutigte mich. So setzte ich hinzu: »… und ich möchte euch Leonore Weiss, meine Bekannte, vorstellen …«

»Wer ist diese Person?« Mutters Lippen wurden schmal, während ihre Augen mich fixierten.

»Frau Weiss ist Geschäftsfrau. Sie ist Witwe …«

»Dann stimmt es also, was man hört.« Mutters Stimme klang kalt. »Sie ist viel älter als du. Sie hat zwei Kinder und sie ist keine richtige Jüdin!«

Mir schoss das Blut in den Kopf. »Sie ist genauso eine richtige Jüdin wie du!«

»Auf der Stelle entschuldigst du dich für diese Chuzpe, Ludwig!« Mutter hatte mich noch nie bei meinem vollen Namen genannt.

»Es gibt keine richtigen und falschen Juden!«, beschied Vater.

»Sie ist eine geborene Schickse!«, rief Mutter.

»In diesem Jargon wird in meinem Haus nicht gesprochen, Klara. Wenn Frau Weiss als Christin zum Judentum konvertiert ist, ist sie Jüdin.«

Mutter ließ sich durch Vaters Worte nicht beeindrucken. »Ich werde diese ungebildete Person nicht in meinem Haus empfangen. Mein Sohn hat etwas Besseres verdient!«

»Dein Sohn hat bei dir nichts mehr verloren! Auch nicht an Rosch ha-Schana!«, schrie ich, während ich aus dem Salon rannte.

Heinrich folgte mir. »Ludwig! Wenn Mutter sich was in den Kopf gesetzt hat, kennt sie keine Rücksicht. Wenn sie könnte, würde sie dich jetzt in eine Metzgerlehre stecken ...«

Mein Bruder bot an, mich nach Ellingen zu chauffieren. Doch ich wusste, wie sehr er und Vater ihr Zusammensein genossen. Vor allem heute, da Vater Heinrich belobigt und indirekt seine Fehler während der Inflationszeit zugegeben hatte.

Heiner bestand darauf, mich zumindest zum Günzburger Bahnhof zu fahren. Schweigend warteten wir auf den Zug. Als er endlich einfuhr, gab mir Heiner noch zwei Sätze mit auf den Weg. »Ich kann mir denken, wie dir jetzt zumute ist, Bruder. Doch in diesen Zeiten darfst du das Geschwätz der alten Frau nicht ernst nehmen.«

Leonore fiel mir um den Hals. »Mitgenommen schaust aus! Was ist wieder Ungutes passiert?«

»Nichts.«

Ihr Blick verriet mir, dass sie es besser wusste.

Ich berichtete Leni, was geschehen war, wobei ich Mutters Wortwahl milderte.

»Deine Mama wird am End' tun, was ihr Mann sagt ...«, meinte sie. Falscher konnte man Mutter nicht beurteilen.

Erst jetzt wurde ich gewahr, dass im Radio über die Wahlen berichtet wurde. »Arg!«, meinte Leni. »Die Nazis haben ihre Resultate verdoppelt ... Die Hitler-Bewegung ist jetzt die größte Partei ...«

»Mir langt's! Ich geh' jetzt zu Bett.«

»Willst du dir nicht die Wahlergebnisse anhören?«
»Ich weiß genug.«

Die Höhe des Nazi-Erfolgs war erschütternd. 230 NSDAP-Ab-
geordnete! Da auch die Kommunisten Stimmen gewonnen
hatten, waren Rote und Braune fortan in der Lage, das Parlament zu blockieren. Papens Regierung war jetzt auf Gedeih
und Verderb auf Hindenburg angewiesen. Der greise Mar-
schall hatte sein Ziel, die Monarchie, erreicht – mit sich als Regenten. Derweil würden die Nazis die Straßen beherrschen. Ich
erinnerte mich an Vaters Ausruf: Wehe uns Juden!
Am liebsten wäre ich zu ihm gelaufen und hätte bei ihm Zu-
spruch und Rat gesucht. Doch jetzt musste ich Leni und den
Buben Halt geben. Während ich in der Bibel des Kantors blätterte, kam mir eine Erläuterung von Abraham Loew in den
Sinn. Als ich nach meinem Versagen bei der Bar-Mizwa-Rede
mit mir haderte, hatte er über Noah und die Sintflut gesprochen. »Warum ist es Noah gelungen, seine Familie und die Tiere zu retten? Weil er die Gefahr nicht nur erkannt und sich vor
ihr gefürchtet hat. Als Einziger hat er gemeinsam mit seinen
Söhnen die Arche als wirksames Vehikel gegen die tödliche Bedrohung gebaut, sie beladen und durch die Flut gesteuert.«
Abraham Loew war überzeugt, dass Gott uns den Verstand gegeben hatte, um selbst schlimmste Bedrohungen zu überstehen. Ricarda sah die Flucht nach Zion als Rettung an. Ich wollte in unserem Land standhalten. Das sagte ich Leonore. Ich
würde bei ihr bleiben. Und mit ihr und den Buben gemeinsam
Rosch ha-Schana begehen.

Die Ellinger Juden gaben sich alle Mühe, das Neujahrsfest ge-
bührend zu feiern. Die Frauen auf der Galerie hatten ihren
Festtagsstaat angelegt, die Männer trugen Anzüge, ihre Hemden und Krawatten waren frisch gestärkt, die Gebetsschals

sorgfältig gebügelt. Doch der bemüht festliche Auftritt konnte nicht verbergen, dass es eine sterbende Gemeinde war. Die drei Frauen und etwa fünfzehn Männer waren, von einem jüngeren Besucher und mir abgesehen, durchwegs ältere Menschen. Lenis Schwiegervater war tot, seine Witwe lebte in einem Fürther Altersheim. Von den jüngeren, aktiven Juden hatten fast alle den Ort verlassen und waren in größere Städte und Gemeinden gezogen. Selbst an den Hohen Feiertagen hielten sie es nicht für nötig, ihre Eltern zu besuchen.

Ich dagegen wäre am liebsten bei meiner Familie in unserer Ichenhausener Himmels-Synagoge gewesen. Doch ich konnte Mutter die Kränkung Lenis nicht verzeihen.

Ausgerechnet heute begleitete mich die Gefährtin nicht in den Tempel. Sie gab vor, »etwas ganz Wichtiges erledigen zu müssen«. An Rosch ha-Schana gab es nichts Wichtiges – außer Gott.

Auch David und Hans waren heute zur Schule gegangen. Ich ließ es zu, denn ich wollte mich nicht als ihr Vater aufspielen. Anfangs hatte Leni es gern gesehen, dass mich die Buben am Schabbat zum Gottesdienst begleiteten. Nun hielt sie Hans und David zurück. Warum? Sie wusste, dass es mich verletzte.

»Sei nicht eilig in deinem Herzen, dich gekränkt zu fühlen«, hatte mich Herr Loew so oft gemahnt, bis ich das Bibelwort verinnerlicht hatte.

Ich zwang mich, dem Gottesdienst in der schmucklosen Synagoge zu folgen. Zwei Thorarollen waren aus dem Schrein gehoben worden. Eine wurde auf dem steinernen Vortragspult ausgebreitet. Dann wurden einige Absätze von mehreren Betern, auch von mir, verlesen.

Vor dem Blasen des Schofar-Horns hatte mich der Gemeindevorsteher gefragt, ob ich dieses Ehrenamt übernehmen möchte. Doch ich besaß keine Übung darin. So hatte er Herrn Wurzinger, einen betagten Herrn, darum gebeten. Nathan Wurzinger hatte jedoch offenbar versäumt zu proben. So entrang er seinem Widderhorn nur klägliche Laute.

Das Schofar-Signal verkündete das neue Jahr. Welches Los würde Gott uns Juden und den Menschen dieses Landes zuteilen? Welches mir? Ich hatte Leonore lieb gewonnen. Zunächst, um Ruth zu entkommen, dann zunehmend um ihrer selbst willen. Selbst vor meinen Eltern hatte ich mich zu Leni bekannt und eine Auseinandersetzung mit Mutter auf mich genommen. Doch ausgerechnet heute, an Rosch ha-Schana, hatte Leonore sich mir gegenüber reserviert gezeigt.

Bedrückt ging ich am Ende des Gottesdienstes heim. Leni hatte das Geschäft geschlossen. Abends bereitete sie uns ein festliches Neujahrsmahl zu. Es war gut mit ihr.

Jom Kippur

Nach den beiden Neujahrstagen erschien Heinrich in Ellingen und forderte mich auf, Vater anzurufen. Was ich sogleich im Wirtshaus tat.

»Ludwig, ich bitte ich dich, zu Jom Kippur nach Hause zu kommen. Am Versöhnungstag gehört unsere Familie zusammen!« Seine Stimme war ruhig, doch sein Ton duldete keinen Widerspruch.

Als ich wieder unter unserem himmlischen Synagogenzelt bei Vater und meinen Brüdern saß, fühlte ich mich geborgen. Ich war glücklich, dass Papa mich gebeten hatte, den höchsten Feiertag mit meiner Mischpoche zu begehen. Wie immer hob sich mein Blick zur Galerie empor. Wie in all den Jahren spürte Mutter sogleich mein Hinsehen, und ihre Augen leuchteten auf, ehe sie sie wieder auf ihr Gebetbuch senkte.

Der Gottesdienst begann mit dem Kol-Nidre-Gebet. Dabei geloben die Betenden, dass es statthaft ist, mit dem Einverständnis Gottes und der Gemeinde gemeinsam mit Übeltätern zu beten. Niemand darf vom Akt der Versöhnung ausgeschlossen werden. Danach wird das Kol Nidre, das alle Gelübde löst, mit anschwellender Lautstärke von den Betenden vorgetragen: »Alle Gelübde, Verbote, Bannsprüche, Strafen und Schwüre, die ich gelobe, schwöre, als Bann ausspreche, mir als Verbot auferlege von diesem Jom Kippur bis zum nächsten Jom Kippur, alle bereue ich, alle seien ausgelöscht, erlassen, aufgehoben, ungültig, ohne Rechtskraft. Unsere Gelübde seien keine Gelübde, unsere Schwüre keine Schwüre.«

Bereits vor dem Betreten der Synagoge muss jeder Gläubige den anderen alle gegen ihn begangenen Sünden und Kränkungen verzeihen. Nur dann kann er gewiss sein, dass Gott ihm seine Sünden und Verfehlungen vergibt. Erst eine Woche nach Rosch ha-Schana besiegelt der Ewige das Schicksal der Menschen im kommenden Jahr. Die Versöhnung der Menschen untereinander und mit Gott ist die Voraussetzung dafür.

Ich hatte verziehen und hegte gegen niemanden mehr Groll. Doch zugleich war mir, war allen Gottesdienstbesuchern bewusst, dass unsere Feinde nicht nachlassen würden, uns zu hassen, weil wir uns mit allen und allem aussöhnen wollten. Im Gegenteil! Hitler und seine Oberhetzer Streicher und Goebbels sahen das Versöhnungsfest und das Kol-Nidre-Gebet als Beweis für jüdische Prinzipienlosigkeit und Verschlagenheit an, weil wir alle Gelübde an diesem Tag auflösten. Wie sollten wir ihrer Feindschaft standhalten?

Nach dem Gottesdienst begleiteten wir die Eltern nach Hause. Die Bemühung um Versöhnung wurde begleitet vom Fastengebot. Abgesehen von Kurt, der noch nicht Bar Mizwa war, durften wir Erwachsenen während des gesamten Jom Kippur weder essen noch trinken. Trotz der gedämpften Stimmung des Versöhnungsfestes spürte ich die Genugtuung von Vater und Mutter darüber, dass sich alle ihre Kinder noch einmal in unserem Hause versammelt hatten. Denn niemand wusste, was die Zukunft bringen würde.

»Wie gut, dass du wieder in den Schoß der Familie zurückgekehrt bist, Ludl«, bemerkte Mutter. Selbstverständlich hatte ich mich mit ihr versöhnt. Und doch blieb eine Narbe zurück. Warum hatte sie Leonore beschimpft, ohne sie zu kennen?

Ich zwang mich, an das kommende Jahr zu denken. Wie sollten wir unter der ständigen Bedrohung durch die Nazis leben?

»Gibt es einen Ausweg?«, wollte ich von Vater wissen.

»Ich fürchte nicht. Wir Juden sollten uns nichts vormachen – schon gar nicht zu Beginn des neuen Jahres.«

»Dann ist es richtig, dass Ricarda Bodenheimer nach Palästina auswandert?«, forderte ich ihn heraus.

»Wenn ich in ihrem Alter wäre, würde ich das auch in Erwägung ziehen.«

»Du empfiehlst mir und Heinrich, nach Zion zu gehen?«

»Das kommt nicht in Frage!«, meldete sich Heiner. »Ich bleibe bei dir, Vater.«

»Das ist gut so. Ich rate euch nicht, wegzugehen. Noch ist nichts verloren. Ich möchte nur, dass wir mit dem Schlimmsten rechnen. Mit Hitler.«

Während des Gottesdienstes am nächsten Tag wurde mein Mund zunehmend trocken. Meine Konzentration während der Gebete ließ nach. Ich fühlte mich durch Durst und Hunger unwohl. Auch hatten Vaters illusionslose Worte meine Zuversicht erschüttert.

Am Ende des Vormittagsgottesdienstes trat Rabbiner Dr. Neuwirth, vollständig in ein weißes Gewand gekleidet, den schwarzweißen Tallit um die Schultern, ans Predigerpult. Er verharrte. Als es still wurde, ließ er seinen Blick über die Reihen schweifen. Ohne Anrede hob er an: »Ist einer unter euch, dem ich

Unrecht oder Leid zugefügt habe? Gibt es einen unter euch, dem ich nicht in seiner Not beigestanden hätte, wenn ich Kenntnis davon erlangte? Kennt ihr einen Kranken, den ich nicht besucht habe? Einen Trauernden, dem ich nicht Trost spendete?«

Die meisten Männer senkten ihren Blick. Aus Vaters Augen sprach Zorn. Der Rabbiner fuhr nach einem Augenblick der Besinnung in einem Ton fort, der seine Erregung verriet: »Ich habe keinen Gottesdienst versäumt und keine Predigt …« Wieder hielt er inne. »Ich habe mich im Kreise der Menschen dieser Gemeinde wohl gefühlt, ich habe euch geliebt und tue es noch immer. Ich habe eure Liebe und euren Respekt erfahren. Dennoch hat die Leitung der Gemeinde entschieden, mich nach Ablauf des heutigen Jom Kippur nicht länger als Rabbiner zu beschäftigen. Ein Grund wurde mir nie genannt. Ich nehme an, ich soll als Sündenbock für die Übel dieser Zeit in die Wüste gejagt werden …« Dr. Neuwirth fixierte wiederum die Betenden. »Jenen, die dieses Exempel an mir statuieren, sei gesagt: Weder eure Sünden noch die des Landes werden ungeschehen gemacht, indem ihr mich fortschickt.« Seine ernste Miene hellte sich auf, als er endete. »Der Ewige segne euch alle und lasse euer Antlitz erleuchten. Ich danke euch für die Jahre, die ich bei euch wirken durfte.«

Auf dem Heimweg fragte ich Vater nach dem wahren Grund für die Entlassung von Dr. Neuwirth. Sein Gesicht lief rot an, seine Stimme bebte, als er mir antwortete: »Es ist so, wie unser Rabbiner sagt. Weil die Nazis aufmarschieren und Hitler vor der Tür steht, haben sie Dr. Neuwirth zum Sündenbock erkoren. Er sei zu alt und zu konservativ, um die neue Gefahr zu begreifen. Das ist eine Lüge! Damit tut man einem anständigen Mann und Rabbiner bitter unrecht. Man versündigt sich an ihm. An Jom Kippur! Und das im Angesicht des schlimmsten Judenfeindes! Pfui!«

An meinem fragenden Blick erkannte Papa, dass mir seine Begründung nicht genügte. Er blieb stehen und atmete tief durch, ehe er fortfuhr. »Der Sündenbock darf nicht wissen, warum man ihn fortjagt, weil die Menschen, die ihn davontreiben, es selbst nicht wissen. Auch wir wissen nicht, warum unsere Landsleute uns Juden für ihr Elend verantwortlich machen und Hitler nachlaufen. Niemand weiß das. Aber die Oberen der Gemeinde wollen nicht als unwissend und unentschlossen gelten. Also handeln sie, indem sie sich den Rabbiner, der am stärksten von ihnen abhängt, als Opfer aussuchen und ihn verbannen. Das war wohl schon immer so, darum hat man den Brauch des Sündenbocks ersonnen. Geholfen hat es damals ebenso wenig wie heute.«

Vater setzte im Marschschritt seinen Weg fort. Wir folgten ihm. Ich vernahm, wie er zu sich selbst gewandt sprach: »Ich muss verhindern, dass sie unseren Rabbiner in die Wüste jagen.«

Während des Abendgottesdienstes blieb der Stuhl des Rabbiners neben dem Thoraschrein an der Stirnseite der Synagoge unbesetzt. Dr. Neuwirth hatte in der letzten Reihe Platz genommen.

Am Ende des Gottesdienstes trat Vater zum Rabbiner und bedankte sich bei ihm. Heinrich, ich und Kurt folgten, danach verabschiedeten sich alle Beter von Dr. Neuwirth.

Auf dem Heimweg berichtete mir Heiner, als Vater erfahren habe, dass der Rabbiner entlassen werden solle, habe er die Männer des Gemeindevorstands als Heuchler und Narren beschimpft. Damit erwies er Dr. Neuwirth einen Bärendienst. Womöglich hätte es geholfen, wenn Vater sein hohes Ansehen eingesetzt hätte, um jeden Einzelnen im Vorstand zu überzeugen. »Aber du kennst Vater. Wenn er Unehrlichkeit oder Lüge bemerkt, verliert er die Beherrschung.« Das hatten wir beide von klein auf erfahren.

Am nächsten Morgen chauffierte mich Heiner nach Ellingen. Jeder hing seinen eigenen Gedanken nach. Ich kam nicht über den Hinauswurf des Rabbiners hinweg. Wenn die Juden bereits im Angesicht der Gefahr so panisch und ungerecht reagierten, wie würden sie erst handeln, wenn die Nazis die Herrschaft übernommen hätten? Und wie würden die Christen reagieren?

Ich nahm meine Hausierer-Tätigkeit wieder auf, kümmerte mich um unsere Buchhaltung, den Einkauf und den Versand. Wenn es notwendig war, half ich Leni im Geschäft. Wir gingen liebevoll und vertraut miteinander um. Am Rande des Schabbatgottesdienstes erkundigte sich einer der Beter, ob mir bekannt sei, dass das Weiss-Geschäft während des Jom Kippur geöffnet gehabt hatte.

Mir schoss das Blut in die Schläfen. »Was geht Sie das an?«
»Nichts für ungut, Herr Seligmann. Ich dachte nur, dass Sie …«
»Denken Sie nicht! Beten Sie! Sie Denunziant!«
Der Herr wandte sich von mir ab. Ich packte mein Gebetbuch in die Stofftasche und eilte nach Hause.
Leni war im Laden. »Hast du an Jom Kippur offen gehabt?«
»Ja«, antwortete sie ruhig.
»Schämst du dich nicht? Als Jüdin am höchsten Feiertag?«
Unbeeindruckt von meinem Gebrüll entgegnete Leonore: »Einen Moment, Ludwig! Ich bin wegen meinem Mann Jüdin geworden. Als er starb, habt ihr mich mit den Kindern allein gelassen …«
»Ich hab' dich noch nicht gekannt!«
»Du nicht, aber meine Schwiegereltern!«
»Als Jüdin hast du an Jom Kippur keine Geschäfte zu machen!«
»Das lass' ich mir von dir nicht verbieten«, rief sie nicht weniger laut. »Ich muss schau'n, wo ich mit meinen beiden Buben bleib'!«

Mein Zorn schwoll dermaßen an, dass ich aus dem Geschäft rannte, um nicht den erstbesten Gegenstand zu zerschmettern. Ich half Leonore finanziell, ich vertrat sie im Laden und kümmerte mich um Hans und David. Das Einzige, was ich verlangte, war, dass sie meine – und ihre – Religion respektierte. Wenn sie sich nicht einmal dazu bereitfand, wenn sie nicht einmal im Jahr wie alle Reue zeigte, war es mit uns sinnlos!

Ich lief zurück ins Haus, wollte meine Sachen packen und den nächsten Zug nehmen. Leni trat zu mir. »Ludwig, geh' jetzt bitte nicht im Zorn fort.« Ihre Stimme war ruhig.

»Du lässt mir keine andere Möglichkeit …«

»Schmarrn! Du machst's so, und ich mach's anders. Und wenn ich g'wusst hätt', dass des dich so aufregt, hätt' ich's Geschäft zug'lassen. Aber sich über vergoss'ne Milch erregen, weil mich wer bei dir ang'schwärzt hat, ist lachhaft.«

Ihre letzten Worte ließen mich innehalten. Heiners Bemerkung über Vaters jähzorniges Verhalten wegen Dr. Neuwirths Entlassung kam mir in den Sinn. Hätte er, statt zu schimpfen, versucht, den Vorstand zu überzeugen, wäre der Rabbiner möglicherweise nicht entlassen worden. Wenn ich jetzt davonrannte, wäre Leni zu stolz, mich zurückzuholen. Und ich wäre kaum wieder zu ihr zurückgekehrt.

Nachts versöhnten wir uns innig. Doch unsere Liebe hatte einen Sprung davongetragen.

Anders als Vater befürchtet hatte, bedeuteten die Ernennung Papens zum Reichskanzler, die Aufhebung des SA- und SS-Verbots, selbst der Nazi-Wahltriumph Ende Juli nicht die Übernahme der Macht durch die Nazis im Reich. In Bayern führte nach wie vor die katholische Bayerische Volkspartei die Regierung – auch wenn die braunen Schlägertrupps weitgehend die Straßen beherrschten und ihre Feinde einschüchterten. Nach der Misshandlung in Ansbach war ich vorsichtig und beschränkte mich vorwiegend auf das Hausieren bei Bauern in der Umgebung von Ellingen.

Die Hoffnung der nationalistischen Kreise, der neue Reichskanzler würde durch eine effektive Politik seines Kabinetts der Barone und Fachleute die Wirtschaft wieder in Gang bringen, erfüllte sich indessen nicht. Papen und seine Minister erwiesen sich als unfähig, die gravierende Arbeitslosigkeit und die Armut der Bevölkerung zu mildern. Unterdessen machte Hermann Göring als Reichstagspräsident Papen bei jeder sich bietenden Gelegenheit lächerlich. Nur mit Hilfe einer Notverordnung von Reichspräsident Hindenburg, der seine einzige Stütze war, gelang es Papen schließlich im Herbst, das Parlament erneut aufzulösen und Reichstagswahlen für den 6. November auszuschreiben.

Die Nazis waren zuversichtlich, in einem letzten dramatischen Kraftakt möglichst nahe an die absolute Mehrheit im Reichstag zu kommen. Durch diesen Sieg würde Hitler, wie er es im Reichswehr-Prozess gegen die Ulmer Offiziere versprochen hatte, legal an die Macht gelangen. In unzähligen Wahlveranstaltungen versuchte er den Deutschen seine Hass-Botschaft und seine vermeintliche Allmacht in die Hirne zu hämmern.

Vom Ergebnis der Novemberwahlen 1932 befürchteten wir Deutschlands Sturz in die Katastrophe. Wieder ging ich mit den Eltern und Heiner – Thea war unter zwanzig und noch nicht wahlberechtigt – in Ichenhausen zur Abstimmung. Da die Parteien der demokratischen Mitte ihre Bedeutung vollständig eingebüßt hatten, hegte Vater kaum Hoffnung, dass Hitler Widerstand erfahren würde. »Der Hetzer wird die Ernte des Bösen einfahren. Die Nazis werden triumphieren«, gab er sich überzeugt.

Zwei Stunden nach Schließung der Wahllokale begann im Reichsrundfunk die Übertragung der Resultate. Als Erstes erfuhren wir traditionell das Ergebnis der Insel Helgoland. Gegen Mitternacht liefen die Voten aus den großen Städten des Ruhrgebiets, Frankfurt, Köln, Düsseldorf und Berlin ein. Die SPD stabilisierte sich auf niedrigem Niveau als zweitstärkste Partei, die Kommunisten legten vor allem im Revier und in Berlin deutlich zu. Die NSDAP aber hatte zumindest in den großen Städten deutliche Verluste zu verzeichnen.

Als wir gegen ein Uhr früh zu Bett gingen, war noch nichts entschieden. Doch es hatte den Anschein, dass die Nazis ihren großen Wahlsieg des Sommers nicht wiederholen konnten. »Gebe Gott, dass ich mich getäuscht habe«, bemerkte Vater.

Im Laufe des nächsten Vormittags bestätigte sich, dass unsere vorsichtige Zuversicht gerechtfertigt war. Die NSDAP blieb mit Abstand stärkste Partei. Doch die Nazis hatten knapp zwei Millionen Wähler und damit jede zehnte Stimme eingebüßt.

Heinrich und ich waren überzeugt, dass dies der Anfang vom Ende Hitlers war. »Die Deutschen haben gemerkt, dass die Nazis ihnen nichts zu bieten haben. Sie kehren ihnen den Rücken. Bald werden sie ihnen den blanken Arsch zeigen«, frohlockte Heiner. Ich gab ihm recht, während Mutter meinen Bruder ob seiner ordinären Wortwahl tadelte.

Vater wirkte erleichtert, blieb aber pessimistisch. »Hitler und seine Gefolgsleute sind Verbrecher. Für sie geht es um alles oder nichts. Sie werden bis zum letzten Atemzug um die Macht kämpfen, denn sie haben keine Alternative.« Aber Heiner und ich ließen uns von diesen Worten unsere Hochstimmung nicht verderben.

Leni teilte meine Zuversicht. Als Optimisten glaubten wir, dass die wirtschaftliche Lage sich spätestens im Frühjahr 1933 verbessern würde. Doch die Regierung Papen war weiterhin unfähig, die Konjunktur anzukurbeln. Die Zahl der Arbeitslosen verharrte bei über sechs Millionen. Das Kabinett kürzte die

Zuwendungen an die Bürger, statt sie zu erhöhen. Den Menschen fehlte das Geld, um einzukaufen. In Lenis Geschäft wie überall im Einzelhandel gingen die Umsätze weiter zurück.

Die kurzfristige Zuversicht nach dem Rückgang der Nazi-Stimmen verebbte. Deutschland versank erneut in Hoffnungslosigkeit. Dennoch blieb Papens Kabinett der Barone untätig. Da verlor General von Schleicher, der starke Mann der Reichsregierung, die Geduld. Mitte November zwang er Papen mit Hilfe von Hindenburgs Kamarilla zum Rücktritt. Anschließend wurde Schleicher selbst zum Reichskanzler ernannt. Der neue Regierungschef besaß, wie die »Allgemeine« und der Rundfunk berichteten, seit seinem Dienst im Generalstab während des Weltkriegs das Vertrauen des damaligen Chefs der Obersten Heeresleitung und heutigen Reichspräsidenten Hindenburg.

Schleicher, so hieß es, hätte im Gegensatz zu seinem Vorgänger eine klare Vorstellung, wie sich die Macht Hitlers brechen und eine tragfähige Mehrheit für eine zukunftsgerichtete Politik gestalten ließe. Der General hatte eine »Querfronttaktik« ersonnen. Auf diese Weise wollte er die Gewerkschaften und einen Teil der Nazi-Bewegung hinter sich bringen und Hitler entmachten.

Wir warteten ebenso wie Millionen Bürger, dass die »Querfronttaktik« Deutschland die drohende Regierungsübernahme Hitlers ersparen würde. Weihnachten und die Jahreswende zu 1933 vergingen, doch Schleicher kam mit seiner Politik nicht voran. Stattdessen gelang es Hitler, seine Widersacher in der Partei, die sich um Gregor Strasser gruppiert hatten, auszuschalten.

Derweil versuchte der von Schleicher abservierte Papen hinter dem Rücken des Kanzlers den Reichspräsidenten für ein Kabinett Hitler zu gewinnen, das den Nazi-Häuptling durch Junker, Generäle und Experten »einrahmen« sollte. Papen und Hindenburgs Sohn Oskar drängten den Reichspräsidenten, Hitler zu empfangen. Nur unwillig traf Hindenburg den »böhmischen Gefreiten«, wie er den Führer der NSDAP titulierte. Die Begegnung überzeugte den Feldmarschall davon, dass er Hitler »vor Gott und meinem Gewissen« nicht mit der Führung der Reichsregierung beauftragen könne, wie zur Presse durchdrang. Damit schien für mich die Gefahr gebannt. Vater aber gab wenig auf die Worte Hindenburgs. »Der bringt Gott ins Spiel, wann's ihm nützlich ist. Und wenn's ihm anders passt, wird er den Herrgott fürs genaue Gegenteil ins Feld führen.«

Hitler

Herr Numberger, den ich Ende Januar aufsuchte, teilte dagegen meine Zuversicht. »Hindenburg will als Aristokrat und preußischer Monarchist nichts mit dem ordinären ›böhmischen Gefreiten‹ und seinen SA-Rabauken zu tun haben. Der Reichspräsident wird seinem Kameraden Schleicher weiterhin loyal zur Seite stehen, bis dieser Hitler ausmanövriert hat. Dann geht's wieder aufwärts mit Deutschland. Alles andere wäre unlogisch«, meinte der Kaufmann.
Doch eine Woche später reichte von Schleicher seinen Rücktritt ein. Der General war mit seiner ausgefeilten Querfronttaktik am »böhmischen Gefreiten« gescheitert, der am Morgen des 30. Januar 1933 von Hindenburg mit der Bildung einer Reichsregierung beauftragt wurde. Papen war nun Vizekanzler und galt als starker Mann des Kabinetts. Er und fünf andere Konservative plus General Blomberg sollten Hitler und die beiden Nazi-Minister Göring und Frick »zähmen«. Nach Einbruch der Dunkelheit marschierten SA-Kolonnen in einem Fackelzug durch das Brandenburger Tor, vorbei an ihrem Führer, dem neuen Reichskanzler Adolf Hitler.

Vaters Schwarzseherei hatte sich als realistisch erwiesen. Wozu riet er jetzt? »Auszuharren! Nur Feiglinge laufen davon.« Und was war mit Ricarda Bodenheimer? »Sie ist nicht davongerannt. Sie glaubt an den Zionismus. Das ist aller Ehren wert.«

Das Leben schien weiterzugehen wie bisher. Bei den Bauern Mittelfrankens, denen ich als Hausierer Waren anbot, hörte ich keine judenfeindlichen Bemerkungen. Heiner machte andere Erfahrungen in den Geschäften. Immer häufiger beschimpfte man ihn, bei zuvor vereinbarten Wechselgeschäften »jüdischen Zinswucher« zu betreiben. Daraufhin stellte mein Bruder seine Vertretertouren ein und überließ mir das Auto. Dies ermöglichte mir, wie zu Beginn meiner Arbeit, in Schwaben zu hausieren, denn Franken war mir seit dem SA-Angriff zu gefährlich geworden. Auf diese Weise war ich wieder öfter in Ichenhausen und fand Gelegenheit, am Freitagabend in meiner Heimatsynagoge zu beten und mich mit alten Freunden und Bekannten zu unterhalten. Am nächsten Morgen setzte ich mich über das Fahrverbot am Schabbat hinweg und fuhr nach Ellingen, um zumindest das Wochenende mit Leonore zu verbringen.
Hier herrschte die gewohnte Harmonie. Zunächst. Kurz darauf aber wurde mein Name in einer Liste jüdischer Männer aufgeführt, denen der »Stürmer« »Rassenschande« mit arischen Frauen vorwarf. Mit Leni überlegte ich, woher die Anschuldigungen wohl rührten. Unsentimental wie stets meinte sie: »Für die Nazis bin ich ›Gesinnungsjüdin‹, weil ich zum Judentum übergetreten bin. Gleichzeitig bleibe ich für sie Arierin. Wenn du mit mir eine Beziehung hast, dann ist das für die Spitzbuben die ›Rassenschande‹ eines Juden mit einer Arierin. Sie spinnen mit ihrem Rassismus, trotzdem müssen wir vorsichtig sein. Besonders du als Jud'.«

Ich tat zwar unbesorgt, doch wir wussten beide, dass Gefahr drohte. Wegen einer Verleumdung war ich von der SA zusammengeschlagen worden. Es war nur eine Frage der Zeit, dass auch meine Gefährtin angeprangert werden würde.

Adolf Hitler nutzte seine Kanzlerschaft, um mit Zustimmung Hindenburgs unverzüglich den Reichstag aufzulösen und Neuwahlen für Anfang März auszuschreiben. Auf dem fränkischen Land setzte der Wahlkampf sogleich ein. Die SA marschierte im forschen Wichs auf und klebte rote Wahlplakate für die Liste der NSDAP und ihren Führer Adolf Hitler.

Am Morgen des 28. Februar berichtete der Rundfunk fortwährend über den »feigen, hoch- und landesverräterischen Brandanschlag der Kommunisten« auf den Deutschen Reichstag. Nun hatte Hitler das Alibi, seine SA von der Leine zu lassen. Dass ein holländischer Kommunist das Feuer gelegt habe, wie Polizei und Nazis behaupteten, hielt ich für eine Lüge. Doch ich war sicher, dass Hitler sich diese Gelegenheit nicht entgehen lassen würde, die vollziehende Gewalt ganz an sich zu reißen und seine nationalistischen Büttel um Hugenberg und Vizekanzler Papen abzuschütteln.

Leni und ich ahnten das zunehmende Unheil. Doch wir waren unfähig, darüber miteinander zu sprechen. Nachts lagen wir schweigend im Bett. Irgendwann ergriff sie mit warmen Fingern meine Hand. Das beruhigte mich, und ich schlief ein.

Am folgenden Tag wurde bestätigt, dass Hindenburg auf Antrag des Reichskanzlers Adolf Hitler gemäß Artikel 48 eine »Verordnung zum Schutz von Volk und Staat« erlassen hatte. Damit wurden alle Bürgerrechte der Verfassung entsprechend den Maßgaben von Regierung und Polizei außer Kraft gesetzt. Auf Anweisung von NS-Innenminister Frick konnte jedermann festgenommen werden. Das war jetzt faktisch die Diktatur.

Die Nazis besaßen jetzt freie Hand für die Reichstagswahlen am 5. März. Als ich frühmorgens wie gewohnt als Erster aus dem Haus trat, sah ich, dass mit weißer Ölfarbe quer über die Schaufenster »Judendirne« geschmiert worden war. Darunter war ein Davidstern gepinselt. Mit Terpentin versuchte ich die Schrift zu entfernen. Kaum hatte ich damit angefangen, kam Leni aus dem Laden. Sie schüttelte den Kopf und ging zurück ins Geschäft.

Nachdem ich mit der Säuberung fertig war und David und Hans in die Schule gegangen waren, umarmte mich Leni mit aller Kraft. Als wir uns lösten, suchte sie meinen Blick. Jetzt mussten wir reden.

»Lass' uns von hier verschwinden, Leni.«

»Wohin?«

»Nach Ichenhausen …«

»Wenn ich bei deiner Mischpoche willkommen wär', hättst mich längst mitgenommen.«

»Dann lass' uns in die Stadt gehen. Wo uns niemand kennt, Leni.«

»Das ist sinnlos. Und meine Buben?«

»Die nehmen wir natürlich mit.«

Leni winkte ab. »Ganz gleich, ob wir in Ellingen bleiben oder in eine große Stadt gehen, die Nazis werden uns bald auf die Schliche kommen.« Leni nahm meine Hand. »Ich lass' dich ned gern ziehen, Liebster. Aber glaub' mir, wir haben keine andere Wahl!«

»Was wirst du tun, Leni?«

»Ich hab' mir alleweil zu helfen gewusst und werd's auch dieses Mal schaffen.« Ihre Miene verriet mir, dass ihr Entschluss feststand.

Während der Fahrt nach Ichenhausen war ich wie versteinert. Warum hatte ich Leni nicht früher gefragt, ob sie meine Frau werden wolle? Allein wegen Mutter? Ich war feige gewesen.

Nun musste ich sehen, wie ich ohne die kluge, starke Leni durchs Leben kommen würde.

Ich hatte nicht vor, mich an den von den Nazis gelenkten Reichstagswahlen zu beteiligen. Doch Heiner und sogar Vater überredeten mich, meine Stimme abzugeben.

»Sollen die Nazis sehen, dass es in diesem Land noch anständige Menschen gibt.«

»Das geht mich einen Dreck an!« Vaters Moralisieren brachte mich in Rage. »Plötzlich ist es wichtig, dass es anständige Menschen gibt. Wo sind denn deine anständigen Menschen gewesen, als binnen zwei Jahren zwölf Millionen Wähler zu den Nazis übergelaufen sind? Bei der SA, bei der SS, in der Hitler-Partei!« Mit jedem Wort wuchs mein Zorn. »Jetzt, da die Drecksbande am Ruder ist, kommst du mit den ›anständigen Menschen‹ daher. Die sind jetzt Gauleiter!«

»Halt's Maul, Ludwig! Ich erlaube nicht, dass du so mit Vater redest«, schrie Heinrich.

»Hört auf! Alle beide!« Vater erhob sich. »Wir dürfen jetzt nicht die Nerven verlieren. Stattdessen müssen wir versuchen, klug mit der Situation umzugehen. Angesichts der Nazis aufzugeben, ist falsch! Wir müssen standhalten.«

Vater hatte recht: Wir durften nicht vor Hitler kapitulieren. Auch wenn wir auf verlorenem Posten standen.

So folgte ich den Eltern und Heiner zur Wahl ins Rathaus. Es war egal, was ich wählte, nur nicht die Nazis und ihre Steigbügelhalter. Im Anschluss ging ich mit dem Bruder in die »Konditorei Werner«. Kaffee, Kuchen und ein Cognac beruhigten unsere Gemüter.

Heiner würde sich mit Paula verloben. Er plante eine Feier in Schopfloch, zu der wir alle kommen sollten. »Du hast eine wunderbare Frau gewählt«, sagte ich. »Ich glaube, die bringt es sogar fertig, aus dir wildem Kerl einen … einen …« – das Wort

›anständig‹ wollte ich heute weder hören noch selbst in den Mund nehmen – »… einen halbwegs manierlichen jüdischen Ehemann zu machen.« Mein Bruder lachte.

Beim Abendgottesdienst in der Synagoge sprach Heiner wie stets gleichmäßig seine Gebete. Mir dagegen fehlte angesichts der Situation die Ruhe zur Anrufung Gottes. Mein Blick schweifte von den Betern zum dunkelblauen Synagogen-Firmament mit seinen glitzernden Himmelskörpern und wieder zurück zum Beterquorum. Waren die Männer in Gedanken bei den alten Weisen oder flehten sie den Herrn an, uns vor kommendem Unheil zu bewahren?

Als ich abends in mein Jugendbett sank, empfand ich wieder die alte Geborgenheit. Rasch schlief ich ein. Des Nachts sank Ruth entblößt an meine Seite. »Komm, mein Geliebter!«, schmeichelte sie. Ich versuchte mich ihr zu entziehen, doch sie umfing mich unentwindbar. Klopfenden Herzens erwachte ich. Würde mich Ruth erneut in ihren Bann ziehen, nachdem Leni mich fortgeschickt hatte? War ich stark genug, ihren Nachstellungen zu widerstehen?

Am Rande des folgenden Schabbatgottesdienstes erfuhr ich von Jonas Wolf, dass Kantor Loew von seiner Frau verlassen worden war. Sie lebte angeblich mit einem Mann in Frankfurt am Main.

Der Reichsrundfunk berichtete am Morgen nach der Reichstagswahl von einem nie gekannten Triumph Adolf Hitlers und seiner Bewegung. Doch am frühen Nachmittag wurde deutlich, dass die Nazis weit unter der absoluten Mehrheit geblieben waren. Am Ende erreichte die Hitler-Partei trotz Reichstagsbrandverordnung, Terror und Propaganda gerade 44 Prozent der Stimmen. Damit fehlte den Nazis im Reichstag die Macht, allein ihre Politik durchzusetzen. Sie würden auf Hindenburg und dessen Launen angewiesen bleiben.

Vater war für seine Verhältnisse zuversichtlich. »Das anständige Deutschland ist trotz der Drohungen der Nazis immer noch deutlich in der Mehrheit. Wir haben also keinen Grund aufzugeben und uns davonzumachen.«

Montags nahm ich meine Hausierer-Tour wieder auf. Hitler war es noch nicht gelungen, die Wirtschaft in Fahrt zu bringen. Das Geschäft blieb mäßig. Auch hatten die Nazis es nicht geschafft, die Bauern gegen uns einzunehmen.

Als ich nicht widerstehen konnte, einen Kunden auf die Nazi-Propaganda anzusprechen, grinste der: »Ich kenn' deinen Vater Isaak, und mein seliger Vater Otto war noch Kunde bei deinem Großvater Naphtali. Die Seligmanns waren immer ehrliche Kaufleut' und haben uns auch Kredit gegeben. Wir werden eure Kunden bleiben, wenn die Nazis mit ihrem Herrn Hitler längst wieder weg sind.«

Am liebsten hätte ich ihm auf die Schulter gehauen wie auf dem Fußballplatz. Seine Treue aber hinderte ihn und andere Kunden nicht daran, wie üblich hart um den Preis der Schmattes zu feilschen.

Als ich abends von meiner Tour zurückkehrte, fand ich Heinrich aufgebracht vor. Nun war auch er im »Stürmer« der »Rassenschande« beschuldigt worden.

»Verdammte Lüge!«, empörte er sich. »Seit ich Paula kenne, seit über einem Jahr, habe ich keine andere Frau angerührt!«

»Dafür früher umso mehr«, zog ich ihn auf. Doch danach stand meinem Bruder nicht der Sinn. Er schimpfte ungehalten weiter.

Ich versuchte, ihn zu beruhigen. »Du bist niemandem Rechenschaft schuldig. Die Stürmer-Schmierer scheren sich einen Dreck um die Wahrheit. Sie brauchen jede Woche neue ›Rassenschänder‹. Dieses Mal warst du an der Reihe.«

»Meinst du, die schicken mir einen Schlägertrupp auf den Hals?«

Angst! Die Einschüchterung der Juden hatte Erfolg! Ebenso die Methode, so den eigenen Leuten ein Gefühl von Macht zu vermitteln.

Heiner blieb sicherheitshalber vorwiegend daheim, doch nach einigen Tagen begann er sich an die fortwährende unbestimmte Bedrohung zu gewöhnen. Als Erstes besuchte er Paula, um ihr die Furcht zu nehmen.

Mein Bruder sah sich nach einer neuen Beschäftigung um. Auf Einladung von Salomon Weinberg fuhr Heiner nach Leipzig zum Ehemann unserer Tante Rebecca, Vaters Schwester.

Derweilen fuhr ich mit dem Hausieren fort. Im einsetzenden Frühjahr nahmen die Verkäufe leicht zu. Auch Herr Numberger war, wie er mir bei einem Besuch in seiner Fürther Fabrik mitteilte, durchaus zuversichtlich. Man habe die Nazis nicht verhindern können, doch Hitler sei von honorigen Männern in der Reichsregierung eingerahmt. Er verhalte sich im Großen und Ganzen gesetzeskonform. Notstandsmaßnahmen seien nichts Neues, Brüning, Papen und Schleicher hätten nicht anders regiert. Das letzte Wort habe stets Reichspräsident von Hindenburg, und dieser habe auch das Wohl der Juden, vor allem der jüdischen Frontsoldaten des Weltkriegs, im Auge. Soviel er wisse, sei ja auch mein Vater Frontsoldat gewesen.

Hitler habe Hjalmar Schacht, den Bezwinger der Inflation von 1923, zum Reichsbankpräsidenten gemacht. Der werde dafür sorgen, dass wieder Geld in die Wirtschaft fließe. Die Börse ziehe an. Banken und Unternehmen schöpften wieder Hoffnung. Sein Unternehmen verzeichne – wie andere Textilfirmen – leicht steigende Umsätze. Ich solle mir keine Sorgen machen. »Pecunia non olet. Und Geld kennt auch keine Rassen und Ideologien. Dem werden sich auch die Nazis bald unterordnen müssen.«

Numbergers Optimismus erinnerte mich an die ständige Zuversicht Lazarus Bodenheimers. Doch der Fürther Fabrikant war anders als mein Chef ein vorsichtiger Kaufmann und nachdenklicher Zeitgenosse.

Ich hatte die SA-Brutalität am eigenen Leib erlebt. Lenis Geschäft war beschmiert worden. Die SA hatte Hunderte misshandelt, manche totgeschlagen. Das seien Kinderkrankheiten, wollte Herr Numberger mich glauben machen. Wenn sich die Lage beruhige, dann werde Deutschland wieder ein Rechtsstaat werden.

»Hitler kann gar nicht anders. Gegen Hindenburg und die Reichswehr und erst recht gegen das Ausland sind die Nazis machtlos. Sogar im Reichstag hat die NSDAP keine Mehrheit. Die Zwänge der Macht werden Hitler und seine Bewegung zähmen.«

Noch vor einem Jahr hatte Numberger eine Machtübernahme der Braunen ausgeschlossen. Jetzt redete er sich Kanzler Hitler schön. Waren wir Juden blind gegen die aufziehende Gefahr?

Am liebsten wäre ich von Fürth nach Ellingen zu Leni gefahren. Mich drängte es in ihre Arme. Auch die Buben vermisste ich. Aber ich ahnte, dass sie mich zurückweisen würde. Leni war dabei, sich ebenso wie Numberger und zahllose andere Menschen in Deutschland mit den neuen Verhältnissen, also mit den Nazis, zu arrangieren.

Der Ansturm auf eine Mitgliedschaft der NSDAP war dermaßen groß, dass selbst die Nazis über »März-Gefallene« spotteten. Aus organisatorischen Gründen musste die NSDAP einen zeitweiligen Aufnahmestopp verhängen.

Zu Hause übergab mir Vater schmunzelnd einen Brief aus Palästina. Ricarda Bodenheimer hielt sich nicht mit Höflichkeitsfloskeln auf. »Komm her, Ludwig, solange noch Zeit ist! Ich lebe jetzt schon vier Monate in unserem Land. Meine Werkleute-Kameraden und ich haben unseren eigenen Kibbuz im Norden gegründet. Wir haben unsere Siedlung Hasorea, der Säer, genannt. Endlich habe ich meine Heimat gefunden. Gerne hätte ich Dich an meiner Seite. Es gibt hier Städte wie das neue Tel Aviv, das biblische Jerusalem oder die Hafenstadt Haifa. Wir bauen unser eigenes Land auf. Fahre her und mache mit!«

Ricarda hatte nicht nur geschwatzt, sie war nach Zion ausgewandert. An ihrer Seite könnte ich ein neues Zuhause finden. Doch Ichenhausen blieb meine Heimat. Vielleicht würde sich Hitler tatsächlich den Zwängen der Macht beugen, wie Herr Numberger zu wissen glaubte.

Heinrich kehrte mit wiedergewonnener Zuversicht aus Leipzig zurück. Salomon Weinberg hatte mit der Mitgift seiner Frau Rebecca noch vor dem Weltkrieg ein Textilgeschäft in der Leipziger Innenstadt aufgebaut und einen guten Ruf erworben. Der Mann unserer Tante hatte sein Unternehmen sicher durch die Inflation sowie die gegenwärtige Wirtschaftskrise gelenkt.

Weinberg war überzeugt, dass die Stagnation zu Ende ging und es der neuen Regierung gelingen würde, die Konjunktur in Gang zu setzen. Daran wollte er teilhaben und gemeinsam mit uns eine neue Textilproduktion in Leipzig starten. Ich sollte ihn beim Aufbau der Fabrikation unterstützen, während Heiner den Vertrieb leiten und als Vertreter den Verkauf ankurbeln sollte.

Der Plan stimmte meinen Bruder euphorisch. Auf diese Weise würde er der Schusslinie des »Stürmers« entkommen, dessen Leser und Bezieher vorwiegend in Franken zu Hause waren. Bei Weinberg würde er genug verdienen, um seine Paula heiraten und mit ihr nach Sachsen ziehen zu können.

Doch ich mochte nicht mitgehen. Ich war Schwabe. In Ichenhausen stand mein Elternhaus, hier fühlte ich mich daheim. Zudem mochte ich Salomon Weinberg nicht. Vater hatte einen beträchtlichen Teil des Familienvermögens für Rebeccas Mitgift aufgewandt. Doch als es ihm nach dem Krieg und während der Inflation schlecht ging und er Hilfe brauchte, hatte ihm Weinberg die kalte Schulter gezeigt.

Mit einem solchen Mann wollte ich keine Geschäfte machen. »Vertrauen ist alles«, hatte mich Bodenheimer gelehrt. Zu Salomon Weinberg fehlte es mir.

Heiner versuchte mich umzustimmen. Ich sollte meinen kalten Kaffee wegschütten. Als ich bei meiner Weigerung blieb, sagte er Weinberg ebenfalls ab – und gab mir die Schuld daran.

Die Anfangsphase der Kanzlerschaft Hitlers verlief keineswegs so moderat, wie es viele Bürger, unter ihnen auch jüdische Kaufleute vom Schlage Herrn Numbergers und Salomon Weinbergs, darzustellen beliebten. Der Nazi-Führer und seine Bewegung waren vielmehr unentwegt dabei, ihre Macht auszubauen. Der Reichstagsbrand diente ihnen als Vehikel, um neben den Kommunisten alle, die sie als Gegner ansahen, auszuschalten, einzuschüchtern, zu verhaften und zu misshandeln. Hermann Göring gründete die Geheime Staatspolizei und ordnete an, SA-Leute als Hilfspolizei zum Dienst zu verpflichten. Auf diese Weise konnte die SA im staatlichen Auftrag Gegner in Gefängnissen und eigenen Lagern festsetzen und misshandeln. Gleichzeitig steuerte der neu ernannte Reichsminister Joseph Goebbels die Nazi-Propaganda.

Am 21. März versammelten sich die Spitzen des Staates und der Armee mit militärischer Ehrengarde sowie SA und SS zu einer Feier in der Potsdamer Garnisonkirche. Reichskanzler Hitler im Frack verneigte sich tief vor Reichspräsident von Hindenburg im vollen Ordensschmuck. Im Anschluss überschwemmte die Staats- und Parteipropaganda alle Litfaßsäulen und Wochenschauen mit Bildern des »Gefreiten und des Feldmarschalls«. Die Zeitungen druckten die Fotos ab. So sollte die Einheit von Staat und Nazi-Bewegung suggeriert werden – als Ouvertüre für die Sitzung des Reichstags in der Krolloper zwei

Tage später. Dort sollten die Abgeordneten das Ermächtigungsgesetz beschließen. Fast alle anwesenden Parteien – die kommunistischen Abgeordneten waren verhaftet oder befanden sich auf der Flucht – stimmten dem Gesetz zu. Allein die SPD sagte nein. Ihr Fraktionschef Otto Wels ahnte, was ihm und seiner Partei bevorstand, als er verkündete: »Die Freiheit kann man uns nehmen, die Ehre nicht.« Da war es wieder, das anständige Deutschland.

Die überwältigende Mehrheit der Parlamentarier aber beschloss das »Gesetz zur Behebung der Not von Volk und Reich«. Damit konnte Hitler als Reichskanzler, ohne die Zustimmung des Reichspräsidenten einzuholen, nach Belieben Gesetze beschließen oder außer Kraft setzen. Hindenburg gab dem Ermächtigungsgesetz seine Zustimmung. Damit war die Diktatur Hitlers quasi legal etabliert.

Die freiheitliche Verfassung von Weimar blieb formal in Kraft. Niemand scherte sich mehr um sie. Fortan schuf der »Führer« als »oberster Gerichtsherr unmittelbar Recht«, wie der Jurist Carl Schmitt ein Jahr später nach den Morden im Zusammenhand mit dem sogenannten Röhm-Putsch erklärte.

Nur eine Woche nach dem Erlass des Ermächtigungsgesetzes zogen am frühen Morgen SA-Leute vor unserem Geschäft in der Marktstraße auf. Sie pinselten mit gelber Farbe »Kauft nicht beim Juden« auf unser Schaufenster.

Vater wollte den braunen Trupp zur Rede stellen. Doch Mutter verhinderte es. »Isaak, ich beschwör' dich, bleib' im Haus. Wenn du naus gehst, müssen Heiner und Ludl mit, um dich zu beschützen. Darauf warten die Nazis doch bloß. Die wollen unsere Buben kaputtschlagen.«

»Ich lass' mich von der Bande nicht einschüchtern und sehe nicht tatenlos zu …«

»Bitte, Isaak. Lass' mich die Sache erledigen.« Ohne laut zu werden, sah sie uns dermaßen bestimmt an, dass sogar Vater nachgab.

Kurz darauf verließ Mutter sicheren Schritts das Haus. Es dauerte keine Viertelstunde, bis der SA-Führer Ichenhausens vorbeikam und seinen Haufen einsammelte. Als Mama bald darauf zurückkehrte, wollten wir wissen, wie sie das Pack zum Einlenken bewogen hatte.

»Ich habe ihnen gesagt, dass du den ganzen Krieg über als Frontoffizier für das Vaterland gekämpft hast.«

»Das hätte ich auch getan …«

»Nein, Isaak. Da bist du zu stolz. Und unsere Buben hätten dafür zahlen müssen.«

Mein Vater schwieg einen Moment. »Danke, Klara«, sagte er leise.

Ich konnte nur hoffen, dass auch Leni, ähnlich kaltblütig wie Mutter, einen Weg finden würde, die SA von Geschäft und Leib fernzuhalten.

Durch Mutters Besonnenheit und Mut war ich einer weiteren Misshandlung entgangen. Umso mehr liebte ich sie in diesem Augenblick, doch gleichzeitig wurde mir unsere Ohnmacht bewusst.

Ich musste etwas tun, um mich davon abzulenken. So nahm ich mir die liegen gebliebene Büroarbeit vor. Sie erfüllte ihren Zweck, mich zu beschäftigen und im Haus zu halten.

Nachmittags las ich im Buch Hiob: »Befreunde dich mit Gott und halte Frieden. Damit kommt Segen über dich.« Unsere Familie war bei Gott und hielt Frieden. Warum wurde uns der Segen versagt? Weshalb triumphierte das Böse? Unsere Rabbiner und Kantor Loew hätten diese Frage sicher als Frevel empfunden.

Ich beschloss, meinen Lehrer, den Kantor, zu besuchen. Trotz meines schlechten Gewissens.

Zunächst aber musste ich mich bewegen. Ich packte meine Fußballstiefel und marschierte zum Trainingsplatz. Einige Sportkameraden kickten bereits, unter ihnen Karl Seiff und Walter Schober.

Während ich mich in der Kabine umzog, trat der Trainer zu mir und forderte mich auf, ihm in sein kleines Büro zu folgen. Korbinian Sauter sah mich ernst an: »Ludwig, du weißt, ich mag dich und schätz' dich als Spieler. Aber ich muss dich bitten, die nächste Zeit nicht zu uns zu kommen.«

Mir war, als ob der Trainer mir mit der Faust ins Gesicht geschlagen hätte. »Wegen der Nazis?«

»Ja. Du weißt, mir war's immer wurscht, was einer ist. Aber dem Hitler und seinen Leuten ist es nicht egal. Sie wollen euch weghaben. Einige Kicker sind bei den Nazis und der SA.« Er machte eine Pause. »Ich nicht. Ich bin Fußballer. Kein Politiker. Aber ich muss auf die Mannschaft, auf unsere Spieler Rücksicht nehmen. Wenn ich dich behalte, gibt es in der Elf Streit und weiß Gott was noch.«

»Lass' Gott aus'm Spiel, Trainer!«, rief ich mit rauer Stimme und bemühte mich, äußerlich ruhig zu bleiben, als ich zur Tür des Büros ging. Doch beim Öffnen spürte ich erstmals meine Hand beben. Als ich das Übungsgelände verließ, brannte mein Gesicht.

Sportkameradschaft! Egal, was einer ist! Aber kaum liefen einige SA-Leute auf, kuschten alle.

»Ludwig! Ludwig!«, hörte ich eine Stimme hinter mir. Ich drehte mich um. Karl Seiff kam mir in kurzer Hose und Kickerschuhen nachgelaufen.

Er holte Atem. »Ich kann mir denken, was der Sauter dir gesagt hat. Wir haben schon vorher darüber gesprochen. Des is' a maßlose Sauerei. Alle fühlen sich als gute Christenmenschen und reden von Nächstenliebe. Doch kaum ist der Hitler am Ruder, lassen sie euch im Stich.«

Ich wollte antworten, brachte aber kein Wort heraus.

»Du sollst wissen, dass nicht alle solche feigen Hunde und Arschlöcher sind.« Karl blickte mir kurz in die Augen und trabte davon.

Am nächsten Tag fuhr Heiner zu Paula. Abends berichtete er, in Schopfloch sei alles in Ordnung. Dann bat er mich, noch einmal zu überlegen, ob wir es nicht doch zumindest für einige Zeit bei Salomon Weinberg in Leipzig versuchen sollten. Heimkehren könnten wir ja immer.

Doch ich konnte nicht fort aus Ichenhausen. Schon gar nicht zu Onkel Salomon.

Unterdessen erließ die Reichsregierung das »Gesetz zur Wiederherstellung des Berufsbeamtentums«. Sein Zweck war, jüdische Beamte auf die Straße zu setzen. Jüdische Frontsoldaten blieben ausgenommen, hieß es. Wie lange?

Am 12. April wurde Lindaus Oberbürgermeister Ludwig Siebert zum bayerischen Ministerpräsidenten ernannt. Ich meinte zu wissen, was uns erwartete – vom gebildeten Studienrat bis zum SA-Schläger.

Flucht

Als ich am folgenden Nachmittag von einer Hausier-Tour heimkehrte, überbrachte mir Vater die Nachricht, ich solle unverzüglich Karl Seiff anrufen. Ich tat wie geheißen.

»Komm sofort in die Kirche!«

Als ich das Gotteshaus betrat, saß Karl bereits auf einer der vorderen Bänke unweit des Beichtstuhls. Mein Fußballkamerad war sichtlich aufgeregt.

»Ludwig, ich habe ein Telegramm des Präsidiums Nürnberg an unsere SA-Hilfspolizei in die Hände gekriegt. Die SA-ler sind unserer regulären Polizei unterstellt. Aber sie tun, was ihnen passt. Du und der Heiner, ihr sollt morgen um sechs Uhr früh verhaftet und nach München – wahrscheinlich ins neue Konzentrationslager Dachau – überstellt werden.«

»Warum?«

»Steht nicht im Telegramm. Ist laut Ermächtigungsgesetz nicht mehr notwendig.« Selbst Karl wusste nicht genau, was ein Konzentrationslager war. »Offenbar ein Lager für politische Gegner … Des sagen die uns normalen Polizisten ned.« Was Karl aber wusste, war, dass das Konzentrationslager ausschließlich von SA und SS geführt wurde.

Was sollten wir tun? »Abhauen! Ihr müsst sofort verschwinden. Wenn die euch fassen, gnade euch Gott.«

Karl bot noch an, mir nach Dienstschluss im Rahmen seiner Möglichkeiten zu helfen. Dann musste er wieder zurück auf die Wache.

Ich blieb reglos sitzen. Unfähig, einen klaren Gedanken zu fassen, starrte ich auf den goldgeschmückten Altar.

Prälat Sinsheimer kam aus der Sakristei auf mich zu. »Hast du dich in der Adresse geirrt, Ludwig Seligmann?« Als er meine Bestürzung bemerkte, erkundigte er sich nach dem Grund. Ich berichtete ihm von unserer drohenden Verhaftung durch die SA.

»Und da sitzt du seelenruhig in der Kirche?«

»Ich hab's grad' erst erfahren. Ich weiß nicht, was ich tun soll.«

»Lauf, Ludwig! Lauf weg, so schnell und weit, wie du kannst! Wer das Kreuz verachtet und die Juden hasst, ist des Teufels.«

Ich erzählte ihm von dem Angebot von Onkel Salomon aus Leipzig.

»Dort seid ihr auch nicht sicher. Könnt ihr nicht ins Ausland fliehen?« Er blickte mir in die Augen. »Die Nazis sind eine Höllenbrut. Sie sind eure Todfeinde – und auch Feinde der Kirche, was viele Christen, besonders Protestanten, nicht wahrhaben wollen. Sie werden nicht ruhen, bis sie euch und später auch uns ausgelöscht haben.«

So drastisch hatte sich nicht einmal Vater geäußert. Das Herz pochte gegen meine Rippen, während die Gedanken wirr durch mein Gehirn schossen.

»Was wirst du jetzt tun?«, drängte mich der Geistliche.

»Ich denke …«

»Jetzt ist keine Zeit, nachzudenken, Ludwig. Jetzt musst du handeln! Und möglichst weit davonlaufen.« Prälat Sinsheimer riss mich aus meiner Lethargie, drängte mich aus der Kirche. Ehe ich durch die schwere Holzpforte trat, gab er mir seinen Segen mit auf den Weg. »Unser gemeinsamer Herrgott soll dich allzeit beschützen«, sprach er und schlug das Kreuzzeichen.

Die Klarheit und vor allem die Entschiedenheit von Prälat Sinsheimer weckten meine Energie. Mit einem Mal wusste ich, was ich zu tun hatte.

Ich eilte nach Hause. Da mein Bruder nicht da war, bat ich Lieserl, ihn im Café oder in der Wirtschaft aufzugabeln und schleunigst heimzubringen. Eine Viertelstunde später betrat Heiner in Begleitung unseres einstigen Kindermädchens das Haus. Ich nahm ihn sofort mit auf sein Zimmer und erläuterte ihm unsere Situation sowie die Warnungen von Karl Seiff und des Prälaten.

»Was versteht denn der Pfaffe davon?«, wollte Heiner wissen. Wie ich geahnt hatte, nahm er dies zum Anlass, um wieder mit Leipzig anzufangen.

»Kommt nicht in Frage! Wie lange, meinst du, braucht es, bis ein SA-Haftbefehl von Ichenhausen ins Reich überstellt wird? Und nach Leipzig? Der Sinsheimer weiß genau, wovon er redet. Besser als du und ich!«

Heiners Miene zeigte mir, dass er endlich begriffen hatte. »Was sollen wir machen?«

Die Ratlosigkeit meines Bruders verlieh mir Stärke und Entschlossenheit. Der einzige zuverlässige Mann, den ich im Ausland kannte, war Vaters Bruder in der Schweiz. Wir mussten noch heute zu Onkel Benno nach Winterthur.

In Ichenhausen wurde der Bahnhof möglicherweise von der SA bewacht – jedenfalls tagsüber. Das brachte mich auf eine Idee, zu der mich Karl indirekt angeregt hatte.

Da er donnerstags meist kurz nach sechs zum Training erschien, nahm ich an, dass er um diese Zeit Dienstschluss hatte. So lief ich zu seinem Elternhaus. Zuvor gab ich Heiner noch auf, leichte Reisetaschen mit Waschzeug und unseren Pässen zu packen.

Meine Idee, Heiner und mich in unserem Wagen nach Günzburg zu bringen und dann das Auto zurückzufahren, fand Karl Seiff »saudumm«.

»Da die SA euch verhaften will, haben die sich garantiert euer Autokennzeichen notiert. So g'scheit sind sogar die.«

Aber ich nicht. Ich war kein Polizist, doch das durfte mich nicht daran hindern, logisch zu denken. Vor allem nicht in der Not.

Was schlug Karl vor? »Ich fahr' euch im Polizeiauto nach Günzburg.«

»Damit bringst du dich selbst in Gefahr!«

»Das habe ich schon getan, als ich dir von dem Haftbefehl erzählt habe. Wenn die dahinterkommen, bin ich eh dran. Egal, ob ich euch mit dem Gendarmerieauto chauffiere oder nicht.«

Der Polizist lächelte dünn. »Das ist Verbrecher-Logik. Ob du einen erschlägst oder zwei, ist gleich.«

Karl wollte sich umgehend den Wagen beschaffen und uns abholen. Ich solle gleich nach Hause gehen und mich mit Heiner bereithalten.

Wir wollten den Eltern nichts sagen, um ihnen keine Angst zu machen und sie nicht zu gefährden. Doch ehe wir uns aus Heiners Zimmer stehlen konnten, erschien Vater.

Er sah unsere Reisetaschen und verstand, was los war. »Ihr habt sicher einen guten Grund für euer Tun, Kinder.« So hatte er uns seit Jahrzehnten nicht genannt.

Vater hielt den Abschied kurz. »Eines sollt ihr nie vergessen: Der Allmächtige wird euch immer beistehen.« Er blickte uns liebevoll an und verließ den Raum.

Für einen Abschied von Mutter blieb keine Zeit. Vater würde ihr berichten. Wir mussten los und liefen aus dem Haus in den Hof, wo Karl im Polizeiwagen auf uns wartete. Während der viertelstündigen Fahrt nach Günzburg sprach keiner von uns ein Wort.

Vor dem Bahnhof wies Karl uns an, auf ihn zu warten. Er wollte die Fahrkarten besorgen. Ich reichte ihm eine Zehn-Mark-Banknote.

Dabei fiel mir ein, dass ich meine Tausend-Dollar-Notreserve zu Hause vergessen hatte!

Sollte ich Karl bitten, uns nach Ichenhausen zurückzufahren? Doch das würde unsere Flucht und ihn gefährden. Wir mussten mit dem Geld auskommen, das wir bei uns hatten. Meine nervöse Vergesslichkeit peinigte mich.

Heiner beobachtete mich mit einem schiefen Lächeln, ehe er wisperte: »Keine Sorge, Ludl. Ich hab' an deinen Dollar-Spargroschen gedacht, du Schlampfuchs.«

Als Karl aus dem Bahnhofsgebäude trat, stiegen wir aus dem Wagen. Kein SA-Mann war zu sehen.

Karl reichte jedem von uns ein Billett dritter Klasse und händigte mir das Wechselgeld aus. »Damit fahrt ihr bis Stuttgart. Von dort gibt es auch spätabends noch Züge nach Winterthur.«

Wir gingen gemeinsam auf den Perron. Es war noch keine zwanzig Jahre her, dass wir mit Mutter auf dem gleichen Bahnsteig auf Vater gewartet hatten – und kurz darauf gemeinsam mit ihm im Pferdewagen zu der glücklichsten Fahrt meines Lebens heim nach Ichenhausen aufgebrochen waren. Jetzt mussten wir – wohl für immer – aus unserer Heimat fliehen.

Ich dankte meinem Sportsfreund und verabschiedete mich von ihm mit einem »Ade!«

»Auf Wiedersehen!«, antwortete Karl. »Ihr müsst zurückkommen! Das Pack darf nicht das letzte Wort haben.«

Als der Zug in den Bahnhof einfuhr, wandte Karl sich zum Gehen. Wir bestiegen den Waggon.

Epilog

Ludwig und Heinrich flohen über die Schweiz ins Elsass, wo sie sich zunächst als Knechte verdingten. Doch bereits nach einem Jahr, im April 1934, wurden die Brüder Seligmann als »unerwünschte Ausländer«, sprich Juden, von den französischen Behörden aufgefordert, das Land zu verlassen. Die Brüder sahen sich daher gezwungen, in das britische Mandatsgebiet Palästina auszuwandern.

Ludwig, der dort zunächst als Plantagenarbeiter und Putzkraft seinen Unterhalt verdiente, drängte seine Eltern, ihm und Heinrich ins Heilige Land zu folgen. Isaak und seine Frau Klara beherzigten den dringenden Rat, zumal der Vater überzeugt war, dass die Nazis sich in Deutschland dauerhaft etablieren und die Juden immer stärker unterdrücken würden. Die Mutter sehnte sich nach Ludwig. Zudem waren die Eltern auf den Verdienst ihrer älteren Söhne angewiesen. Im Oktober 1935, nach der Einführung der »Nürnberger Rassengesetze«, verkauften die Eltern ihr Haus in Ichenhausen und wanderten mit ihrem jüngsten Sohn Kurt nach Palästina aus, wo sie eine Landparzelle bei Petach Tikva östlich von Tel Aviv erwarben. Ein Jahr später folgte Tochter Thea ihren Eltern nach Zion.

Heinrich, der als Zusteller der deutschen Tageszeitung in Tel Aviv sein Auskommen gefunden hatte, hatte derweil für seine Braut eine Schiffspassage nach Palästina erspart. So kam Paula Levite ebenfalls im Herbst 1935 ins Land. Am Tage ihrer Ankunft in Tel Aviv heirateten Heinrich und Paula.

Ricarda Bodenheimer baute gemeinsam mit ihren Werkleute-Kameraden Hasorea zu einem blühenden Kibbuz auf. Ricarda und Ludwig verband eine lebenslange Freundschaft.

Ihre Mutter Julie blieb in Ulm. 1943 wurde sie in Auschwitz ermordet.

Die Freundschaft Ludwigs mit Siegl Herrligkoffer, Karl Seiff und Otto Würth überdauerte die Nazijahre und den Krieg. Siegfried Herrligkoffer beendete sein Medizinstudium in München und wurde ebenso wie sein Vater Arzt in Ichenhausen. Karl Seiff blieb Polizist. Er diente ebenso wie sein Fußballkamerad Siegfried in der Wehrmacht. Nach dem Krieg zog Seiff nach München und war dort weiterhin als Polizeibeamter tätig. Otto Würth liquidierte nach dem Krieg das Geschäft seines Vaters und wurde erfolgreicher Autohändler.

Die meisten Juden Ichenhausens waren trotz der offenkundigen Erstarkung des Hitler-Regimes und Isaak Seligmanns ständigen Mahnungen überzeugt, dass die Naziherrschaft ein »vorübergehendes Gespenst« sei, das ihre Existenz nicht gefährden würde. Im November 1938 wurde die Synagoge Ichenhausens geschändet, doch nicht zerstört, da ein Brand die Nachbarhäuser gefährdet hätte. Während des Judenpogroms wurde die Gewaltbereitschaft und Mordlust des Naziregimes offensichtlich. Die meisten Juden des Ortes, die endlich die Gefahr erkannten, fanden jedoch nicht mehr Gelegenheit zur Flucht. Kein Land nahm Juden auf. Die Briten unterbanden ab 1939 die legale Zuwanderung nach Palästina fast vollständig.
Von den 220 Juden Ichenhausens überlebte als Einziger Theo Fellheimer die Deportation in die Todeslager.
Die in Schopfloch verbliebene Familie von Heinrichs Frau Paula wurde ebenfalls in den Osten verschleppt und dort umgebracht.

Kurt meldete sich bereits 1939 als Freiwilliger zur »Jüdischen Brigade« der Britischen Armee. Er diente während des gesamten Kriegs zumeist in Nordafrika bei der Truppe.

Theas Mann Joel diente ebenfalls in dieser Einheit. Er wurde von der Wehrmacht 1942 gefangen genommen und überlebte als Zwangsarbeiter unter Tage in Deutschland. Beide trugen bleibende seelische und körperliche Schäden davon.

Klara Seligmann, Ludwigs Mutter

Ludwig (r.) und sein Bruder Heinrich

Glossar

Achtzehner-Gebet: Hauptgebet, enthält achtzehn Bitten. Es wird stehend vorgetragen

Bar Mizwa: Sohn der Pflicht, Reifefeier jüdischer Männer aus Anlass ihres dreizehnten Geburtstags, dabei singen sie einen Thora-Abschnitt, die Parascha

Benschen: segnen, sprachliche Herkunft aus dem lateinischen »benedictum«

Bima: Bühne mit dem Lesepult in der Synagoge zum Vortrag aus der Thora

Brit Mila: Bund der Beschneidung, am achten Lebenstag wird Knaben in einer religiösen Feier die Vorhaut entfernt

Broche: Segen

Chanukka: Einweihung, acht Tage dauerndes Lichterfest aus Anlass der Einweihung des zweiten Tempels im Jahr 164 v. u. Z. nach der Befreiung Jerusalems durch jüdische Kämpfer, die Makkabäer

Chasan: Sänger, Synagogen-Kantor, trägt die Gesänge und Gebete im Gottesdienst und bei religiösen Feiern vor

El Male Rachamim: Herr des Erbarmens, Totengebet

Hohe Feiertage: Rosch ha-Schana (Jahresanfang) und acht Tage später Jom Kippur (Versöhnungstag)

Jitro: Name von Moses' Schwiegervater, Jitro ist Namensgeber eines Thora-Kapitels

Jom Kippur: Versöhnungstag, höchster Feiertag, an dem alle Sünden verziehen und alle Gelübde und Eide gelöst werden; Fastentag für gesunde Erwachsene

Kiddusch: Heiligung, religiöse Feier und Mahl

Le Chaim: Auf das Leben!, Trinkspruch

Makkes: Schläge, Abreibung

Masl und Broche: Glück und Segen!

Mikwe: Tauchbad mit Zugang eines fließenden Gewässers oder einer Quelle für religiöse Riten, beispielsweise nach der Menstruation, Waschung vor Feiertagen und beim Übertritt zum Judentum

Minjan: Quorum für den Gottesdienst, bestehend aus zehn Männern bei Orthodoxen, bei Liberalen zehn religionsmündigen Personen beiderlei Geschlechts

Parascha: Thora-Abschnitt

Rosch ha-Schana: wörtlich »Kopf des Jahres«, zweitägige Feier zum Jahresanfang im Herbst

Schammes: Synagogendiener

Schmattes: jiddisch, wörtlich: Lappen. Wird als Synonym für Textilien gebraucht

Tallit: Gebetschal, wird im Gottesdienst von den Vortragenden aus der Thora sowie von verheirateten Männern (im liberalen Judentum auch von Frauen) getragen.

Talmud: Lehre, Belehrung, zweiteiliges Auslegungswerk der Thora-Gesetze

Tefillin: Gebetsriemen, an ihnen hängen schwarze Kapseln, die auf Pergament handgeschriebene Gebete enthalten. Die zwei Tefillin werden beim Morgengebet an Werktagen um den Arm und auf der Stirn angelegt

Thora: Gebot, Weisung, die fünf Bücher Mose, sie enthalten 613 Gebote und Verbote

Tscholent: traditionelle Schabbat-Speise, Hauptbestandteile sind Rindfleisch, Bohnen, Kartoffeln, Graupen

Danksagung

Meine Frau Elisabeth ermutigte mich über Jahre hinweg, die Aufzeichnungen meines Vaters Ludwig (1907–1975) zu veröffentlichen. Diese waren jedoch sporadisch und bezogen sich vor allem auf seine Kindheit und die Gebräuche in Ichenhausen. Andererseits hatten mein Vater sowie dessen Bruder Heinrich (1905–1990) mir ausführlich über ihr Dasein erzählt. So entschloss ich mich, in einem Roman die Geschichte vom Leben der Familie Seligmann als Mosaikstein und Exempel des deutschen Landjudentums zu verfassen. Dabei war mir Elisabeth über Jahre eine unentbehrliche Hilfe bei der Recherche und mehr noch als Mutmacherin.

Frau Claudia Madel-Böhringer, die Stadtarchivarin Ichenhausens, überreichte mir bei meinem Besuch in der Heimatstadt unserer Familie im Jahre 2010 eine Reihe Dokumente über meinen Vater, unser ehemaliges Haus und seine Bewohner. Sie stand mir auch weiterhin stets für Fragen zur Verfügung und fotografierte schließlich den restaurierten Synagogenhimmel, der meinen Vater sein Lebtag nicht losließ.

Ilka Gräfin Beust hat mein handschriftliches Manuskript vollständig übertragen. Die langjährige Mitarbeiterin und Vertraute hat dabei nicht mit Kritik gegeizt, aber auch nicht mit Lob gespart.

Boris Heczko ist weit mehr als ein Lektor. Er begnügte sich nicht damit, das Manuskript professionell zu bearbeiten. Vielmehr machte er das Buch zu seiner Mission. Er wog jedes

Wort, jeden Satz ab. Vielfach schlug er elegantere, passendere Begriffe vor, die ich gerne übernahm. Wir führten aber auch gelegentlich kontroverse Diskussionen. Zugleich war Boris ein fragender und fordernder Partner. Seine Anregungen vertiefen die Handlung, machen sie dem Leser besser verstehbar. »Nebenbei« entstand so eine Freundschaft.

Michael Fleissner bestärkte mich von Anbeginn, mein Buchprojekt im LangenMüller Verlag zu publizieren. Dort unterstützten mich Birgitta Barlet, Claudia Mocek und Silke Ruoff. Sie ermutigten und forderten mich. Dabei bewiesen sie Verständnis und Geduld mit einem Ungeduldigen.

Ihnen allen spreche ich meinen Dank aus. Ohne sie wäre das Buch so nicht zustande gekommen.

Berlin, Frühsommer 2019,
Rafael Seligmann

Dramatisches Kapitel ostpreußischer Geschichte

Ostpreußen im Jahr 1812. Martin Millbacher, Sohn eines Bauern an der Memel, lässt sich vom Glanz der Armee der „Zwanzigsprachigen" verführen und zieht mit westfälischen Kanonieren für Napoleon in den Krieg. Er hofft auf Abenteuer und reiche Beute, doch sein Weg nach Moskau und zurück hält anderes für ihn bereit.

Sprachgewaltig erzählt Arno Surminski vom Schicksal des jungen Ostpreußen. Sein Roman ist lebendige Geschichte, nicht aus der Sicht von Generälen und Monarchen, sondern aus der Perspektive der einfachen Soldaten. Kein Ruhmesblatt für die Herrscher, die für die Kriege verantwortlich sind ...

Arno Surminski
DER LANGE WEG
400 Seiten · ISBN 978-3-7844-3508-4
Auch als E-Book erhältlich

LANGENMÜLLER

langen-mueller-verlag.de